はじめてのパッチ

斉藤謠子の
トラディショナル・パターン

Traditional Patterns

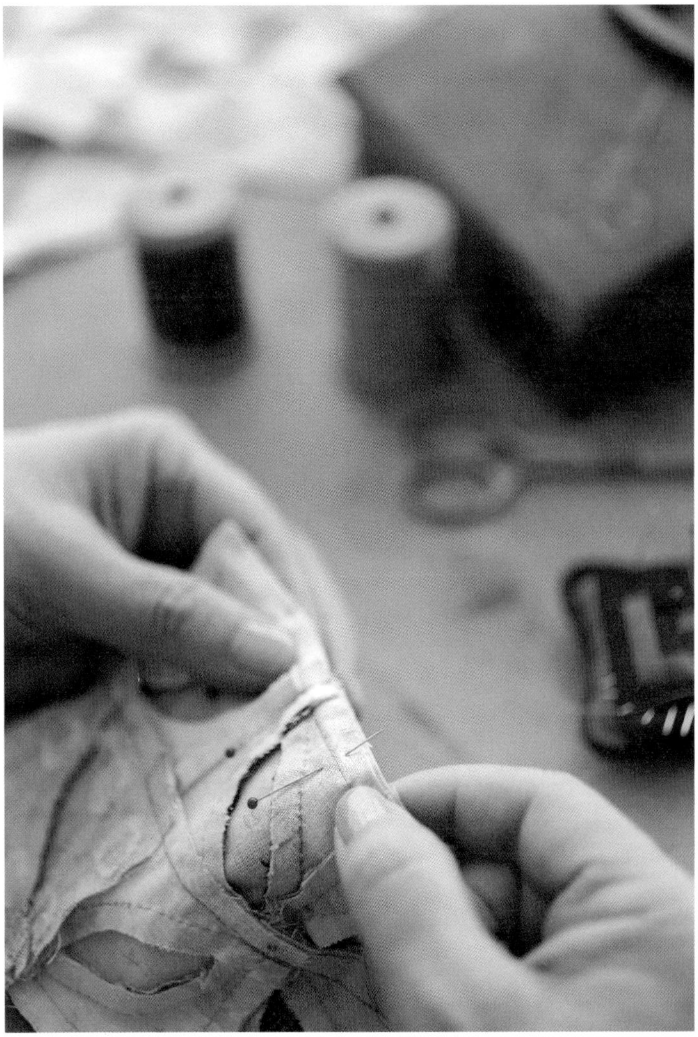

はじめに

この本では、私がこれまで作ってきたアメリカンパッチワーク・キルトの中から、初心者の方におすすめしたいトラディショナル・パターン32点を紹介しています。「ピーシングは楽しそうだけど、キルティングをするのは難しそう」という声をよく耳にしますが、まずはパターンを１枚作ってみてください。パターンを作ったら、そのまま飾ってもいいし、バッグやポーチに仕立ててもいい。キルティングをしなくても、パッチワークの魅力は十分に感じていただけると思います。

パターンは実物大型紙のほかに、製図のしかたも掲載しています。初心者向けのパターンでは物足りない方は、製図をしてみてはいかがでしょうか。あるいは、大きめのピースを細分化して難易度を上げるのもいいでしょう。ご自身に合った難易度で、パターンをアレンジしてみてください。

また今回は、パターンの由来などもお話ししています。パターンが生まれた背景は、宗教や生活環境、政治や歴史的な事件など広範囲に渡っており、由来を知るとさらに楽しんでいただけるのではないでしょうか。

みなさんのキルト作りのひとときがより充実したものになれば幸いです。

斉藤謠子

CONTENTS

Part 1 パターン Patterns

メイフラワー号
Mayflower

ローマンストライプ
Roman Stripe

メイフラワー号
Mayflower

1620年に新天地を求めてアメリカ大陸に渡って来た、イギリスからの移民たちが乗っていた帆船をモチーフにしたパターン。

▶45ページ

ローマンストライプ
Roman Stripe

同じ形のピースだけを縫いつないだ「ワンパッチ」と呼ばれる手法で、基本的なパターンの一つ。布地の配色や柄で変化を楽しめます。

▶65ページ

Column

「メイフラワー号」に乗ったイギリスからの移民たちが到着したのはアメリカ北東部、現在のマサチューセッツ州プリマス。入植したのは102人でしたが、過酷な労働や厳しい寒さにより、最初の冬を越せたのは約半数の50人余りだったそうです。彼らが自給自足の生活の中で、余り布やはぎれを縫いつなぎ、保温のために詰め物をしたり、補強をしたりして作った衣類や寝具が、アメリカンキルトのルーツといわれています。

「ローマンストライプ」のように、1つの形のピースで作るワンパッチや、2つの形のピースで作るツーパッチは、はじめてパッチワークに挑戦する人におすすめのパターンです。私のファーストキルトも「ローマンストライプ」でした。完成の記念に先生やお友達にサインしてもらい、それを刺しゅうしてアルバムキルトに仕上げた思い出のキルトです。

記念すべきファーストキルトは、布集めだけで１年以上かかったという力作。下端に位置するこのパターンには「Youko」のサインが。

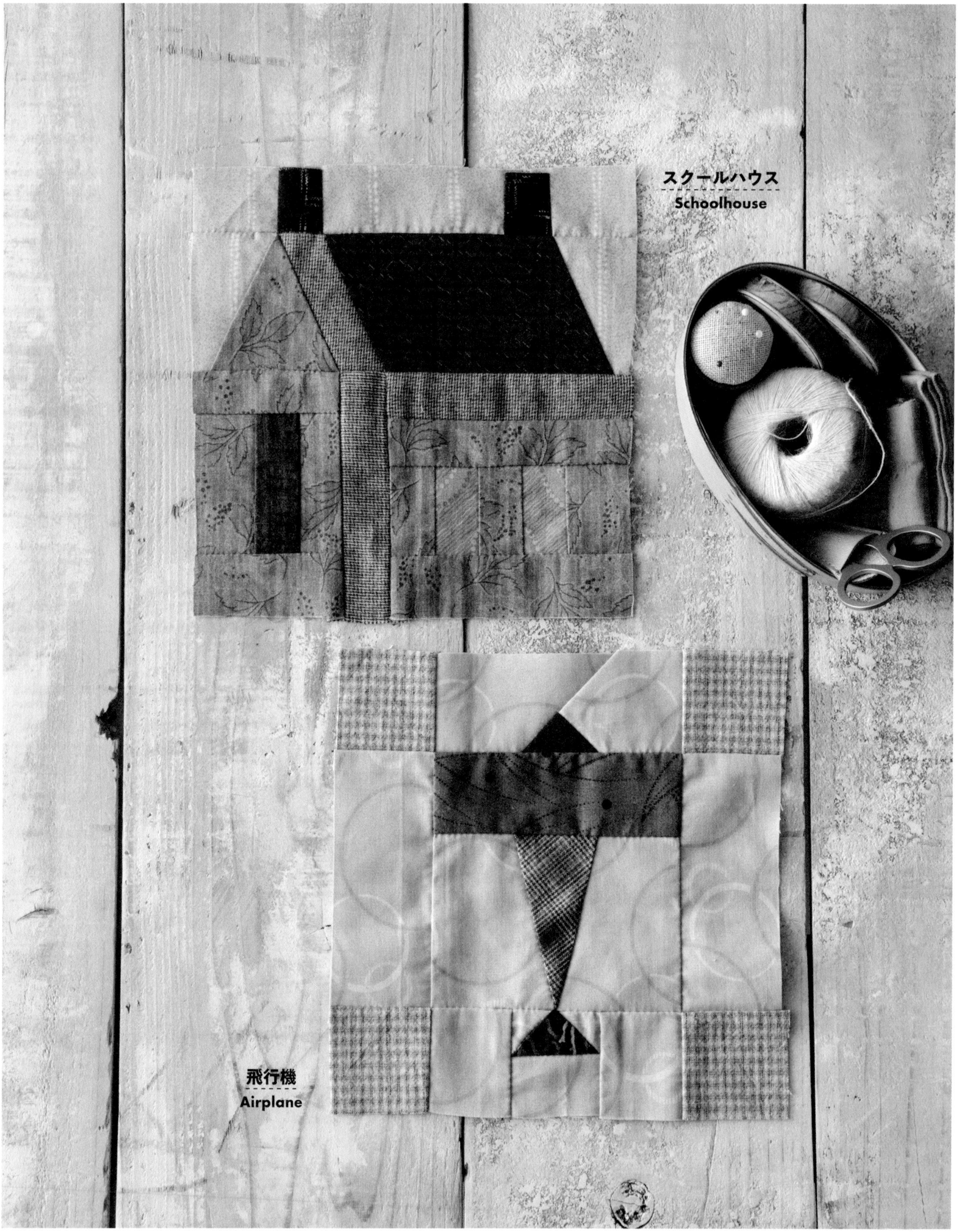

スクールハウス
Schoolhouse

飛行機
Airplane

スクールハウス
Schoolhouse

ハウスのパターンの一つで、三角形と四角形で学校をデザインしたもの。赤い屋根、黄色い窓など、温かみのある配色がポイントです。

▶65ページ

飛行機
Airplane

赤いコックピットがアクセントの飛行機のパターン。各ピースにそれぞれ違う布を使いながらも、まとまりのある仕上がりになっています。

▶66ページ

モンキーレンチ
Monkey Wrench

工具のレンチをデザインしたパターン。モチーフに使っている布を1枚だけ同系色の花柄にかえて、変化をつけています。

▶66ページ

モンキーレンチ
Monkey Wrench

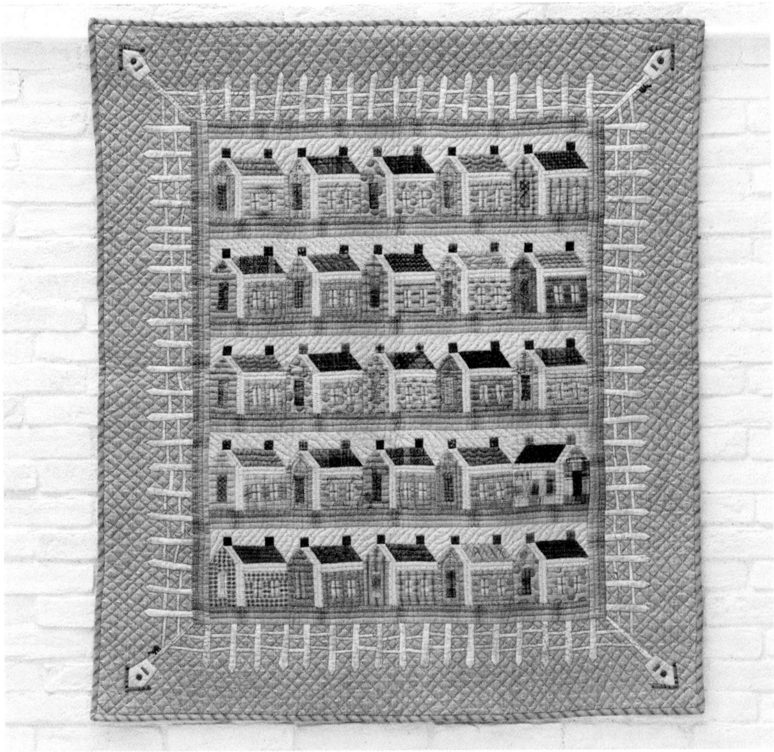

25枚のスクールハウスをフェンスで囲んだタペストリー。
1枚だけ逆向きのパターンがあるの、わかりますか？

Column

「ハウス」は私の大好きなパターンで、多くのバリエーションがあります。**「スクールハウス」**は「古い農家」とも呼ばれ、1890年代と1930年代によく作られていたとか。19世紀末ごろの学校は酸化鉄を砕いた顔料で塗装されており、そのため「スクールハウス」は赤い布で作ることが多いそうです。また、当時は勉強よりも生きることを優先しなければならない時代。このパターンからは、子どもたちの健やかな成長を願う気持ちが伝わってきます。

「飛行機」は比較的新しい時代に出来たもので、ピースの構成がシンプルなパターン。先端にプロペラをアップリケしてもいいですね。

自給自足だったアメリカの西部開拓時代、生活道具の名前がついたパターンはたくさんあります。その一つ**「モンキーレンチ」**は、正方形の1辺を3等分したナインパッチの一種で、パッチワークの基本パターンです。

レモンスター
Lemon Star

三目並べ
Tic-tac-toe

レモンスター
Lemon Star

8枚のひし形をつないだこのパターンは、8つの角を持つ星形(エイトポイントスター)の基本パターン。はめ込み縫いのテクニックを使います。

▶**67**ページ

三目並べ
Tic-tac-toe

1辺を6等分した、ナインパッチのバリエーション。三角形のバイアス辺どうしをはぎ合わせるときは、布を伸ばさないように注意しましょう。

▶**67**ページ

ブーケ
Bouquet

「レモンスター」の変形で花束をデザイン。華やかに仕上げたいパターンです。はめ込み縫いが多く、ブロック分けも複雑になります。

▶**68**ページ

ブーケ
Bouquet

Column

レモンスターの内側を細かいピースに分割した「ベツレヘムの星」のタペストリー。星のパターンは男性に贈るキルトの一つとされ、男の子が生まれると「国の星となれ」との思いを込めて作られたそうです。

「レモンスター」を製図するときに必要になるのが、三平方の定理。直角二等辺三角形の3辺の比率を覚えておくと、パターンの大きさがかわっても自分で製図できるようになります。67ページの計算式を使って製図をしてみましょう。パターン名の由来は、1718年にニューオーリンズの町を設立したフランス人、ル・モワン兄弟の紋章「ル・モワンスター」とされており、「ル・モワン」が英語で「レモン」と発音されるようになったそうです。

「三目並べ」は9つのマス目に○と×を交互に描いて、先に3つ並べたほうが勝ちというゲームがモチーフの由来です。

「ブーケ」は20世紀になってから多く作られたといわれており、配色や向きでイメージがかわる楽しいデザイン。4枚のブーケを外向きにはぎ合わせると、破裂しているように見えませんか?

糸巻き
Spools

煙突掃除人
Chimney Sweep

Column

糸巻きのバリエーションで作ったタペストリー（一部）は、友人、知人、恩師にサインをもらってアルバムキルトに仕立てました。

20世紀初頭に発表された**「糸巻き」**のパターン。身近な道具をデザインしたパターンはたくさんあります。中でも糸巻きはキルターにとって必需品。ごく自然ななりゆきとして、パターン化されたといえるでしょう。

煙突にたまった煤《すす》を掃除するのは、非常に過酷で危険な仕事です。20世紀半ばごろまで暖房や料理に暖炉が使われていたヨーロッパでは、家人にかわって煙突を掃除して災害を防いでくれる**「煙突掃除人」**は幸運のシンボルとされていました。イギリスでは今も結婚式の日に花嫁が煙突掃除人と会えたら幸せになれる、という言い伝えがあるそうです。

「アルバムスター」は友達にプレゼントしたり、自分の記念にしたりするアルバムキルトのためのパターン。西部開拓時代のアメリカでは、旅立つ友人に「私を忘れないで」と自分の名前を記したキルトが贈られたそうです。

糸巻き
Spools

台形4枚と正方形1枚で作った正方形を、さらに4枚はぎ合わせています。正方形にストライプ柄を使うことで、糸巻きの向きがわかります。

▶69ページ

煙突掃除人
Chimney Sweep

レンガに見立てたピースを組み合わせて、上から見た煙突を表現したパターンです。チェック柄の向きを一部かえることで、動きをプラスしています。

▶68ページ

アルバムスター
Album Star

正方形の1辺を5等分にして製図しています。中央の長方形のピースにサインを刺しゅうして、アルバムキルトにするためのパターン。

▶69ページ

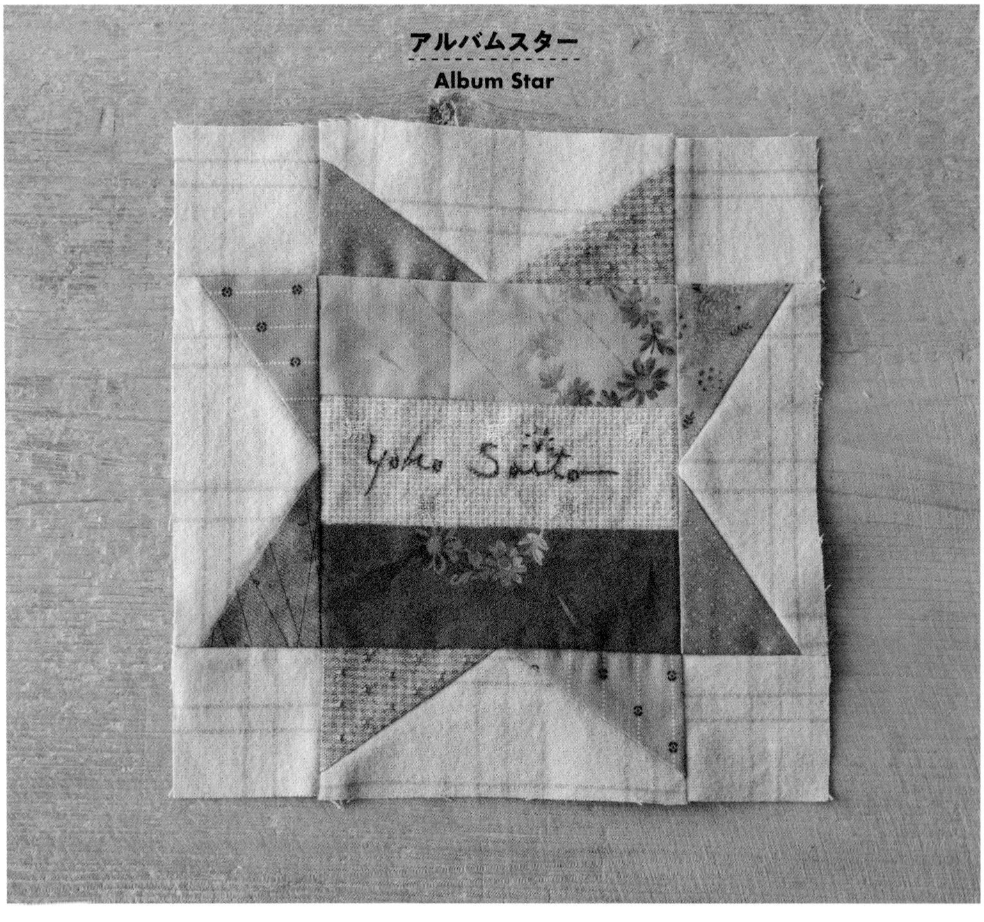

スタンプバスケット
Stamp Basket

ヤコブのはしご
Jacob's Ladder

Column

1978年にアメリカで発行された13セント切手。アメリカで見つけたときには、迷わず購入しました。

バスケットはアメリカ西部開拓時代の生活必需品であり、収穫時には欠かせないものでした。そのため、バスケットのパターンは多くのバリエーションが作られました。**「スタンプバスケット」**はアメリカで発行された記念切手から名付けられました。

「ヤコブのはしご」は旧約聖書の中のエピソード。この話にちなんで、雲の合間から漏れる光の筋のことを「ヤコブのはしご」や「天使のはしご」と呼び、幸運の前兆とされています。また、南北戦争中には北部へ逃れる奴隷たちを手助けする市民組織や、秘密の逃げ道を「地下鉄道」と呼び、そのシンボルとされていたという説もあります。

「カレイドスコープ」は万華鏡のこと。斜めのクロスと十字のクロスの配色を交互に浮き出させることで、動きのあるパターンになり、たくさんつなぎ合わせるほど、その特徴が表れます。配色の基本が学べるパターンです。

スタンプバスケット
Stamp Basket

大小の三角形と正方形をピーシングし、持ち手をアップリケしたバスケットを4枚組み合わせたパターン。1つだけ色をかえた持ち手がアクセント。

▶48ページ

ヤコブのはしご
Jacob's Ladder

ヤコブという人物が、天に届くほどの高いはしごを天使が上り下りしている夢を見たという、旧約聖書の一節がパターンの名前の由来。

▶70ページ

カレイドスコープ
Kaleidoscope

2種類の二等辺三角形で作るツーパッチのパターン。配色やブロックの組み合わせで動きのあるパターンが生まれます。

▶70ページ

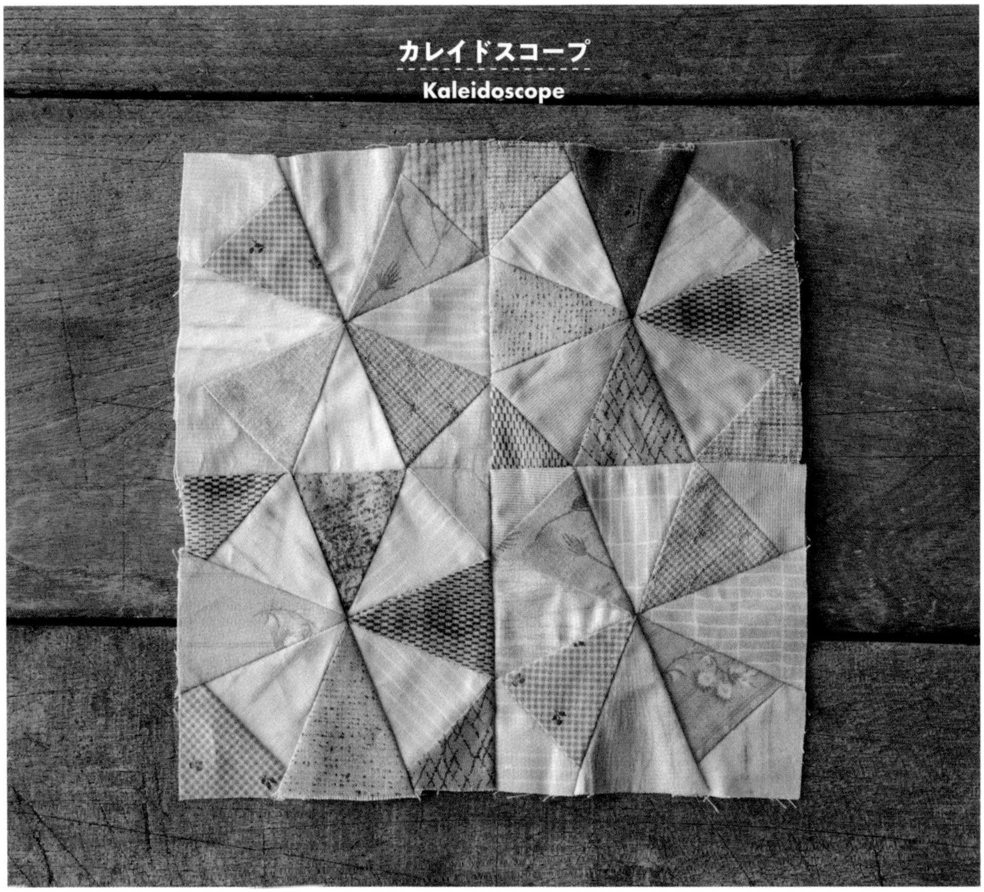

ログキャビン
Log Cabin

パイナップル
Pineapple

ログキャビン
Log Cabin

丸太小屋を作るように、細長い布を中心から時計回りに縫い合わせていきます。中心のピースには暖炉の火を象徴する赤い布を使います。

▶71ページ

パイナップル
Pineapple

パイナップルの英語の花言葉に「Welcome」があることから、歓迎の印とされるパターン。来客用のキルトとして使われました。

▶71ページ

ダブルアイリッシュチェーン
Double Irish Chain

小さな正方形が斜めに走るシンプルなパターン。配色と配置で印象がかわります。基本的に2色で作り、赤と白の組み合わせがよく見られます。

▶72ページ

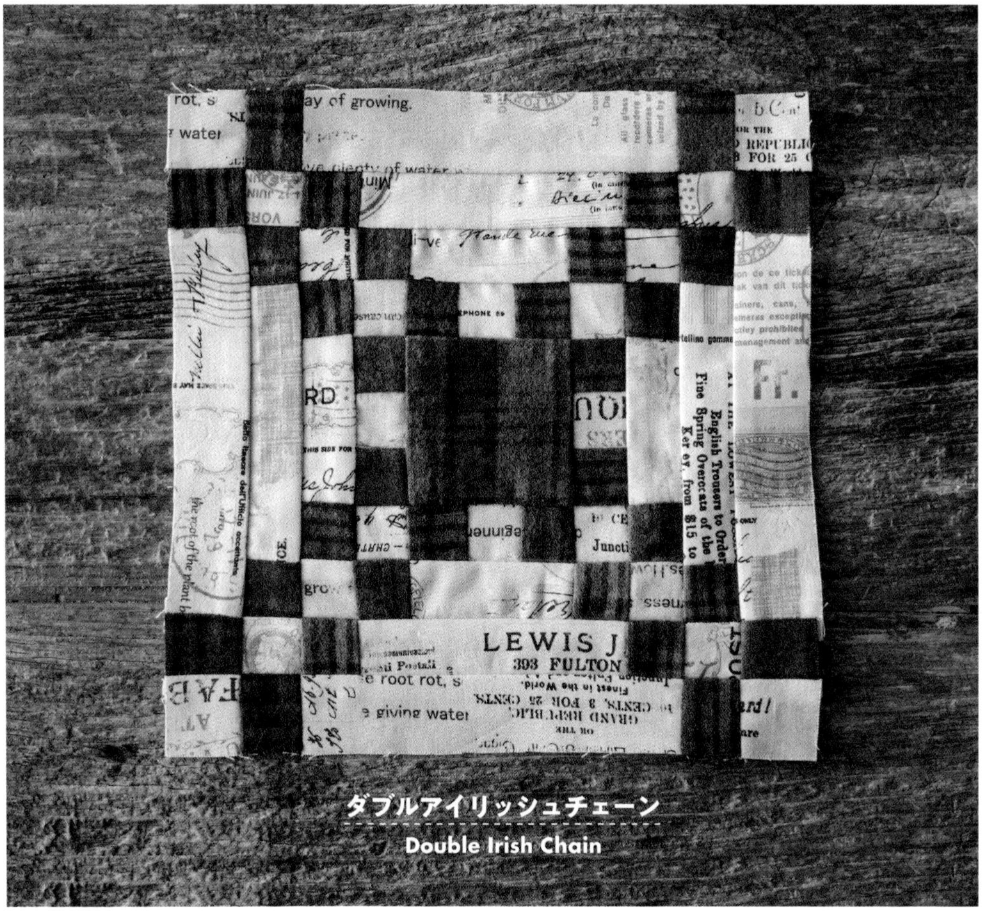

ダブルアイリッシュチェーン
Double Irish Chain

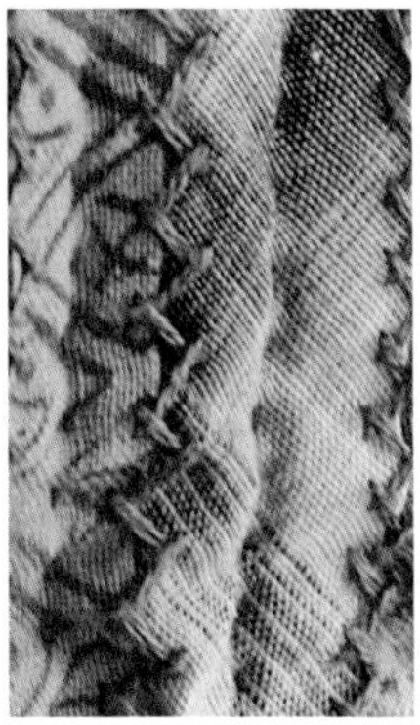

「冬構え」と題したログキャビンのタペストリー（一部）。紬《つむぎ》や絣《かすり》などの和布を使い、古民家の建具をイメージしたボーダーでまとめました。ピースとピースの境目にはヘリンボーン・ステッチを施しています。

Column

丸太小屋の木組みに似ている**「ログキャビン」**。丸太に見立てた細長いピースには淡い色の布と濃い色の布を使い、光の当たる側と陰になる側を作ります。ピースの細さや配色でさまざまなデザインができる奥深いパターンで、黒い布で作ったログキャビンは「ウィドーズキルト（寡婦《かふ》のキルト）」と呼ばれ、ピースが細いほど悲しみが深い表現ともいわれています。

ログキャビンのバリエーションとして「裁判所の階段」や**「パイナップル」**があります。パイナップルは、来客の際に飾られていたため、アンティークにはシルクなどの高価な素材で作られたものもたくさんあります。

「ダブルアイリッシュチェーン」のパターンはシンプルで、流行に関係なく作り続けられているパターンですが、名前の由来はよくわかっていません。シングル、またはトリプルのアイリッシュチェーンなどもあり、いずれも正方形を奇数に分割して製図をします。

ドレスデンプレート
Dresden Plate

イングリッシュアイビー
English Ivy

ドレスデンプレート
Dresden Plate

ドイツのドレスデンで作られた皿をモチーフにしたパターン。剣先形のピースを1枚1枚はぎ合わせて花形にまとめたモチーフを、土台布にアップリケしています。

▶51ページ

イングリッシュアイビー
English Ivy

「友情」「誠実」「永遠の愛」などの花言葉を持つアイビー。葉先の小さな三角形は左右対称になっているので、ピースの向きに注意しましょう。

▶72ページ

熊の足跡
Bear's Paw

19世紀から多く作られたパターンで、熊の足跡に見えることから「熊に気をつけなさい」という警告の意味が込められているそうです。

▶73ページ

赤と白でまとめた「熊の足跡」のタペストリー（一部）。花や紅葉のようにも見えます。キルティングラインはシンプルな斜め格子。

Column

「ドレスデンプレート」は、その名のとおり18〜19世紀にヨーロッパの上流階級で大流行した磁器で、庶民には手の届かない高級品でした。そんな高価な食器への憧れを込めて作られたのが、このパターン。一説には、皿を伏せて形を写し取ったともいわれています。
「イングリッシュアイビー」は、配色で印象がかわるパターンです。明るい配色にして、モチーフが上向きになるようにパターンを45度回転させ、ダイヤモンドスクエアにセットしたタペストリーを作れば、お花畑のようになるのではないでしょうか。
「熊の足跡」は「猫の足」とも呼ばれています。また、地域によっては「友情の手」や「泥沼のアヒルの足」などと呼ばれているとか。同じパターンでも生活環境や時代背景によって呼び方がかわっていることがわかります。

おばあちゃんの花園
Grandmother's Flower Garden

おばあちゃんの扇
Grandmother's Fan

おばあちゃんの花園

Grandmother's Flower Garden

六角形のピースを「ペーパーライナー」という技法で縫いつないだパターン。中心のピースの周囲を、1段ごとに色をかえて配色します。

▶56ページ

おばあちゃんの扇

Grandmother's Fan

扇の６枚のピースは柄や色のバランスを考えて布を選びましょう。はぎ目に重ねて刺しゅうを入れると豪華な扇に仕上がります。

▶73ページ

生命の木

Tree of Life

その実を食べると永遠の命を得るとされる「生命の木」。旧約聖書の一節からつけられた名前ですが、このデザインは松の木がモデルになっています。

▶74ページ

生命の木

Tree of Life

Column

「おばあちゃんの花園」で使うペーパーライナーは、パッチワークがアメリカに渡る以前からイギリスで使われていた技法です。一般的なピースワークと違って縫い代が重ならず、フラットに美しく仕上がるのが特徴で、型紙を正確にカットすることが、作り方のいちばんのポイントになります。型紙から製作年代が推測できるため、アンティークキルトでは取り忘れた型紙が残っているものは価値が高いとされています。

大きめのピースで作る**「おばあちゃんの扇」**は、シンプルなパターンなので刺しゅうなどの工夫が生きてきます。カーブをきれいに仕上げるコツは、合い印を入れて、なるべく細かく待ち針を打つことです。

緑色を使った配色で作られることが多く、

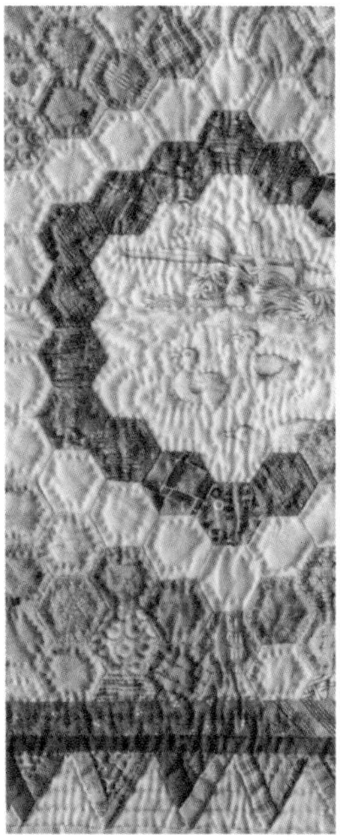

「松の木」とも呼ばれる**「生命の木」**。三角形の配色を赤やオレンジ色にかえて、果樹や紅葉などにアレンジしてもいいでしょう。

中央は絵柄を生かした1枚布の周囲を六角形のピースでまとめています。外周はランダムな配色がモザイク模様のよう。

酔っぱらいの小道
Drunkard's Path
友情の絆
Friendship Knot

酔っぱらいの小道
Drunkard's Path

色の濃い布が斜めのクロスに見えるように配置しています。酔っぱらいが千鳥足で歩いた跡のように見えることから名付けられたとされています。

▶53ページ

友情の絆
Friendship Knot

手をつないでいるように見えるこのパターンは、逆向きのカーブを縫い合わせて作ります。カーブが小さいほど難しくなります。

▶74ページ

オレンジピール
Orange Peel

くし形にカットしたオレンジの皮のような、アーモンド形のピースで円形を描いたパターン。日本の七宝つなぎのようです。

▶75ページ

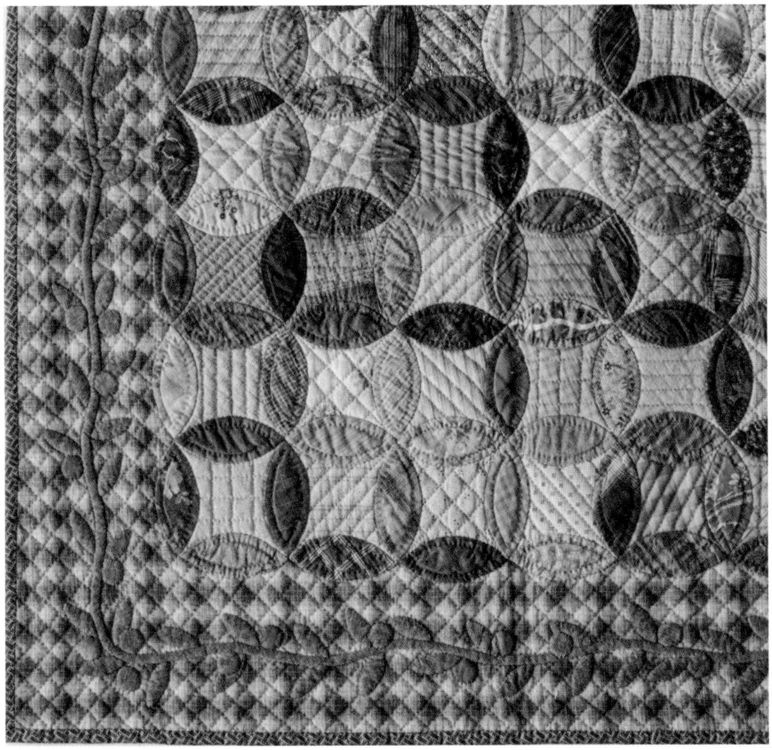

茶系をメインにした配色のオレンジピールのタペストリー（一部）。ボーダーにアップリケした枝と木の実がアクセントになっています。

Column

「酔っぱらいの小道」は、1870年代に始まった女性キリスト教禁酒同盟による禁酒運動のシンボルになったことでも知られています。配色とカーブの配置によって、たくさんのパターンが生まれ、「きのこ」「水玉模様」「追いかけっこ」などと名前がかわります。

「友情の絆」の作り方のポイントは平行四辺形の向きとカーブの縫い方。平行四辺形は布を裁つときに注意しましょう。初心者が練習するのによいパターンだと思います。

「オレンジピール」にはアーモンド形のピースの角が4枚集まる部分がありますが、角を中心に合わせるのは初心者には難しいかもしれません。中心が少しずれたとしても気にしないことが作り方のポイントです。パッチワークはパターンをたくさんつないで、遠目で見るくらいがちょうどよいと思っています。

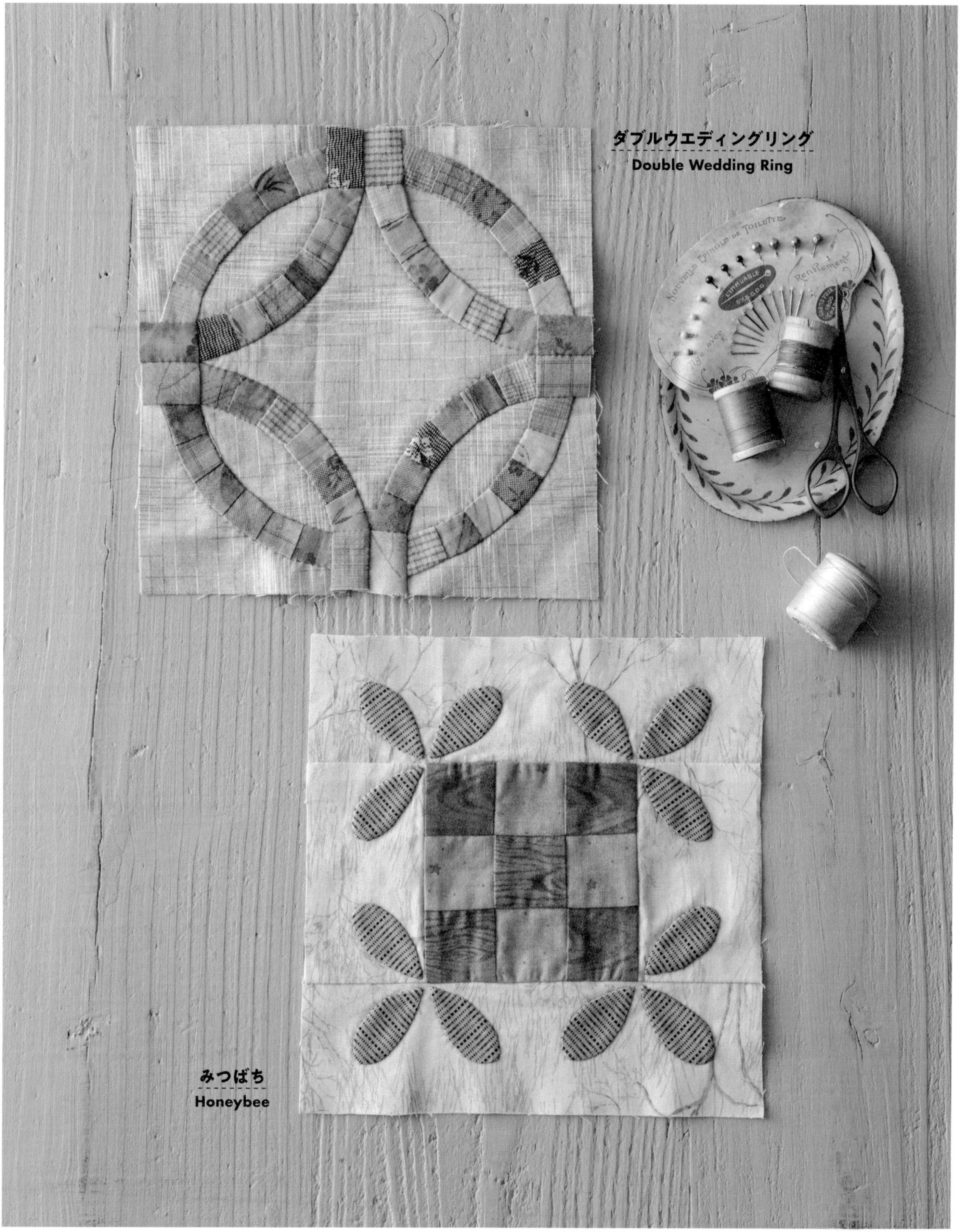

ダブルウエディングリング
Double Wedding Ring

みつばち
Honeybee

ダブルウエディングリング

Double Wedding Ring

リングが重なり合うデザインがブライダルキルトとして人気のパターン。婚礼道具として、また結婚のお祝いとして1930年代によく作られていました。

▶76ページ

みつばち

Honeybee

巣の周りを飛ぶみつばちを表現したような、かわいいデザイン。しずく形のピースは最後にアップリケして仕上げます。

▶75ページ

サウザンドピラミッズ

Thousand Pyramids

正三角形または二等辺三角形を縫いつないだ幾何学模様。上向きのピースに濃い色の布を配色し、パターンに安定感を出しました。

▶77ページ

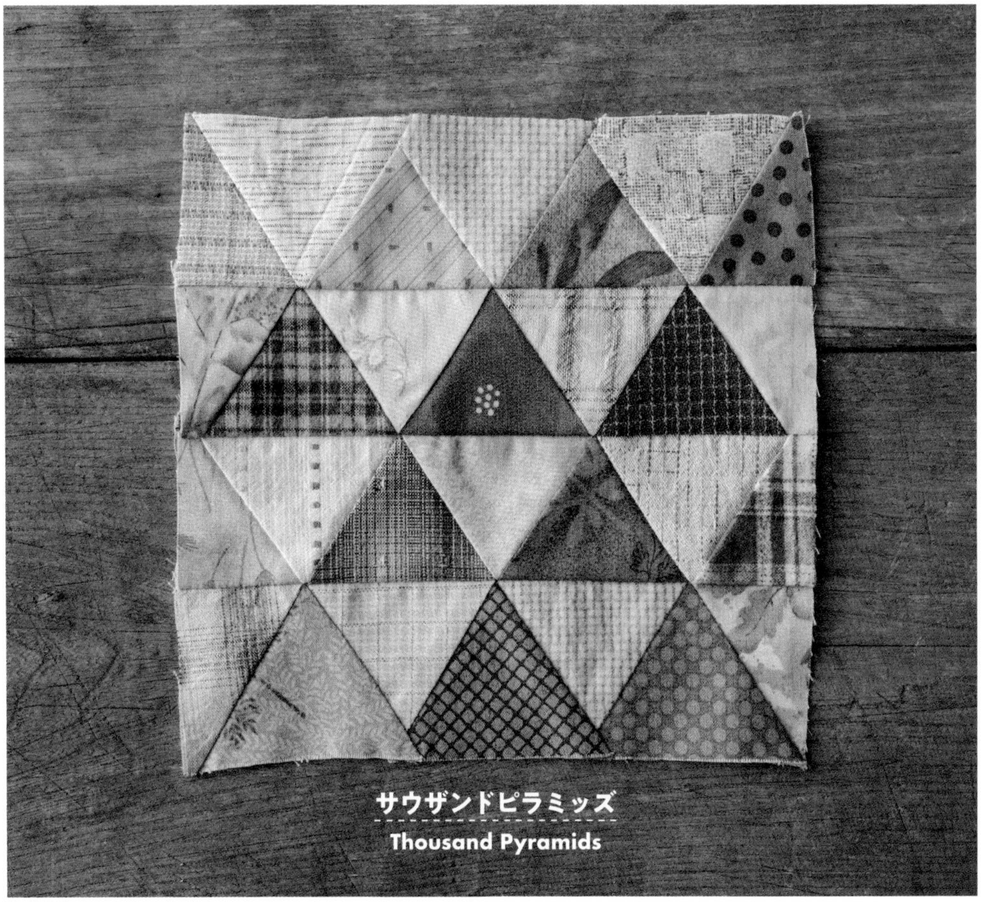

サウザンドピラミッズ
Thousand Pyramids

Column

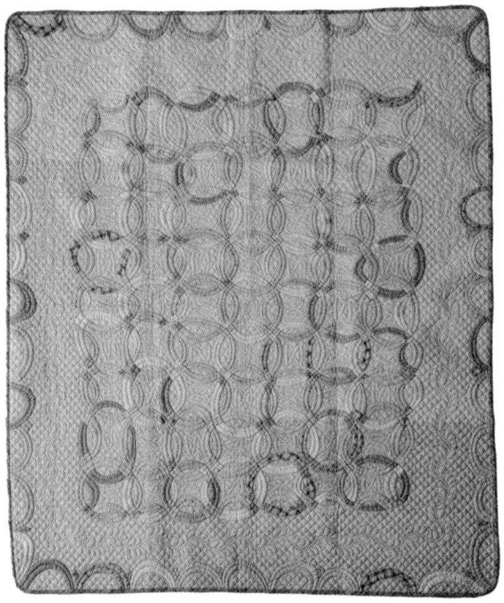

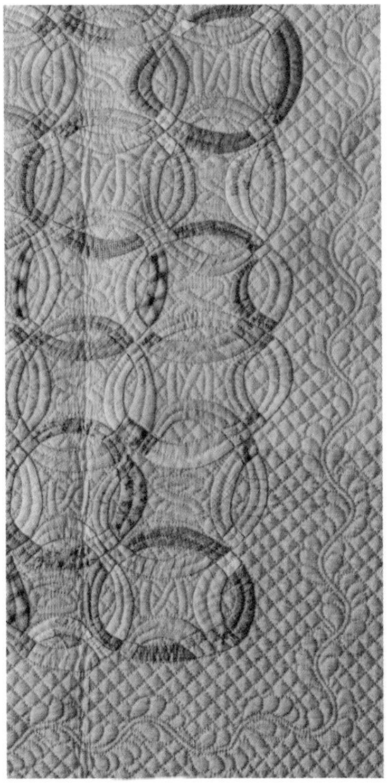

少しずつ形をかえてつないだリングは、パターンの由来にマッチしています。ボーダーに施したフェザーラインのキルティングが華やか。

「ダブルウエディングリング」は、15〜17世紀にヨーロッパで広まったギメルリングが由来。形の違う指輪を1本の指に複数つけることで、それぞれの指輪がロックされるというもので、このギメルリングを2つ組み合わせたのが「ダブルウエディングリング」です。2つの指輪は、婚約中は男女それぞれが1つずつはめ、結婚式で男性の指輪を女性の指輪に合わせてはめたそうです

名前もデザインもかわいい**「みつばち」**。虫の名前がついたパターンはいろいろあり、ナインパッチのバリエーションには「うるさいはえ」というものがあります。おもしろいですね。

「サウザンドピラミッズ」はワンパッチで作るパターンです。ピースを小さくすると、たとえ配色のバランスがうまくいかなくても、上級者のような仕上がりになります。はぎれを使いやすいのもうれしいポイントです。

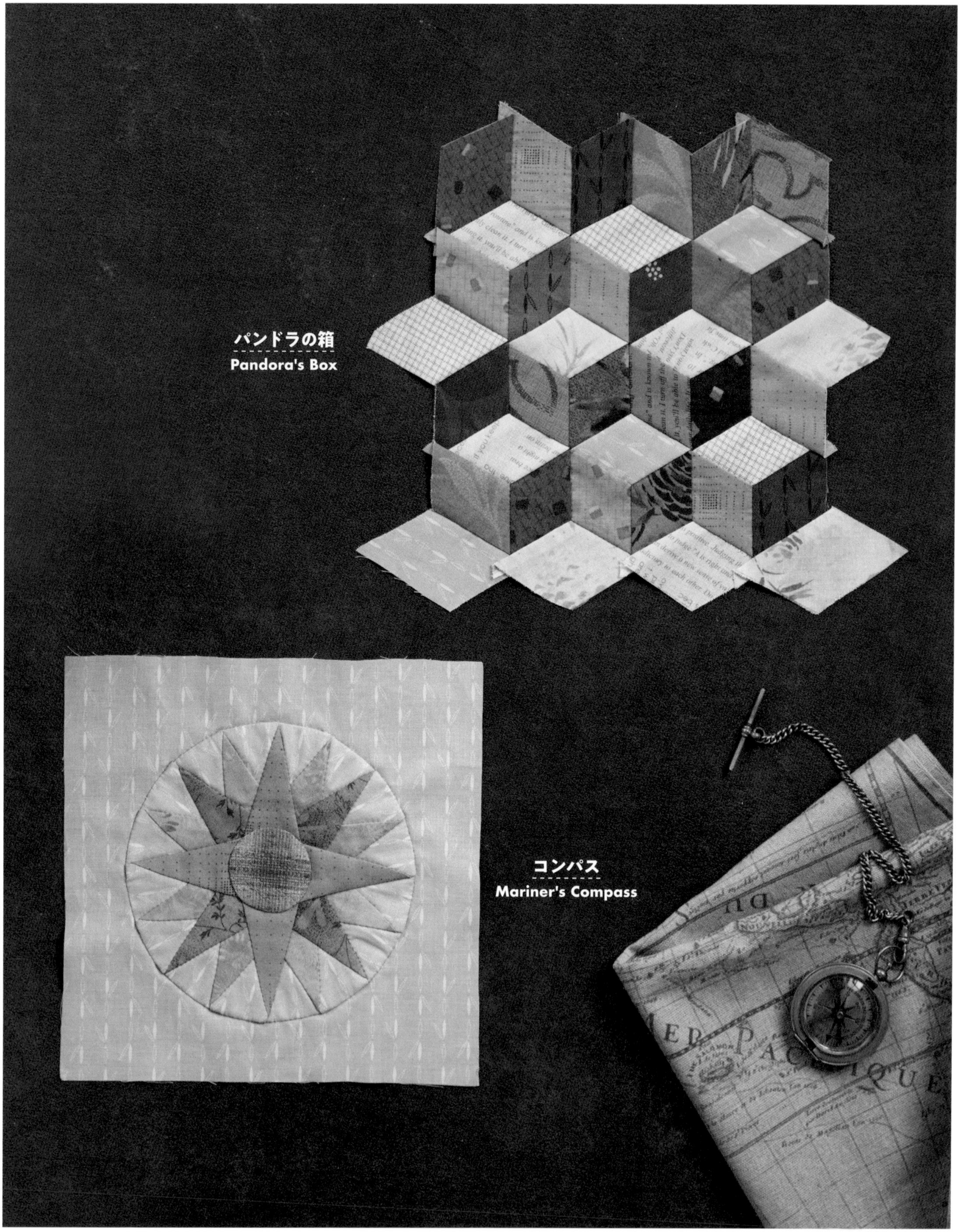

パンドラの箱
Pandora's Box

コンパス
Mariner's Compass

パンドラの箱
Pandora's Box

3つのひし形で構成された六角形をつなぎ合わせたパターン。六角形を明色、中間色、暗色に配色することで、箱に立体感が生まれます。

▶50ページ

コンパス
Mariner's Compass

船旅に欠かせない方位を知るための羅針盤をパターン化したもの。円形にピーシングしたブロックを土台布にアップリケして仕上げます。

▶54ページ

海の嵐
Storm at Sea

大小の三角形と四角形を直線でつなぎ、曲線を作り出したパターン。たくさんはぎ合わせることで、大きなうねりが生まれます。

▶77ページ

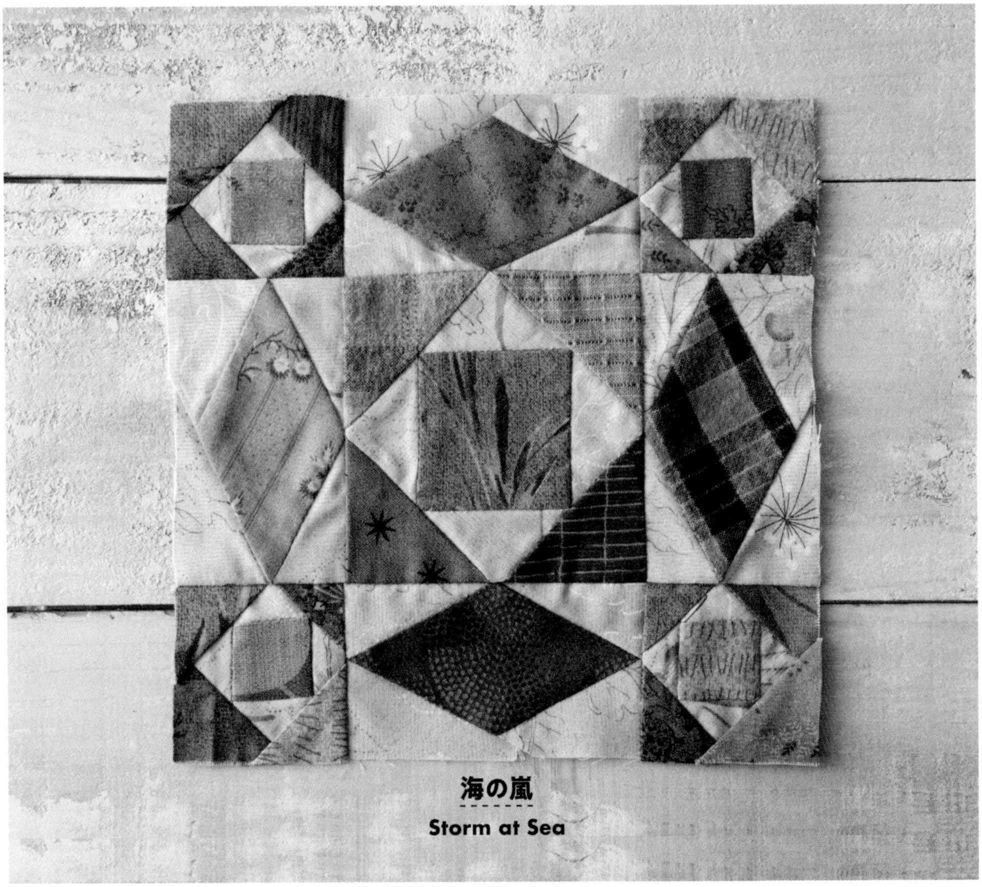

Column

「パンドラの箱」はギリシャ神話に登場する、世の中のあらゆる災厄を収めた箱の名前が由来で、「Baby's Block（積み木）」とも呼ばれます。配色によって平面が3次元に見えるおもしろいパターンです。この作品はピーシングをしていますが、「おばあちゃんの花園」と同様にペーパーライナーで作ることもできます。
「コンパス」は大胆な配色にするのがおすすめ。円形のパターンは目立つので、迫力のある仕上がりになります。
「海の嵐」は、船上で嵐に見舞われたキリストが風と海を一喝して嵐を鎮めた、という新約聖書の中のエピソードが由来とされています。「カレイドスコープ」や「オレンジピール」と同様に、たくさんつなぐことでその魅力を発揮します。作り方のコツはピースの角をきっちり合わせることだけ。直線で縫っているのに大きなうねりが生まれ、名前のとおりに荒れ狂う大海原を感じることができます。

４つのコンパスを囲む海の嵐のパターン。ピースの内側に入れたキルティングが波のうねりを一層引き立てます。

4枚のタペストリー

▶78ページ

正方形を45度回転させたダイヤモンドスクエアにすると、モチーフが上向きになるパターンを、4枚組み合わせて仕立てました。三角形のボーダーをつけて、正方形に仕上げています。

9枚のタペストリー

▶79ページ

それぞれのパターンを柔らかい色調で作り、パターンとパターンをつなぐラティスも、あえて目立たせずに明るくまとめました。上段中央の「煙突掃除人」は配色をかえて全く違った印象に。

12枚のタペストリー

▶80ページ

ラティスをはさまず、直接パターンどうしを縫い合わせました。ポイント的に使われたカラフルな色使いのピースが効いています。ボーダーと背景にはどんなパターンにも使える斜め格子のキルティングを入れました。

20枚のタペストリー

▶58ページ

さまざまな20枚のパターンをまとめ、ボーダーに緩やかなカーブのキルティングを施したタペストリー。パターンの配置によって仕上がりの印象がかわるので、パターンを並べて見え方の確認をしましょう。

Part 2 小物 Knick-knacks

鍋つかみ

パターンのサイズをそのまま生かした鍋つかみ。下げておくだけで、キッチンが華やぎます。「生命の木」は木の実のようなオレンジ色のピースがアクセントに。

▶81ページ

ブーケ

生命の木

ピンクッション

1/4サイズのパターンで作るピンクッションは、２枚の正方形の合わせ方がポイント。中央にはウッドビーズやボタンをつけてくぼみを作り、安定感を出しています。

▶**82**ページ

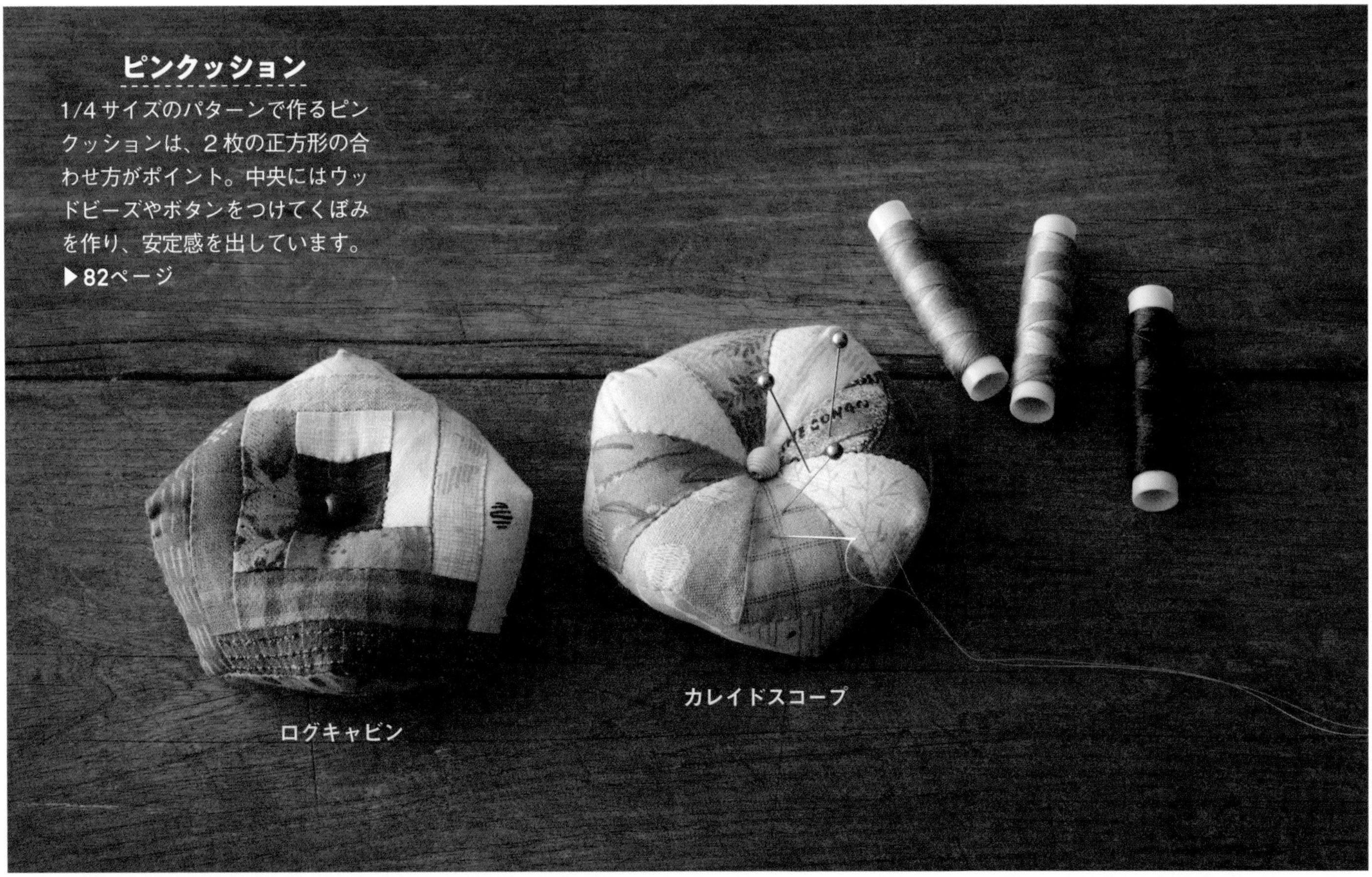

サウザンドピラミッズのポーチ

18㎝のパターンを60％に縮小し、ピースを小さくして作った台形のポーチ。ランダムに配色したり、規則的に並べたり、ワンパッチは配色にセンスが光ります。

▶**84**ページ

おばあちゃんの扇のクッション

パターンの扇を外向きに４枚はぎ合わせ、円形を描きました。アクセントに使った赤や黄色の布でカラフルな印象に。四隅には毛糸でタッセルをつけています。

▶83ページ

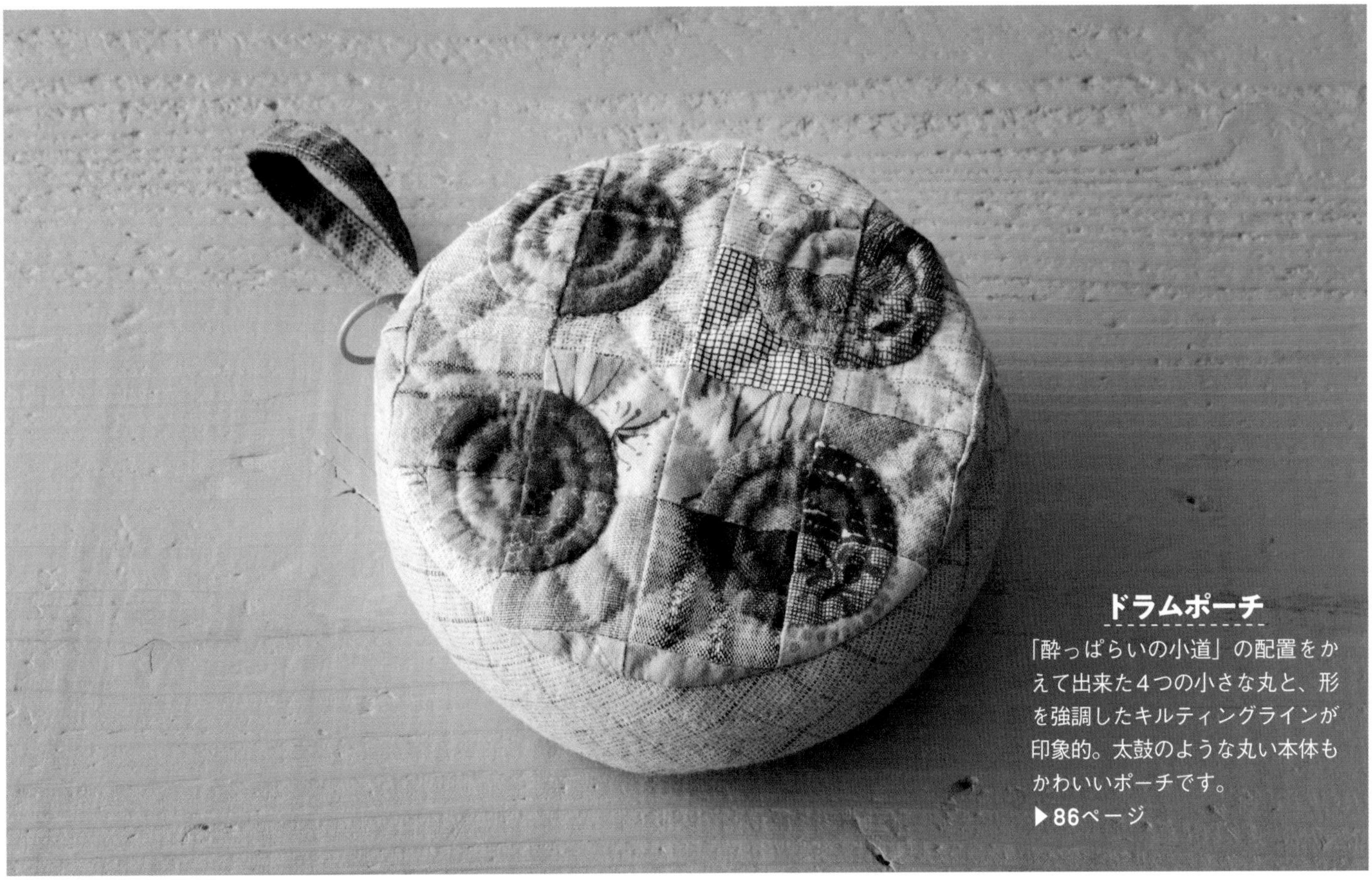

ドラムポーチ

「酔っぱらいの小道」の配置をかえて出来た4つの小さな丸と、形を強調したキルティングラインが印象的。太鼓のような丸い本体もかわいいポーチです。

▶86ページ

トレイ

側面の角につけたリボンを結んで使うトレイです。底には80%に縮小したパターンを配しています。フラットになるので、使わないときはコンパクトに収納。

▶88ページ

みつばち

アルバムスター

ダブルウエディングリングのバッグ

連続したリングをバッグの本体にぐるりとアップリケ。シンプルに見えて、手の込んだバッグです。短めの持ち手は、1本ずつ色をかえているのがポイント。

▶90ページ

オレンジピールのサコッシュ

マスタードカラーのサコッシュに、「オレンジピール」の1/4をアップリケしました。本体はキルティング生地なので、一枚仕立てでもしっかりした仕上がり。

▶92ページ

ダブルアイリッシュチェーンのリュック

シンプルな仕立てのリュックは、本体と色みを合わせたアップリケがアクセント。目立ちすぎないダブルクロスがおしゃれです。

▶94ページ

海の嵐の
ショルダーバッグ

「海の嵐」をつないでバッグの側面にしたショルダーバッグ。斜めに走るうねりが目をひきます。大容量なので、肩ひもは食い込まないよう幅広にしています。

▶96ページ

モンキーレンチのスマホケース

スマートフォンがぴったり入るケースに、肩ひもをつけて使いやすくしました。小さなモンキーレンチは赤系のチェック柄でかわいらしくまとめて。

▶**98**ページ

パンドラの箱のペンケース

「パンドラの箱」で作る自立型のペンケースは、ヨットの帆のような形が特徴。ファスナーをあければ、ペン立てがわりに使うこともできます。

▶**100**ページ

三目並べのバッグ

パターンを4枚はぎ合わせた大きめのバッグ。布合わせで印象がかわるので、モノトーンでまとめるなど、自分好みに作りましょう。

▶102ページ

ローマンストライプの巾着

パターンを縮小して作った巾着。ちょっとそこまでの外出や、バッグの中の整理に使いやすいサイズです。

▶101ページ

酔っぱらいの小道のサコッシュ

「酔っぱらいの小道」を白とグレー系の濃淡でまとめました。サコッシュは体にフィットするサイズ感なので、手ぶら感覚で動けます。

▶103ページ

ドレスデンプレートのポーチ

パターンが花のようにも、太陽のようにも見える、かわいらしいポーチ。パターンのサイズを生かしているので、ポーチの容量はたっぷりです。

▶104ページ

スクールハウスのバッグ

「スクールハウス」のパターンをそのままポケットに。バッグ本体を少しだけ台形に製図しているので、荷物を入れてまちが広がると、まっすぐな長方形になります。

▶105ページ

スタンプバスケットのミニウォレット

4枚1組のパターンからバスケットを1枚使って財布を作りました。内側にはカード入れ、コインポケットなど、小さいながらも機能的です。

▶106ページ

糸巻きのめがねケース

パターンを二つ折りにし、巻きかがりにしためがねケース。表と裏で全く異なる印象にしたり、色数を絞ってシンプルにまとめたり、自分好みにアレンジしましょう。

▶108ページ

熊の足跡のかぎ針ケース

パターンの左右にピースを足して、かぎ針ケースに仕上げました。かぎ針を1本ずつ入れられるポケットと飛び出し防止のフラップつき。くるくると巻いて収納します。

▶109ページ

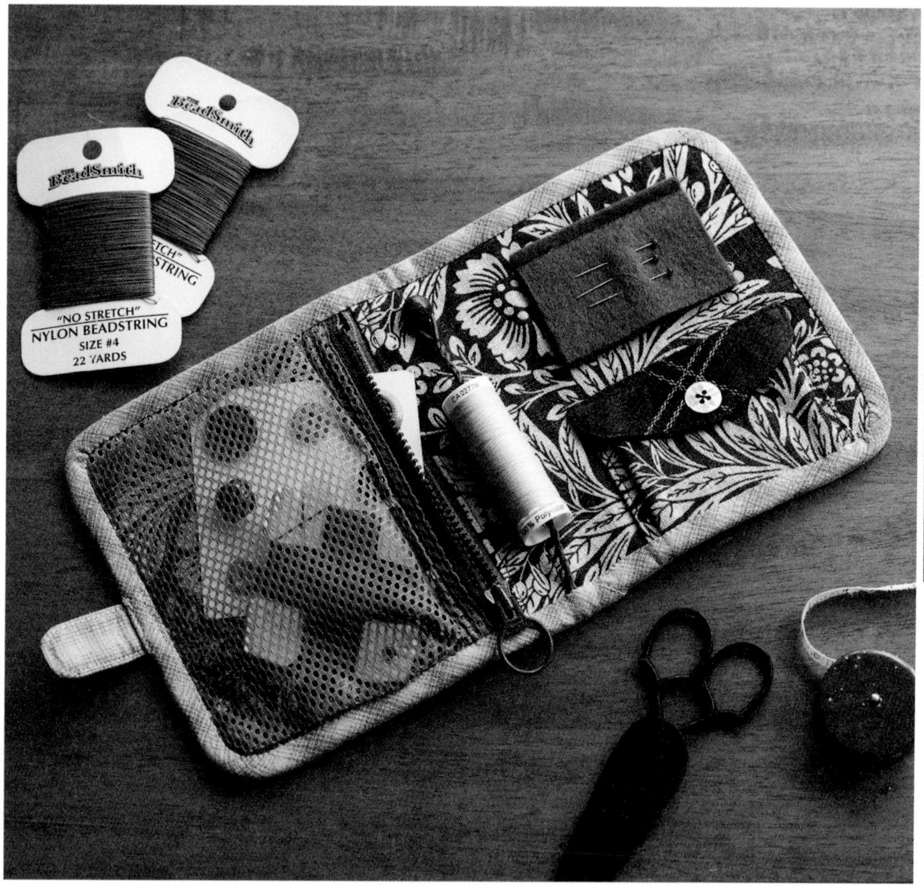

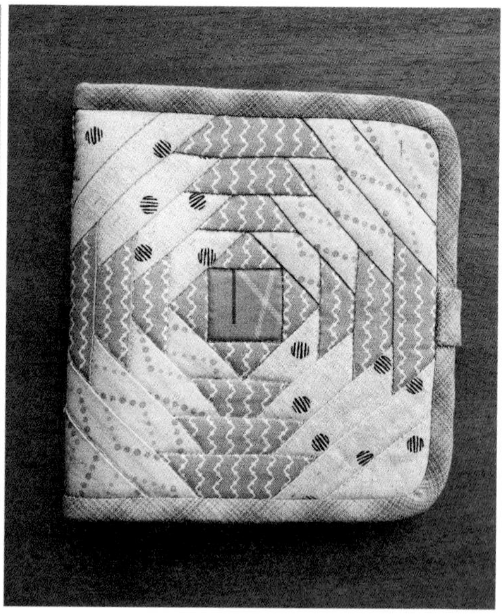

パイナップルのソーイングセット

中身が見えるメッシュのポケットと、針刺し、糸巻き通しなど工夫がいっぱいのソーイングセット。「パイナップル」のパターンを上品な配色でまとめました。

▶110ページ

HOW TO MAKE

作り始める前に

寸法図
・図中の寸法の単位は「cm(センチメートル)」です。また「S」は「ステッチ」の略です。
・「寸法図」は一部を除いて縫い代を含まない出来上がり寸法を表記しています。指定の縫い代をつけて裁断します。縫い代込みの場合や縫い代をつけない場合は「裁ち切り」と表記しています。

出来上がり寸法
出来上がり寸法は基本的に製図上の大きさで表記しています。完成した作品はキルティングの分量や縫うときの手加減によって縫い縮みがあり、サイズがかわる場合があります。キルティングが終わったら、再度寸法を確認して次の作業に進みましょう。

型紙
付録の実物大型紙には一部を除いた作品の各パーツとアップリケ・刺しゅう図案を掲載しています。刺しゅうの図案には刺しゅう糸の配色と本数も表記しています。

材料の糸
材料ではしつけ糸、ミシン糸、手縫い糸、キルト糸を省略しています。しつけ糸以外は布地の色めに近いものを使用します。

パターン・型紙・ピース
パターンの描き方は45ページ**1**、型紙の作り方は45ページ**2**、ピースの裁ち方は45～46ページ**3**、ピースの縫い方は46～47ページ**4**を参照してください。

仕立て
・ミシンは事前に実際に縫う布地を使って必ず試し縫いをし、糸調子のチェックをしましょう。
・ミシンの縫い始めと縫い終わりは2～3針返し縫いをします。
・キルト綿は少し硬い面が裏、ふわふわした面が表になります。

落としキルト・落としミシン
落としキルトとは、ピースワークなどの縫い目のきわの、縫い代を倒していない側にキルティングをすることです。キルティングラインは描かず、キルティングの最後に行います。ミシンの場合は「落としミシン」と表記しています。

バイアス布
バイアス布の裁ち方・はぎ合わせ方は63ページ**7**-1を参照してください。

手縫い・刺しゅう
手縫いの縫い方・ステッチの刺し方は111ページに掲載しています。

必要な用具

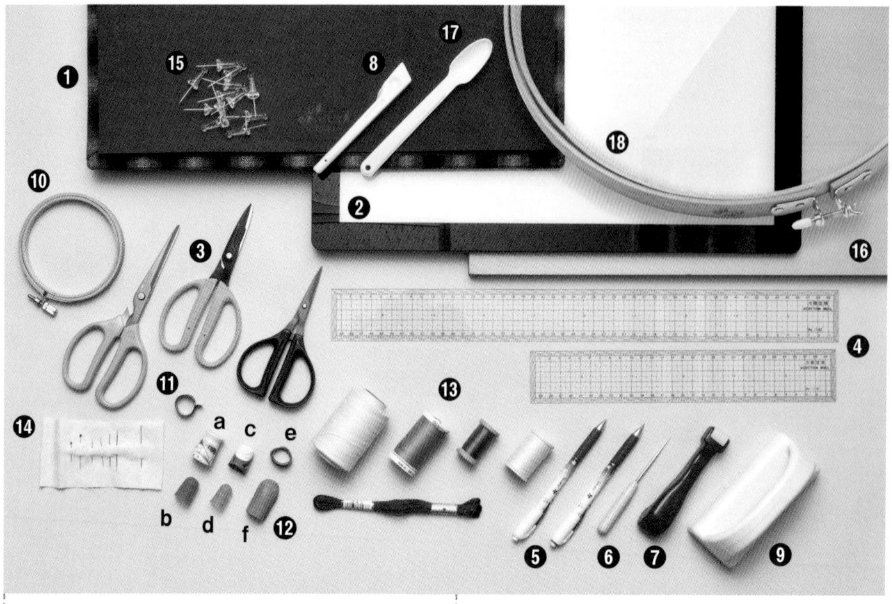

❶パッチワーク用ボード
やすり面と、やすり面に重ねるカバーの柔らかい面があり、本書では折り目つけローラーなどで縫い代を割るときに柔らかい面を使用。裏側の布地面はアイロン台として使用できる。

❷ライトテーブル
アップリケや刺しゅう図案を布に写すときに使用。ない場合は、明るい日中に透明な窓ガラスを利用して写すとよい。

❸はさみ
左から、布用、紙・キルト綿用、糸用。この３種類を用意して使い分けると刃が傷みにくく、長持ちする。

❹定規
ピースを写したり、製図をしたり、キルティングラインを描いたりするときに使用。縦、横に線の入った方眼定規が便利。50cm程度と30cm程度の２種類を準備する。

❺布用シャープペンシル
布に出来上がり線や合い印、アップリケや刺しゅうの図案を写したり、キルティングラインを描いたりするときに使用する。濃い色の布地用と薄い色の布地用の２色あると便利。水で消えるタイプを使用。

❻目打ち
型紙をボール紙に写したり、袋状に縫った角をきれいに整えたりする場合に使う。

❼折り目つけローラー
❽折り目つけ
縫い代を割ったり、折り目をつけたりするときに使用。ない場合はアイロンで代用可。

❾文鎮
小さな作品をキルティングするときに、布が動かないようおもしとして使用する。

❿刺しゅう枠
刺しゅうをするときに使用する。輪の小さいものが使いやすい。

⓫リングカッター
利き手と反対側の手の親指にはめる。作業しながら糸を切ることができる。

⓬シンブル／指ぬき
a 陶器製シンブル
キルティングをするときに指を保護するために使用。陶製のシンブルは利き手と反対側の手の人さし指にはめる。
b ゴム製の指サック
陶製シンブルが外れないようにシンブルの下につける。
c プラスチック製シンブル
キルティングをするときに、利き手の中指に先端の白いプラスチック部分を指の腹側にしてはめる。
d ゴム製の指サック（小）
キルティングやアップリケのときに、滑らずに針を抜くことができる。利き手の人さし指にはめて使用する。
e 指輪形指ぬき
ぐし縫いなどの運針をするときに利き手の中指にはめて使用する。
f 革製シンブル
アップリケをしたり、しつけをかけたりするときに、指先を保護するために利き手の中指にはめる。

⓭糸
左上から、しつけ糸、ミシン糸、手縫い糸、キルト糸。下段は刺しゅう糸（本書では25番刺しゅう糸を使用）。

⓮針
左から、待ち針（短）、待ち針（長）、キルト針、アップリケ針、手縫い針、刺しゅう針、しつけ針。短い待ち針はアップリケ布を留めるときに、邪魔になりにくく便利。

⓯プッシュピン
裏布、キルト綿、表布の３層に重ねてしつけをかけるときに、板に固定するのに使用。針足の長いものが便利。

⓰板（合板）
裏布、キルト綿、表布の３層に重ねてしつけをかけるときに、プッシュピンで布を固定しておくのに使用する。ない場合は、段ボールを利用するか、畳に直接留めてもよい。

⓱プラスチック製スプーン
板に張った３層の布にしつけをかけるときに使用する。スプーンの底で布を押さえ、スプーンの先で針先を持ち上げて針を抜くと作業がしやすい。しなりがあるプラスチック製が使いやすい。

⓲フープ
直径45cm。タペストリーのような大きな作品をキルティングするときに使用する。

そのほかに、型紙用紙、鉛筆、コンパス、ボール紙（はがき程度の厚さの紙。ピース用）、ひも通し、ファスナー押さえ、アイロン、アイロン台、ミシンなど

メイフラワー号

型紙A面

●出来上がり寸法
19.4×19.4cm（縫い代込み）

材料
木綿地
柄布㋐…17×25cm（ピースⓐ、ⓑ）
柄布㋑…12×9cm（ピースⓑ）
柄布㋒…7×20cm（ピースⓒ）
柄布㋓…7×20cm（ピースⓓ）

寸法図

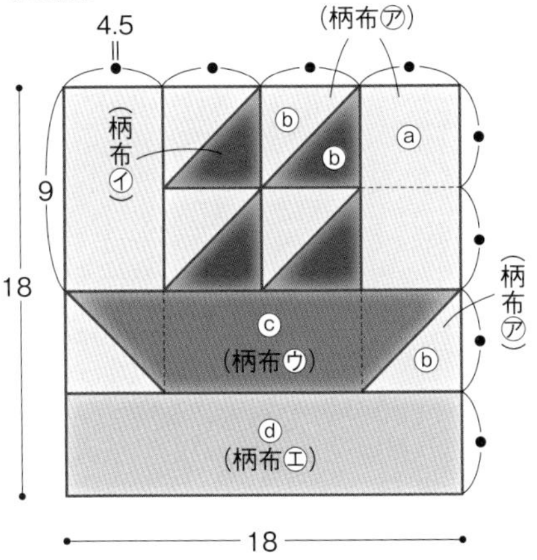

＊すべて0.7cmの縫い代をつけて裁つ

1 パターンを描く

方眼用紙やコピー用紙に定規を使ってパターンを描く。1辺18cmの正方形を描き、寸法図を参照して線を引く。

POINT
まずは製図を引いてみましょう。ピースの配置や図柄など、イメージしやすくなります。

2 型紙を作る

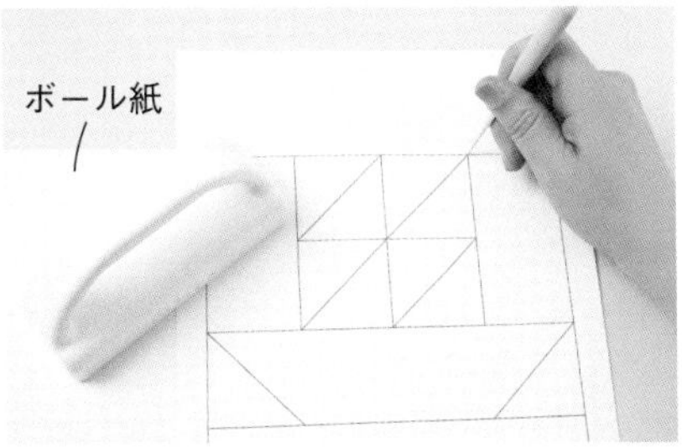

1 ボール紙の上にパターンを重ね、ずれないように文鎮で押さえる。ピースの角を目打ちで刺して、ボール紙に印をつける。

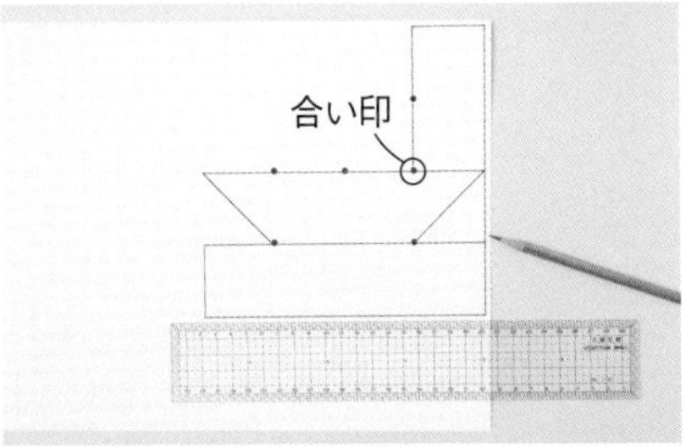

2 パターンを外し、目打ちの穴に鉛筆で印をつけ、印と印の間を定規で結んで鉛筆で線を引く。線と線が接していたり、交差している位置に合い印を入れる。

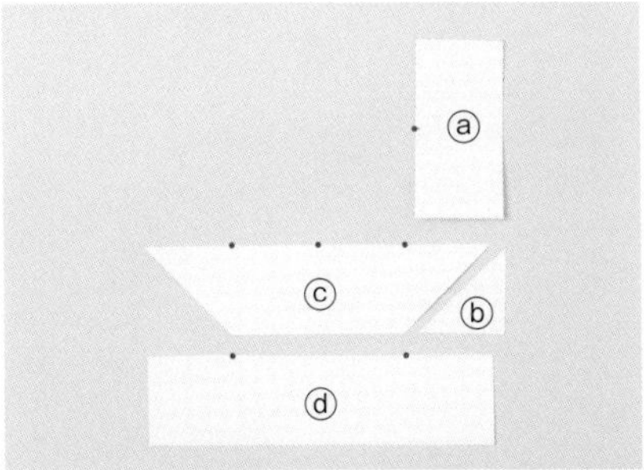

3 はさみで輪郭線どおりにカットしてピースⓐ～ⓓの型紙を1枚ずつ作る。実物大型紙を写して型紙を作ってもよい。

3 ピースを裁つ

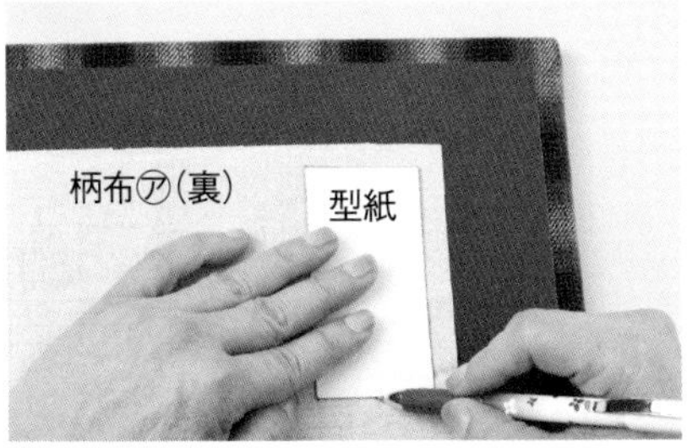

1 パッチワーク用ボードのやすり面の上に布地の裏面を上にしてのせる。型紙を当て、布用シャープペンシルで型紙に沿って線を引く。合い印も忘れずにしるす。

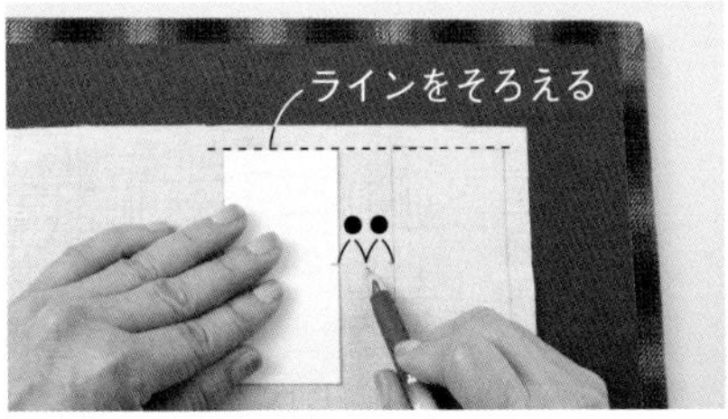

2 同じ布地にピースを写す場合は、縫い代幅（●＝0.7cm）の2倍の間隔をあけて、次のピースを写す。

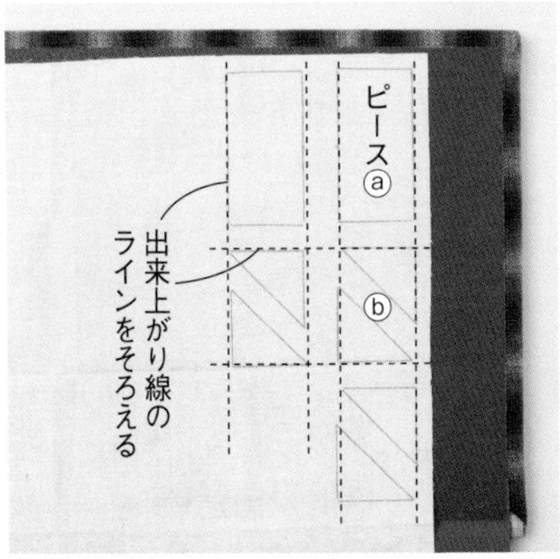

3 違う形のピースも、同様に縫い代幅をあけ、縦と横の出来上がり線のラインをそろえて写す。

POINT
はさみを入れる回数を最小限に、効率よく裁てるようピースを配置して印をつけましょう。

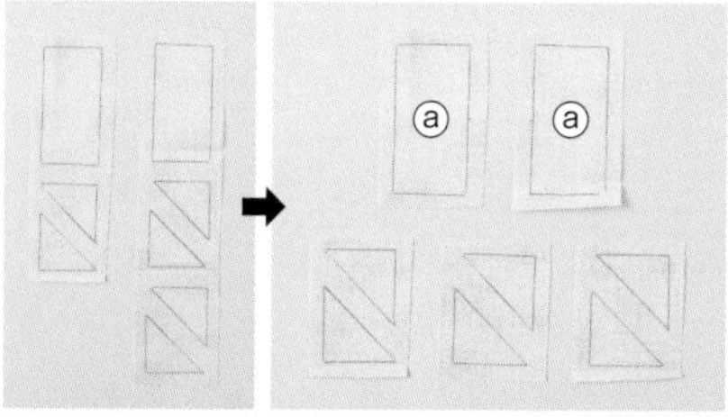

4縫い代をつけて裁つ。まず縦のラインで2枚カットし、次に横のラインをカットし、ピースⓐを切り分ける。

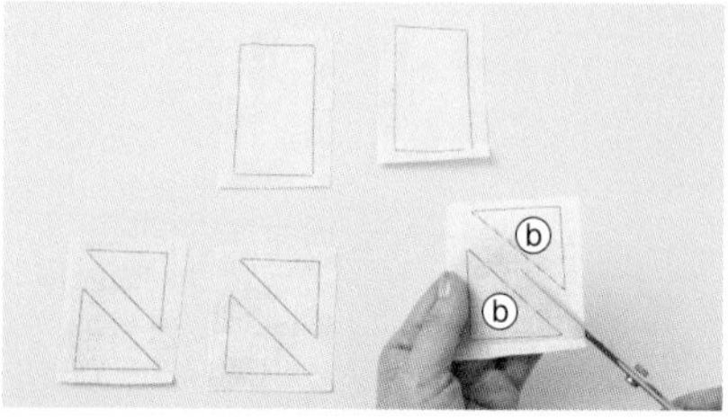

5斜めにカットしてピースⓑを切り分ける。

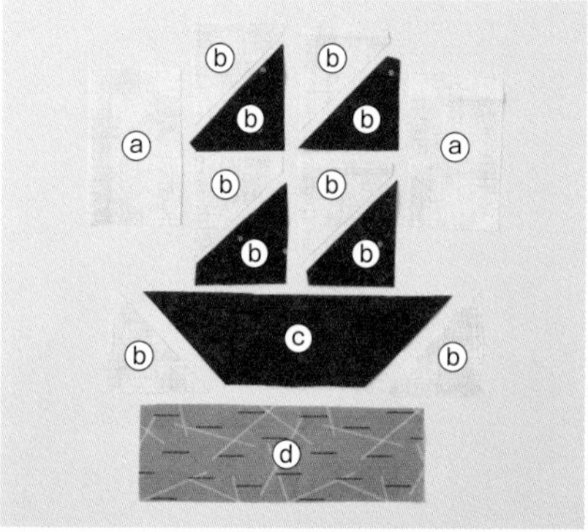

6ほかのピースも同じ要領で各布地に縫い代をつけてカットする。

4 ピースワークをしてブロックを作る

＊利き手の中指に指ぬき、利き手と反対側の手の親指にリングカッターをはめておく。

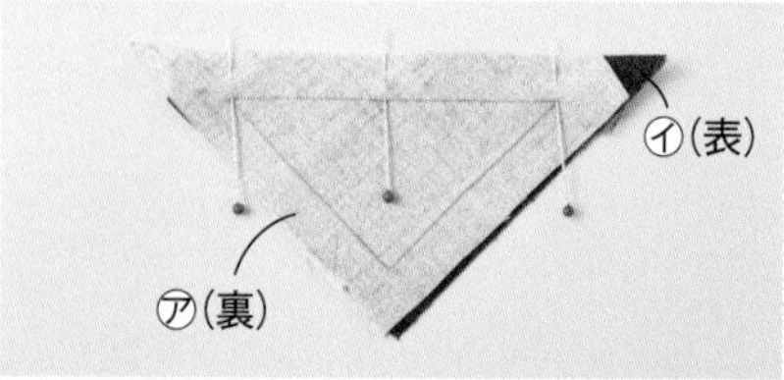

1柄布㋐と㋑のピースⓑの斜辺を中表に合わせ、角の印と印、中央の順に待ち針を打つ。

POINT
濃淡があるピースは印の見えやすい、色の薄いピース布側から待ち針を打ちます。

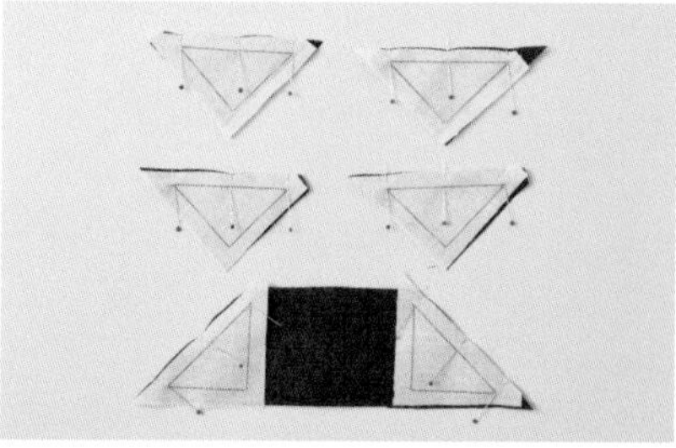

2 1の残りのピースⓑと、柄布㋐のピースⓑと柄布㋒のピースⓒの斜辺を中表に合わせ、同様に待ち針を打つ。

POINT
同じピースの縫い合わせは、待ち針をまとめて打っておくと作業効率がアップ！

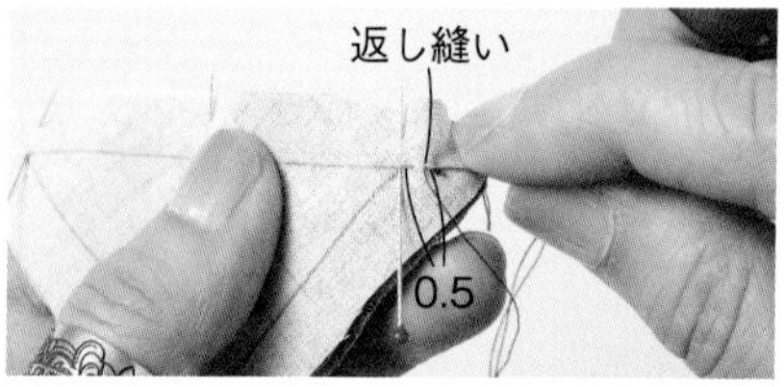

3手縫い糸の糸端に玉結びを作り、角の印から0.5cm外側の位置に針を入れて、1針返し縫いをする。

POINT
手縫い糸の長さは、肩幅を目安に。長い糸は引くのに時間がかかり、よれやねじれの原因になります。また、縫い針はアップリケ用を使用。細くて短いのでぐし縫いがしやすくおすすめです。

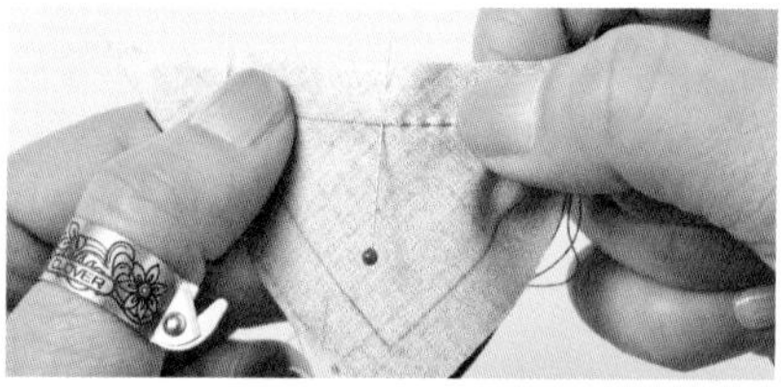

4ラインに沿ってぐし縫いで縫う。角の印の0.5cm先まで縫い、最後も1針返し縫いをして玉留めし、リングカッターで糸を切る。

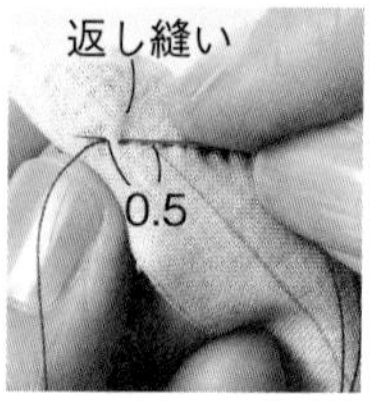

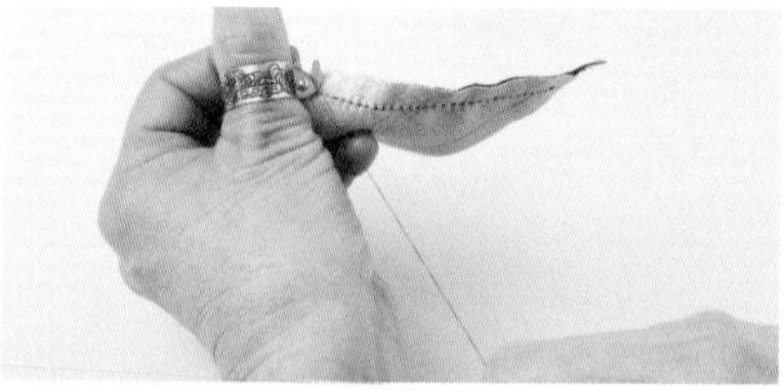

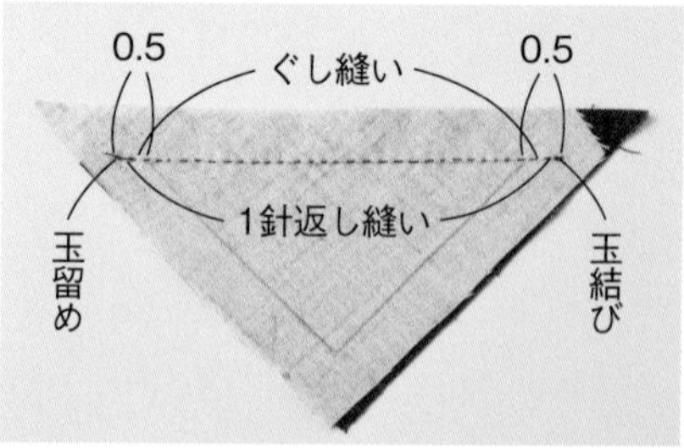

5ピースⓑが1組縫えた。

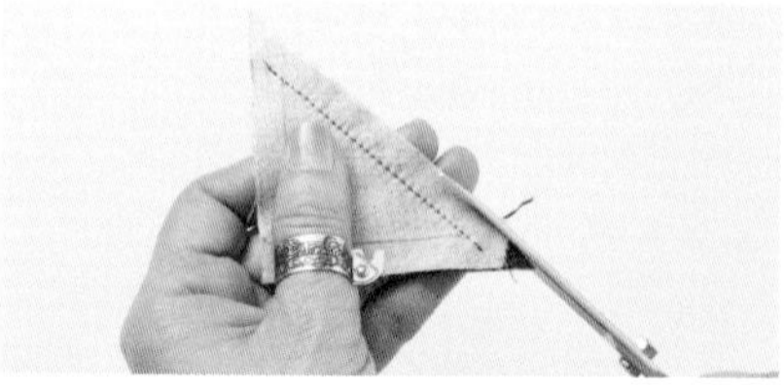

6縫った辺の縫い代端を切りそろえる。

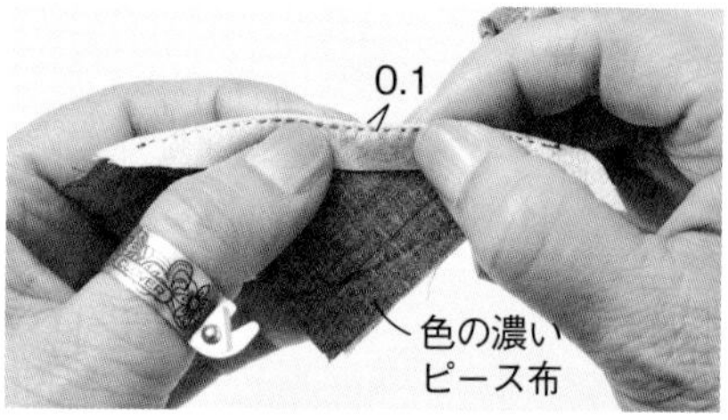

7柄布㋑(色の濃いピース布)を手前側にして持ち、縫い目から0.1cm内側で縫い代を手前に折ってきせをかけ、爪でしごいて折り筋をつける。

POINT
縫い目より余分を持たせて折ることを「きせをかける」といいます。表に返したときに縫い目が隠れ、切り替え線もきれいに仕上がります。

8折り筋に沿って表に返し、折り目つけローラーで押さえる。ほかのピースも同様に縫う。

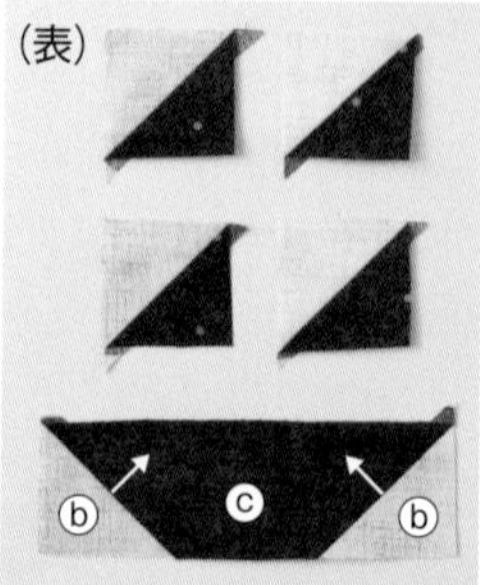

9各ピースが縫えた。柄布㋐のピースⓑと柄布㋒のピースⓒの縫い代は、色の濃いピース布側(矢印の方向)に倒す。

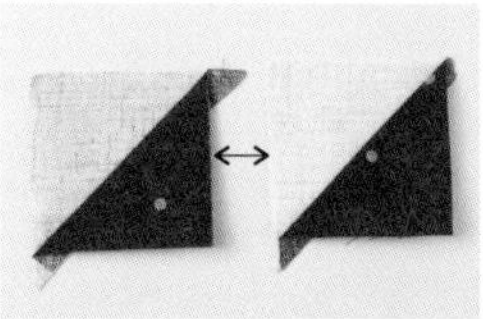

10 8の2組を横に縫い合わせて小ブロックを作る。

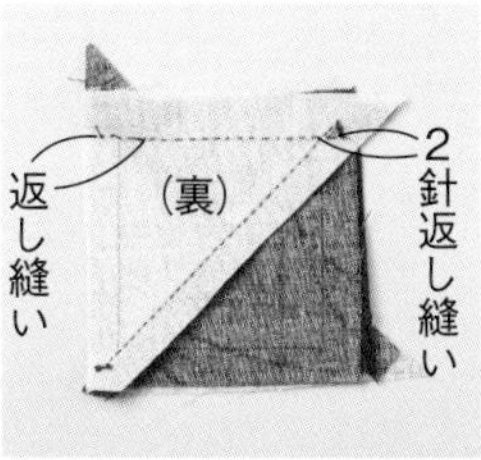

11 8の2組を中表に合わせて待ち針を打ち、縫い始めは布が数枚重なっているので2針返し縫いをする。縫い始めと縫い終わり以外でも布が数枚重なる部分は返し縫いをしながら縫う。

12 縫った辺の縫い代端を切りそろえる。

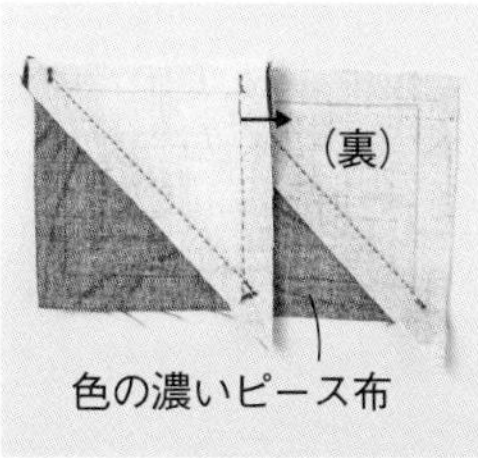

13 7、8の要領で縫い代に折り筋をつけて色の濃いピース布側(矢印の方向)に倒す。同様に小ブロックをもう1組縫う。

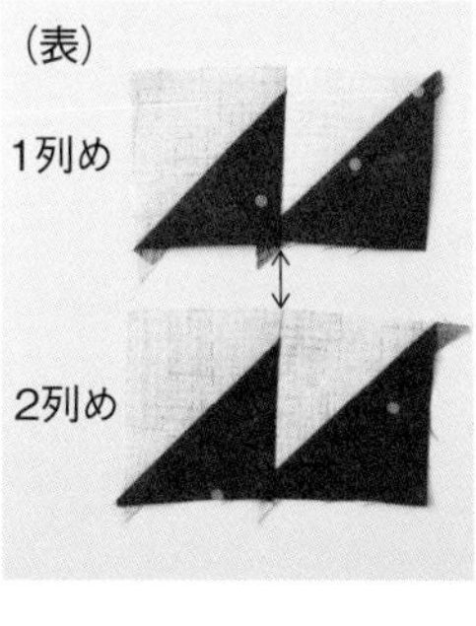

14 小ブロックが2列出来た。次はこの2列を縫い合わせる。

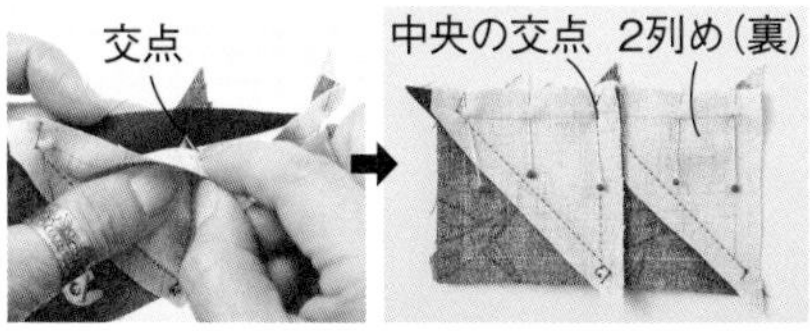

15 2列めを上にして中表に合わせ、角の印と印、中央の交点と交点、その中央の順に待ち針を打つ。中央の交点は待ち針の先で確認して、ずれないように打つ。

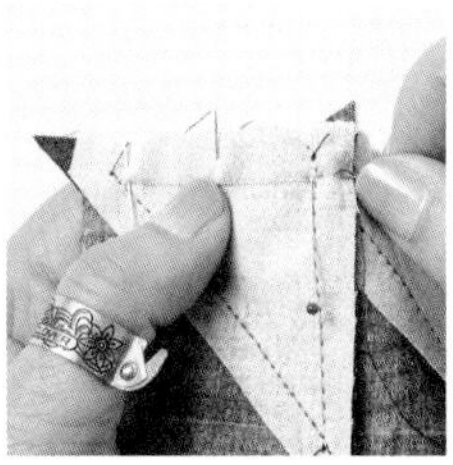

16 11と同様に縫うが、布が数枚重なる部分は返し縫いをしながら縫い進める。

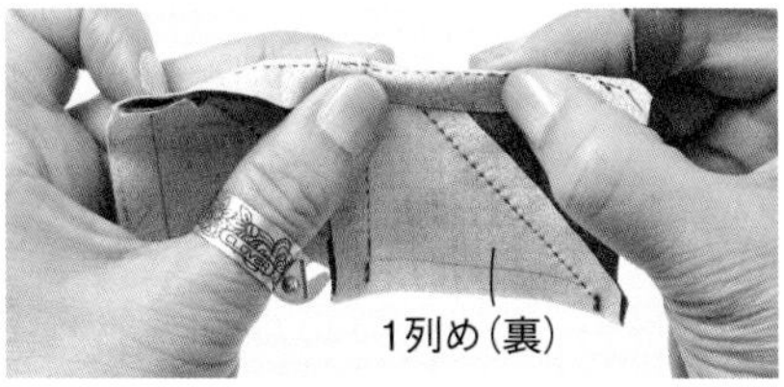

17 縫い代端を切りそろえ、1列めを手前側にして持ち、縫い代を折ってきせをかけ、折り筋をつける。

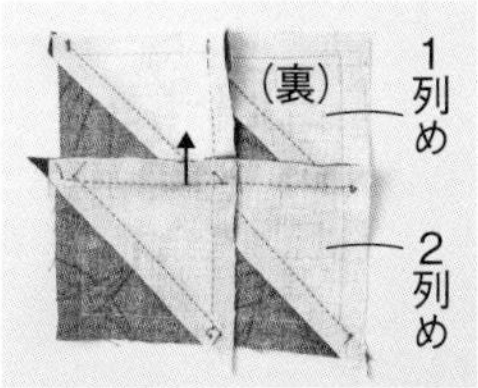

18 縫い代は1列め側(矢印の方向)に倒す。中央のブロックが出来た。

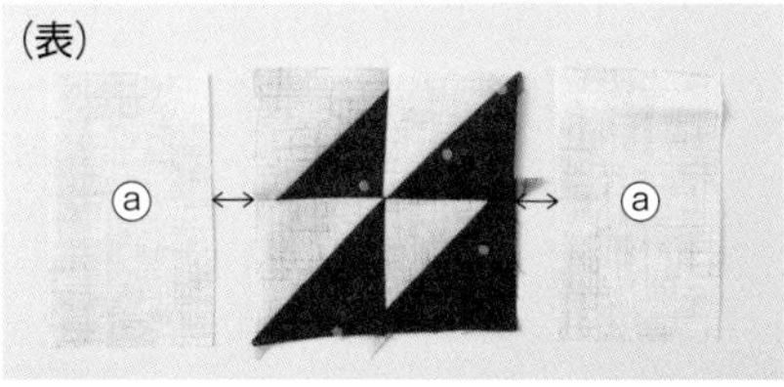

19 ピースⓐと中央のブロックを縫い合わせる。

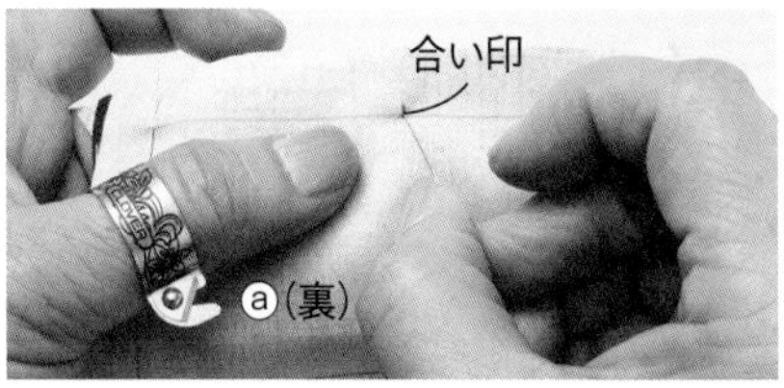

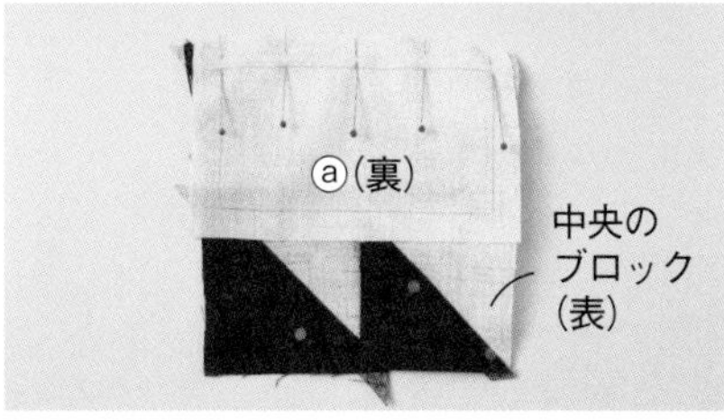

20 中表に合わせ、ピースⓐ側を上にして角の印と印、ピースⓐの中央の合い印とブロック中央の交点、その中央に待ち針を打つ。

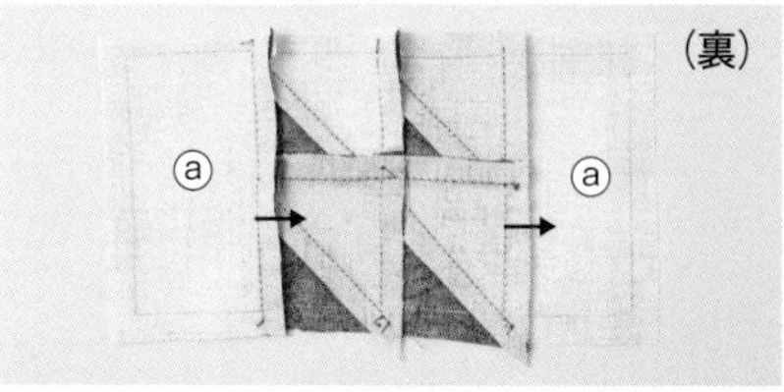

21 11、16と同様に縫い、ピースⓐを2枚縫い合わせる。縫い代は片側に倒す。上段のブロックが出来た。

5 パターンに仕上げる

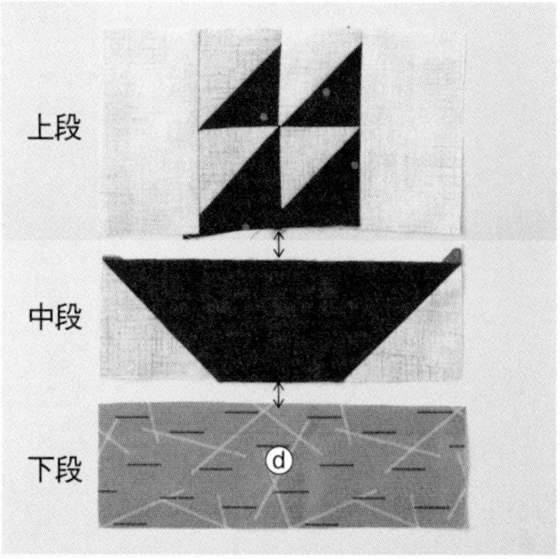

1 上段、中段、下段(ピースⓓ)を縫い合わせる。

2 それぞれ中表に合わせて縫う。上段と中段の縫い代は船の中段側に、中段と下段の縫い代は海の下段側と、モチーフや濃い色の分量が多いほうに縫い代を倒す。

パターンの出来上がり。

POINT

縫い代を倒した側が前面に浮き出て見えます。このパターンは海に船が浮かんで見えるように倒しています。

作品12ページ

スタンプバスケット

型紙A面

●出来上がり寸法
19.4×19.4㎝(縫い代込み)

材料
木綿地
柄布㋐…26×20㎝
(ピースⓐ、ⓒ)
柄布㋑、㋒、㋓…各適宜
(ピースⓐ、ⓑ、ⓓ)
柄布㋔…適宜(ピースⓐ、ⓓ)
柄布㋕…適宜(ピースⓑ)

寸法図

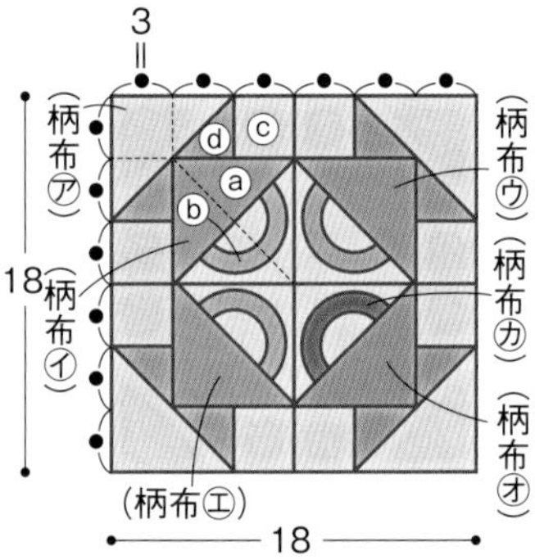

ピースⓐ
(柄布㋐)8枚
(柄布㋑㋒㋓㋔)
各1枚

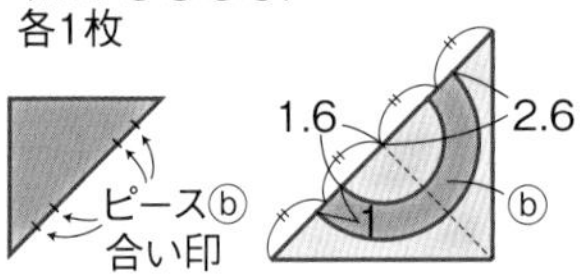

ピースⓑ
(柄布㋑㋒㋓㋕)
各1枚

ピースⓒ
(柄布㋐)
8枚

ピースⓓ
(柄布㋑㋒㋓㋔)
各2枚

*ピースⓑのカーブ部分は0.3㎝、そのほかは0.7㎝の縫い代をつけて裁つ

1 パターンを描き、型紙を作る

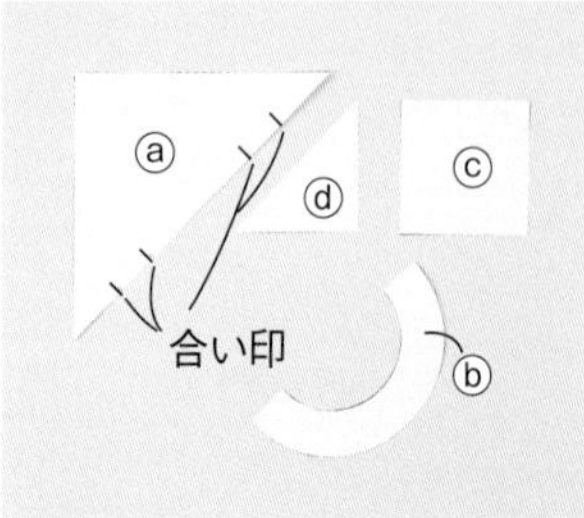

寸法図と45ページ1を参照し、定規やコンパスを使ってパターンを描く。ピースⓐ、ⓒ、ⓓは45ページ2を参照してボール紙に線を引く。ピースⓐはピースⓑ位置に合い印を入れる。ピースⓑはボール紙に直接コンパスで半径1.6㎝・2.6㎝の半円を描く。はさみでカットしてピースⓐ～ⓓの型紙を1枚ずつ作る。実物大型紙を写してもよい。

2 ピースを裁つ

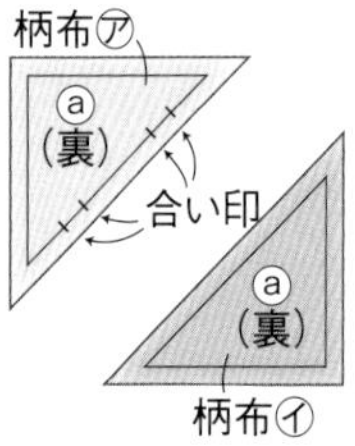

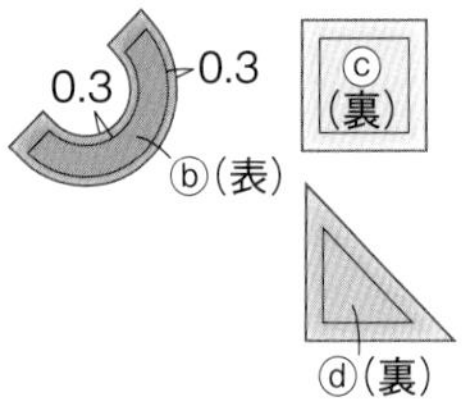

1 ピースⓐ、ⓒ、ⓓはパッチワーク用ボードの上に布地の裏面を上にしてのせる。型紙を当て、型紙に沿って線、合い印を布用シャープペンシルでしるす。ピースⓑは布地の表面に型紙の線をしるす。縫い代をつけて各ピースを裁つ。

2 パターンの配置にピースを並べる。ブロックごとにピースを縫い合わせていく。

3 ピースワークをして、ブロックを作る

ブロックA

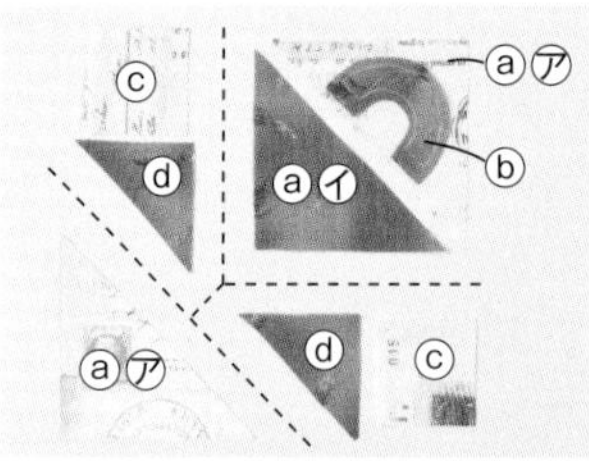

1 破線で区切ったブロックごとにピースを縫い合わせる。

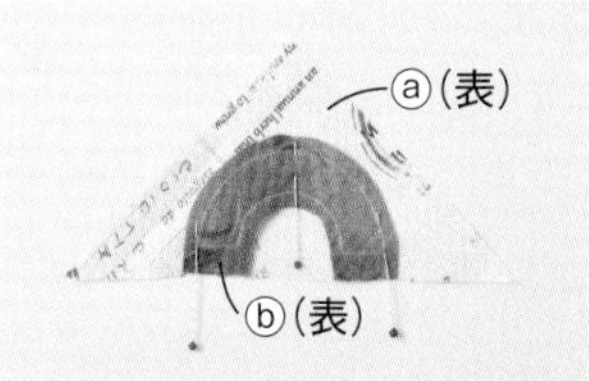

2 ピースⓐの柄布㋐の合い印にピースⓑの出来上がり線を合わせて重ね、待ち針で留める。

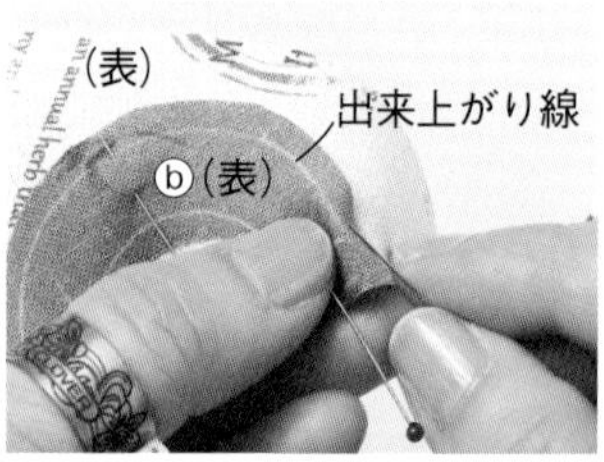

3 アップリケをする。糸端に玉結びを作る。ピースⓑの外側を手縫い針の先を使って出来上がり線で裏面に折り込む。

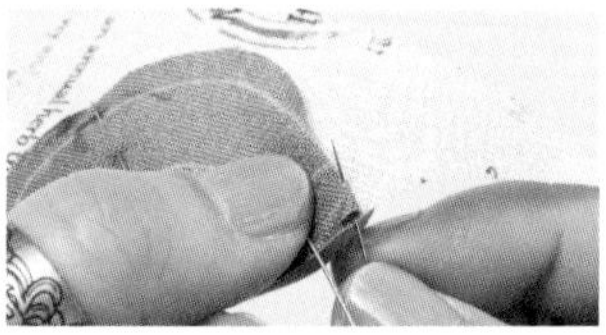

4 ピースⓑの裏面から針を入れ、折り山のきわに針を出す。

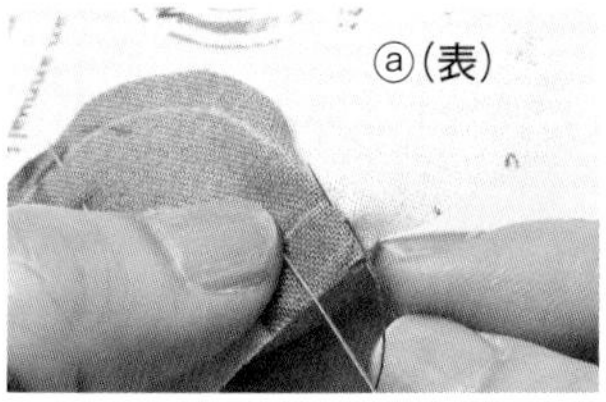

5 糸を引き、ピースⓐを0.2～0.3㎝ほどすくってピースⓑの折り山のきわに針を出す(奥たてまつり)。この繰り返しで外側をまつる。

POINT
カーブ部分は針目の間隔を細かくしてまつると、なだらかに仕上がります。

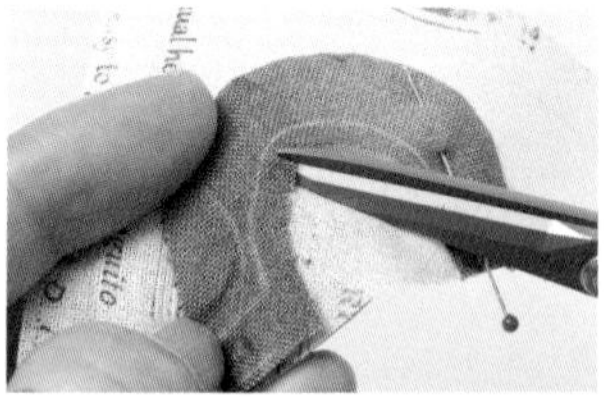

6 ピースⓑの内側の縫い代に出来上がり線のきわまで切り込みを入れる。切り込みはカーブに合わせて細かい間隔で入れる。

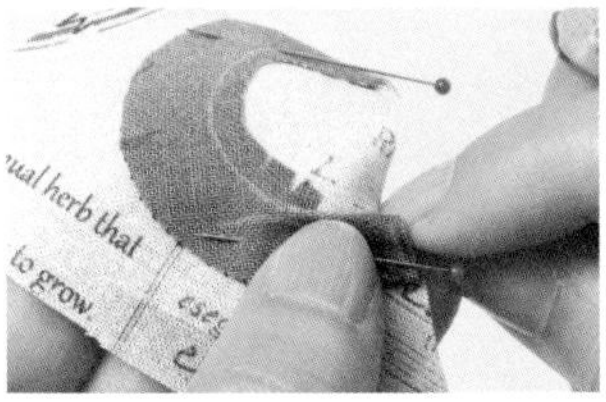

7 **3〜5**と同様に縫い代を折り込み、内側をまつる。

8持ち手のアップリケが出来た。

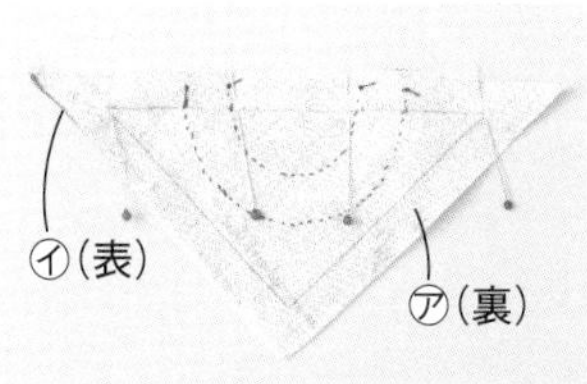

9 **8**とピースⓐの柄布㋑の斜辺を中表に合わせ、角の印と印、その間に均等に待ち針を打つ。

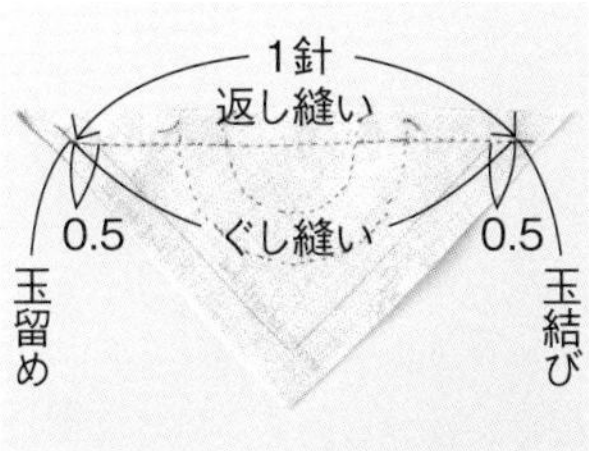

10 縫い始めは角の印の0.5㎝外側の位置に針を入れ、1針返し縫いをしてぐし縫いで縫う。布が数枚重なる部分は半返し縫いをしながら縫う。縫い終わりは角の印の0.5㎝外側まで縫い、1針返し縫いをして玉留めし、糸を切る。

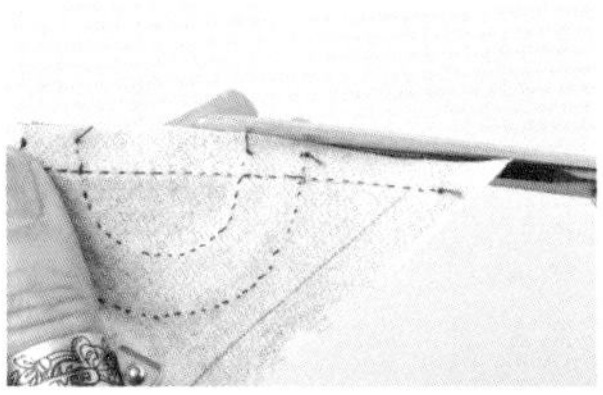

11 縫った辺の縫い代端を切りそろえる。

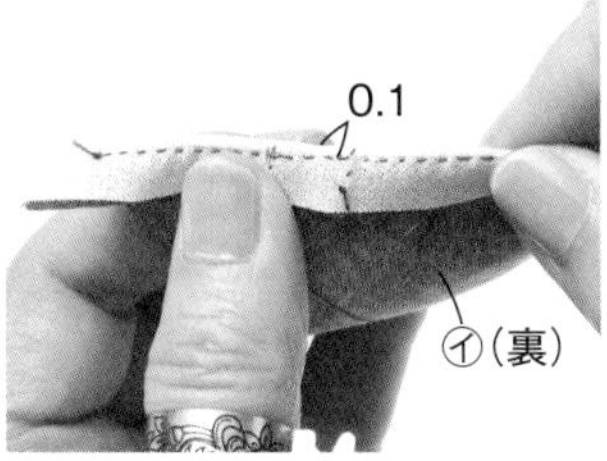

12 柄布㋑を手前側にして持ち、縫い目から0.1㎝内側で縫い代を手前に折ってきせをかけ、爪でしごいて折り筋をつける。

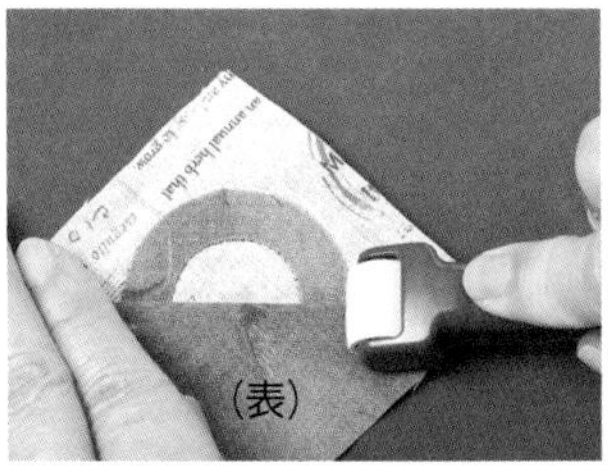

13 折り筋に沿って表に返し、折り目つけローラーで押さえる。中ブロックが出来た。

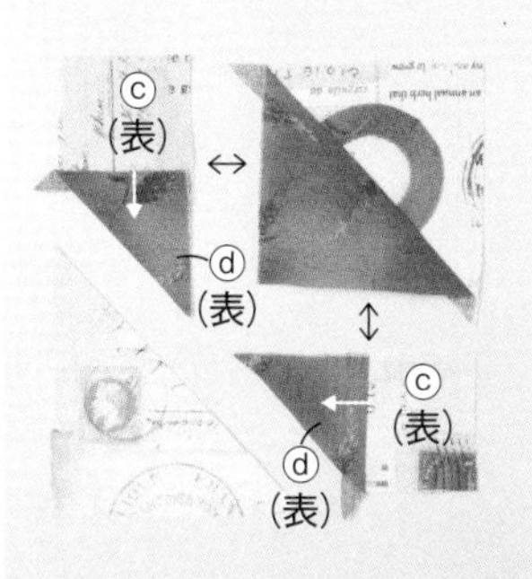

14 ピースⓓの柄布㋑とピースⓒを縫い合わせ、縫い代はモチーフ布(柄布㋑)側に倒す。もう1枚は左右対称に作る。次にこの小ブロック2組と中ブロックを縫い合わせる。

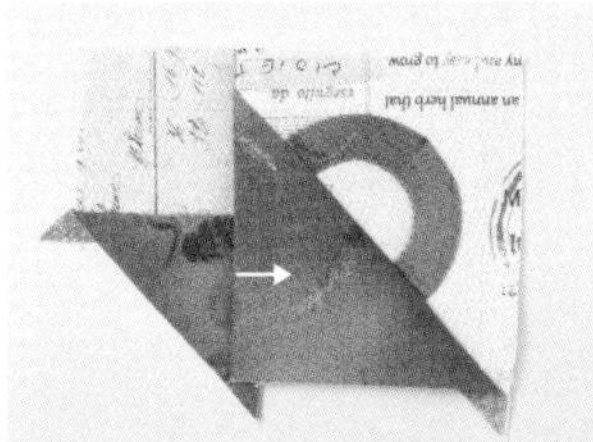

15 布が数枚重なる部分は半返し縫いをしながら縫い、縫い代はモチーフの面が広い中ブロック側に倒す。

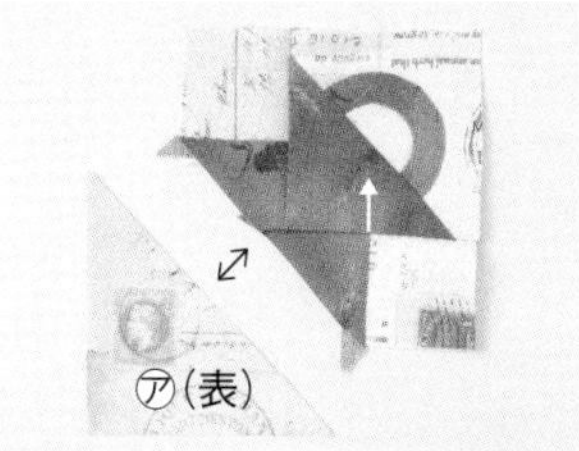

16 小ブロックをもう1組縫い合わせる。次にピースⓐの柄布㋐と縫い合わせる。

17 縫い代をモチーフ布側に倒し、ブロックAが出来た。同様にブロックB〜Dを作る。

4 パターンに仕上げる

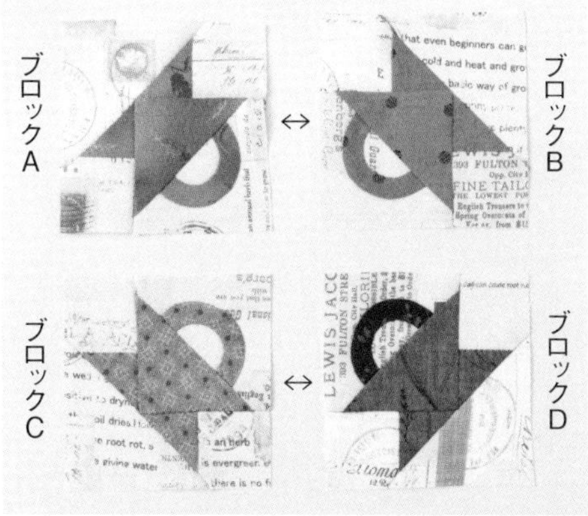

1左右に隣り合うブロックを中表に合わせて縫う。

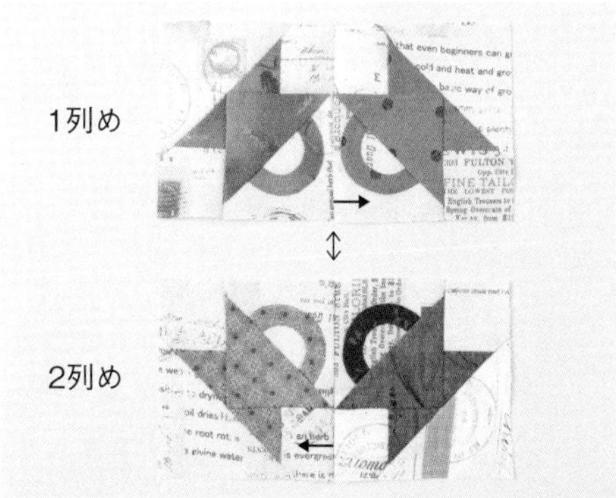

2縫い代は矢印の方向に倒す。次に1列めと2列めのブロックを縫い合わせる。

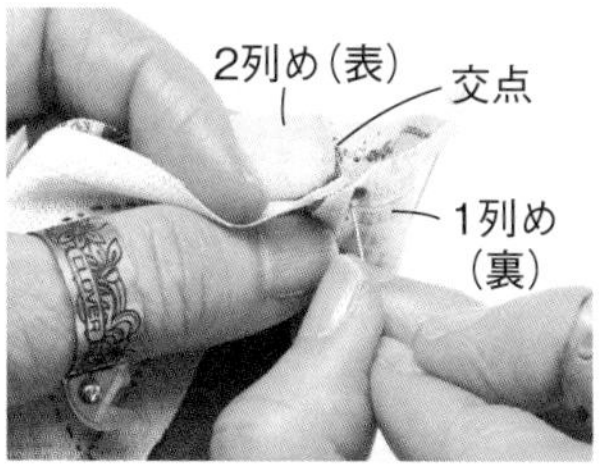

3 1列めを上にして中表に合わせ、待ち針を打つ。中央の交点は待ち針の先で確認してずれないように打つ。

4縫い代は2列め(下)側に倒す。パターンの出来上がり。

作品24ページ

パンドラの箱

型紙A面

●出来上がり寸法
27.3×24.9㎝
（縫い代、余分込み）

材料

木綿地
明色　柄布㋐〜㋓…各適宜
中間色　柄布㋔〜㋙…各適宜
暗色　柄布㋕、㋚〜㋟
…各適宜

寸法図

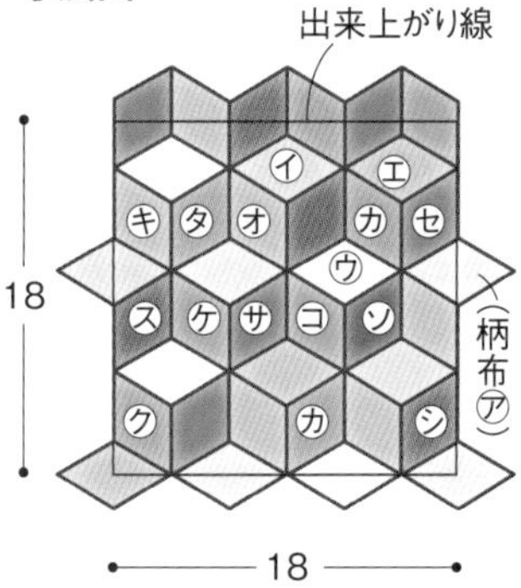

ピース

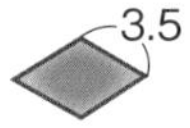

明色 （柄布㋐㋒）各4枚
（柄布㋑㋓）各3枚

中間色 （柄布㋔）4枚
（柄布㋖㋗㋘）各2枚
（柄布㋕㋙）各1枚

暗色 （柄布㋝）3枚
（柄布㋚㋛㋜）各2枚
（柄布㋕㋞㋟）各1枚

＊すべて0.7㎝の縫い代をつけて裁つ

1 型紙を作る

「ひし形の描き方」を参照して、ボール紙に直接コンパスと定規で1辺3.5㎝のひし形を描く。はさみでカットしてピースの型紙を1枚作る。実物大型紙を写してもよい。

2 ピースを裁つ

パッチワーク用ボードの上に布地の裏面を上にしてのせる。型紙を当て、型紙に沿って布用シャープペンシルで線をしるす。縫い代をつけて各ピースを裁つ。

3 はめ込み縫いで小ブロックを作る

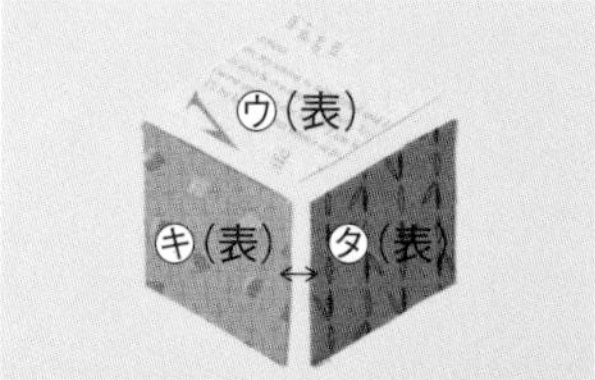

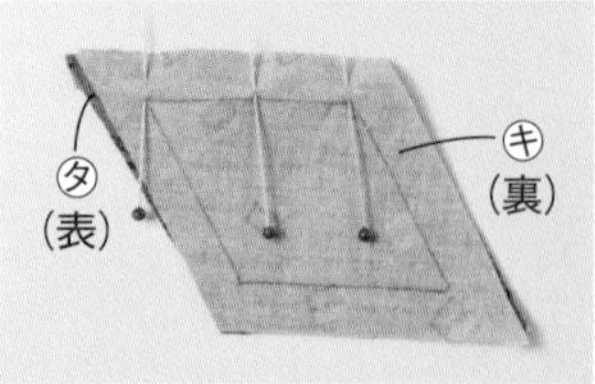

1 小ブロックを作る。まず側面の柄布㋖（中間色）と㋟（暗色）を中表に合わせ、角の印と印、その間に待ち針を打つ。

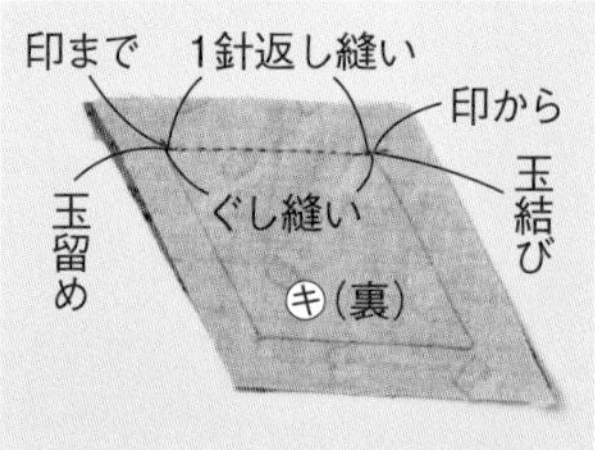

2 糸端に玉結びを作り、縫い始めは角の印位置に針を入れ、1針返し縫いをしてぐし縫いで縫う。縫い終わりは角の印まで縫い、1針返し縫いをして玉留めをし、糸を切る。

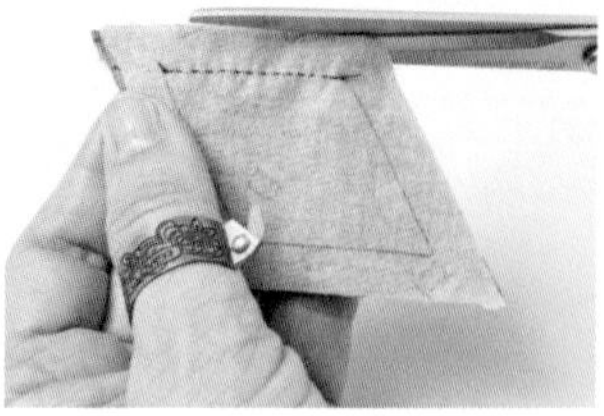

3 縫った辺の縫い代端を切りそろえる。

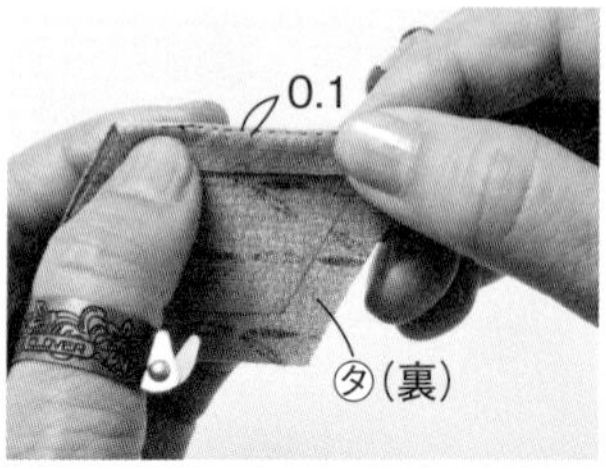

4 柄布㋟（暗色側）を手前にして持ち、縫い目から0.1㎝内側で縫い代を手前に折ってきせをかけ、爪でしごいて折り筋をつける。

5 折り筋に沿って表に返し、折り目つけローラーで押さえる。

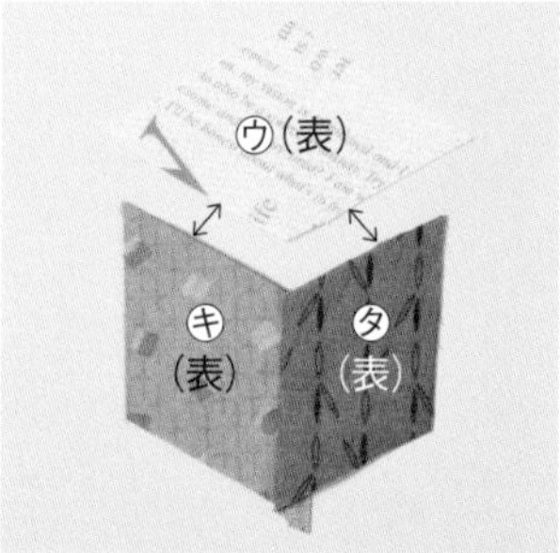

6 **5**の側面と天面の柄布㋒（明色）を1辺ずつ縫い合わせる（はめ込み縫い）。

POINT

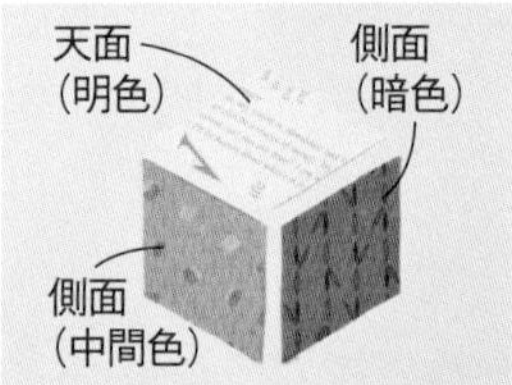

立方体が並んだように見えるパターン。天面は明色、側面は中間色と暗色のピース布を規則的に配置することで、一方向から光が当たったような陰影が生まれ、立体感が出ます。

ひし形の描き方

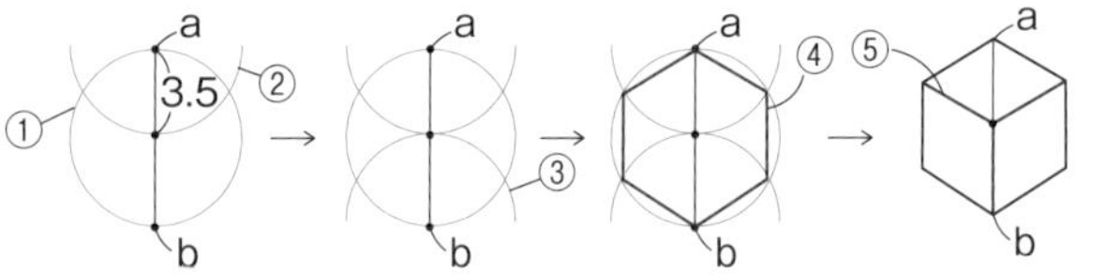

コンパスを使って半径3.5㎝の円を描く（①）。直線上のa、b点を中心に①と同じ大きさの弧を描き（②③）、①と②、③の交点とa、b点を直線で結び、六角形を描く（④）。交点と中心、中心とb点を直線で結ぶ（⑤）。

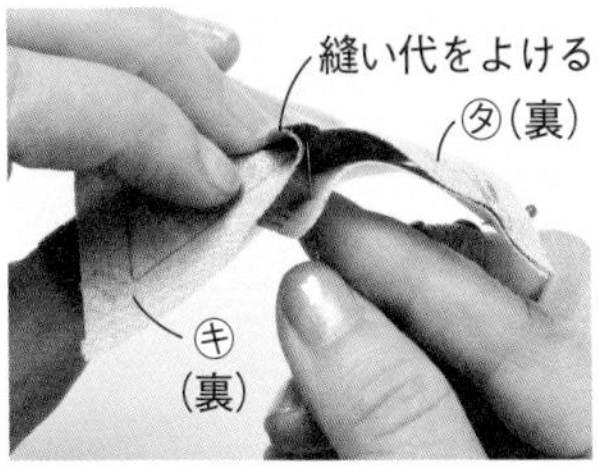

7 柄布㋟(暗色)と㋒(明色)を中表に合わせ、待ち針で留める。このとき、㋖㋟側(**2**で縫った辺)の縫い代はよけておく。

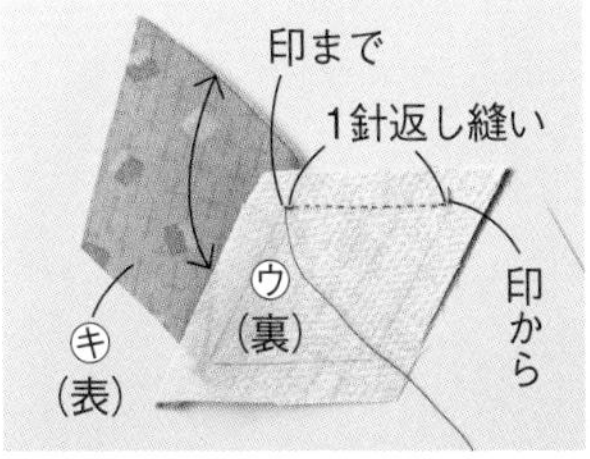

8 角の印位置に針を入れ、1針返し縫いをしてぐし縫いし、印まで縫って1針返し縫いをする(㋖㋟側の縫い代はよける)。縫い針と糸はそのままにして、次の辺と柄布㋖(中間色)を中表に合わせ、待ち針で留める。

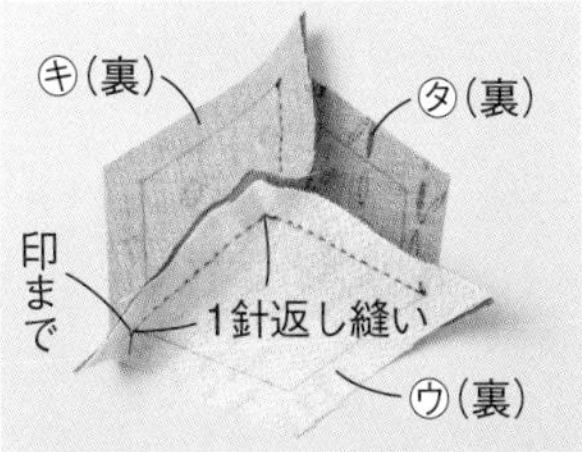

9 **8**の続きから縫う。まず角の印位置で縫い代をよけて㋖側に針を出す。1針返し縫いをし、印までぐし縫いし、1針返し縫いをして玉留めして糸を切る。

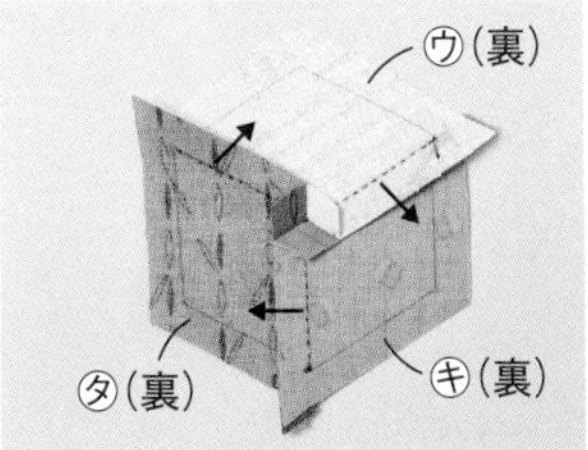

10 側面に合わせて、縫い代を一方向に倒す。

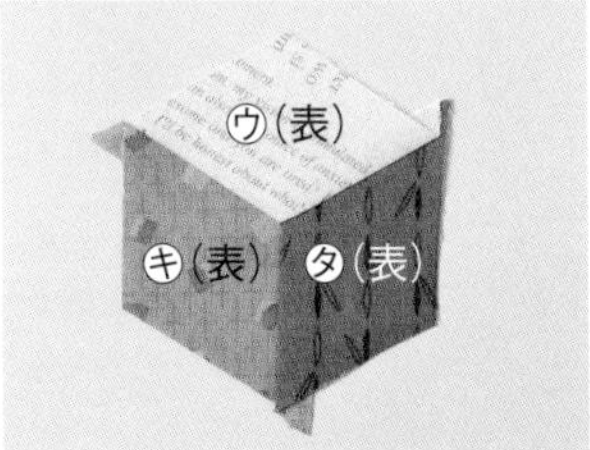

11 小ブロックが出来た。同様に全部で8組縫う。

4 パターンに仕上げ、出来上がり線を描く

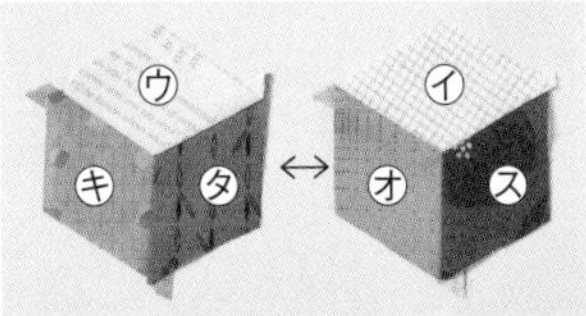

1 列ごとに左右に隣り合う小ブロックの側面を縫い合わせる。

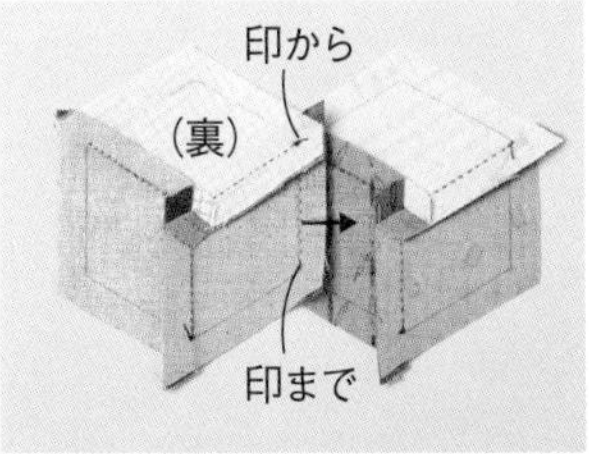

2 中表に合わせ、縫い代をよけて印から印までを縫う。縫い代は暗色のピース側に倒す。同様に隣り合う小ブロックを縫う。

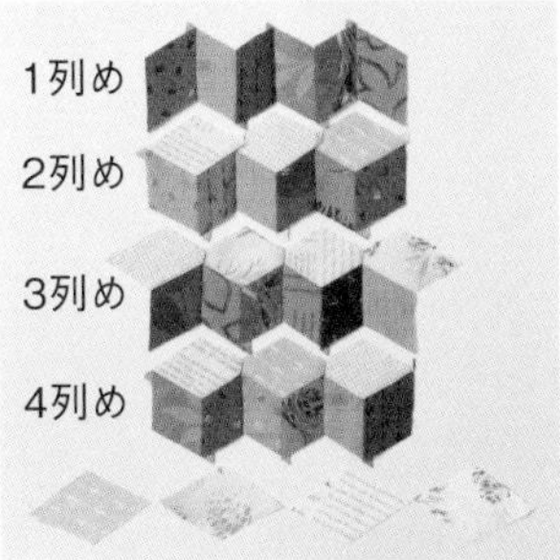

3 1列めは50ページ**3**-**1**～**5**と同様に中間色と暗色を縫い合わせる。3列めは残りの明色と暗色(または中間色)を縫い、つないだ小ブロックと縫い合わせる。1～4列めをはめ込み縫いで縫い合わせ、残り4枚のピースもはめ込み縫いをする。

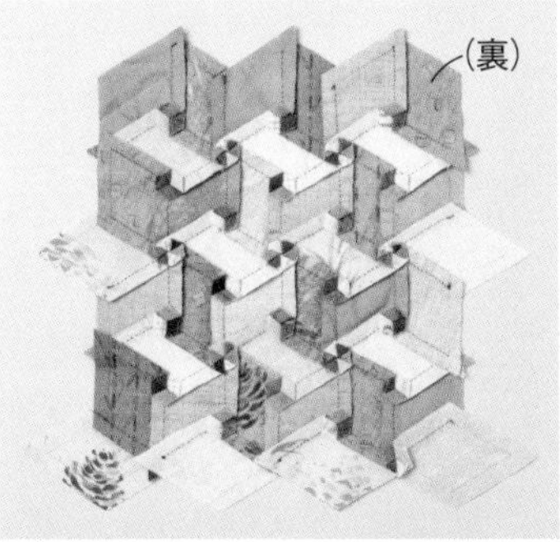

4 ピースがすべて縫い合わされた。縫い代はすでに倒してある方向に合わせて風車のように一方向に倒す。

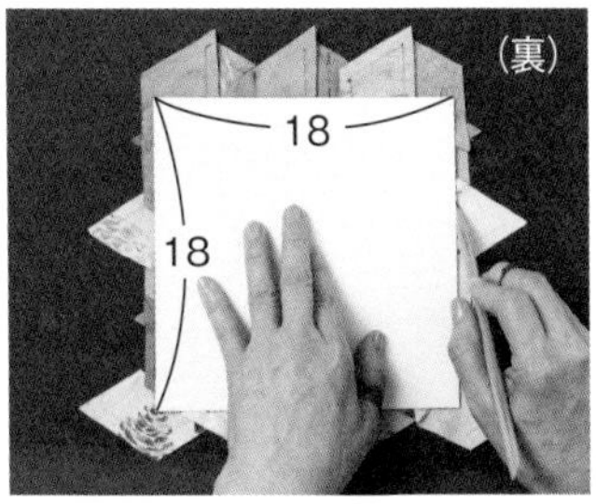

5 1辺18cmの正方形(出来上がり線)の型紙を作り、中心を合わせてパターンの裏面に当てる。型紙の輪郭に沿って鉛筆で線をしるす。

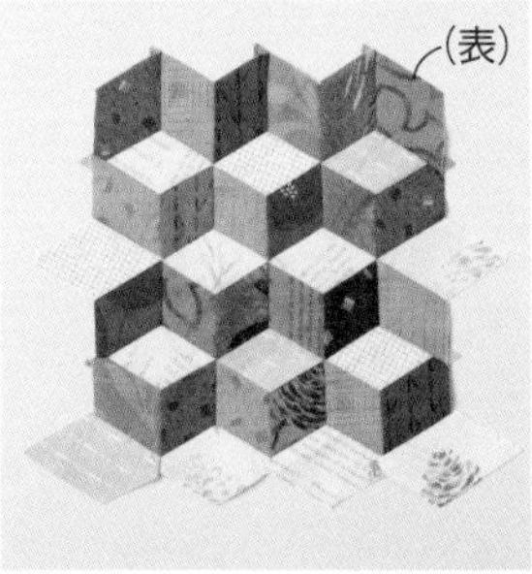

パターンの出来上がり。

作品**16**ページ

ドレスデンプレート

型紙A面

●出来上がり寸法
19.4×19.4cm(縫い代込み)

材料
木綿地
花柄…20×20cm(土台布)
柄布㋐～㋟…各適宜
(ピースⓐ)
柄布㋠…適宜(ピースⓑ)

寸法図

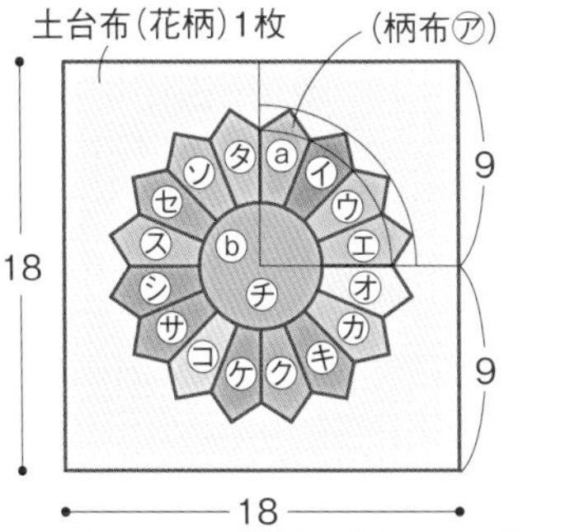

*すべて0.7cmの縫い代をつけて裁つ

ピースⓐの描き方

ピースⓐ
(柄布㋐～㋟)
各1枚

ピースⓑ
(柄布㋠)
1枚

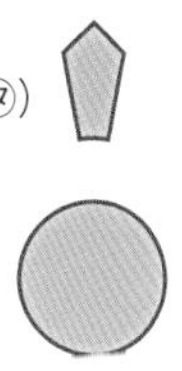

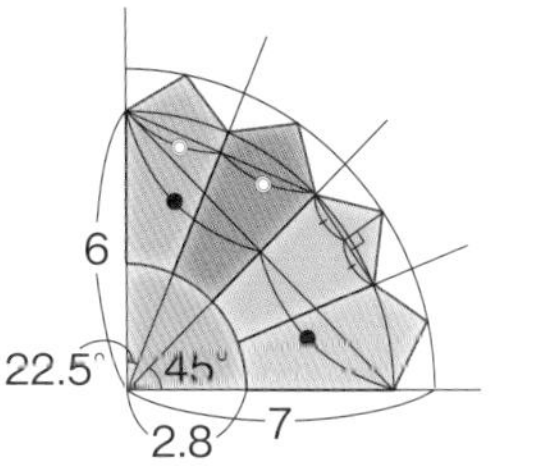

1 パターンを描き、型紙を作る

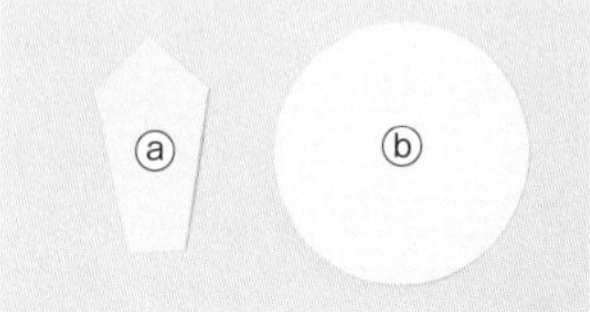

51ページ「ピースⓐの描き方」と45ページ1を参照し、定規やコンパスを使ってパターンを描く。ピースⓐは45ページ2-1、2を参照して線を引く。ピースⓑはボール紙に直接コンパスで半径2.8cmの円を描く。はさみでカットしてピースⓐ、ⓑの型紙を1枚ずつ作る。 実物大型紙を写してもよい。

2 ピースを裁つ

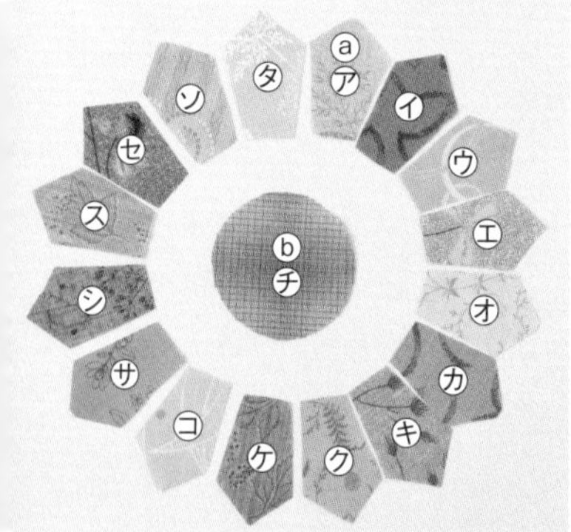

ピースⓐ、ⓑはパッチワーク用ボードの上に布地の裏面を上にしてのせる。型紙を当て、型紙に沿って布用シャープペンシルで線を描く。土台布は布の裏面に直接出来上がり線を引く。縫い代をつけて各ピースを裁つ。

POINT

パターンの配置にピースⓐⓑを並べましょう。ピースⓐを2枚ずつ、右上(柄布㋐と㋑)から順に縫い合わせていきます。

3 モチーフを作る

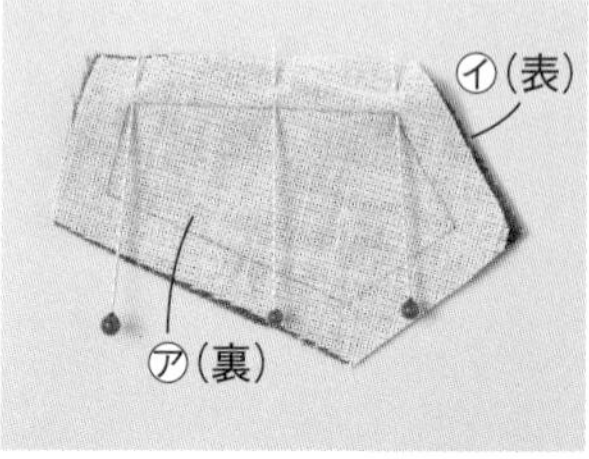

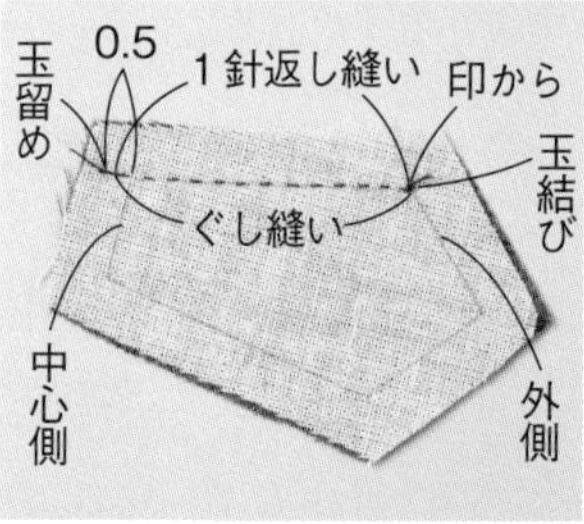

1 柄布㋐と㋑を中表に合わせ、角の印と印、中央に待ち針を打つ。糸端に玉結びを作り、縫い始め(外側)は角の印の位置に針を入れ、1針返し縫いをしてぐし縫いで縫う。縫い終わり(中心側)は角の印の0.5cm先まで縫い、1針返し縫いをして玉留めをし、糸を切る。

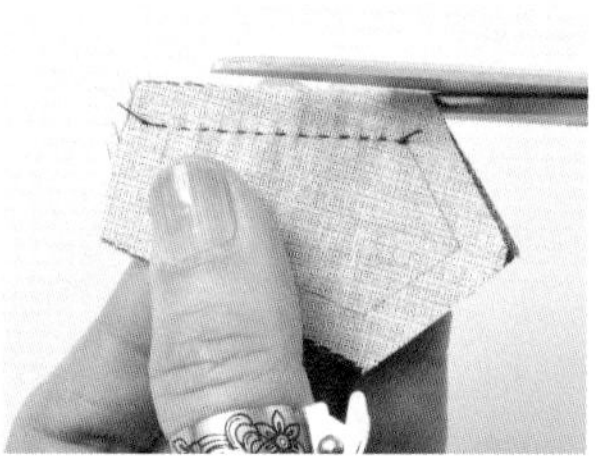

2 縫った辺の縫い代端を切りそろえる。

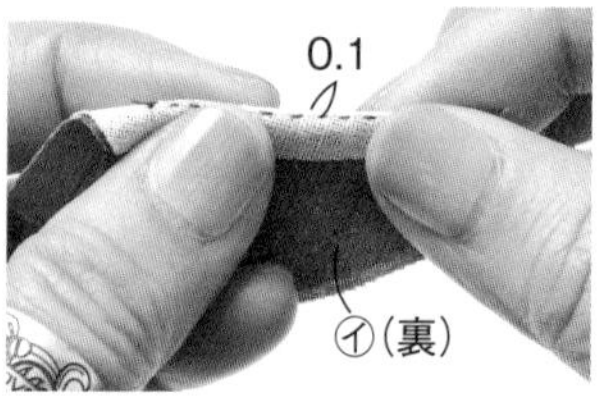

3 柄布㋑を手前にして持ち、縫い目から0.1cm内側で縫い代を手前に折ってきせをかけ、爪でしごいて折り筋をつける。

POINT

モチーフの縫い代は一方向に倒します。

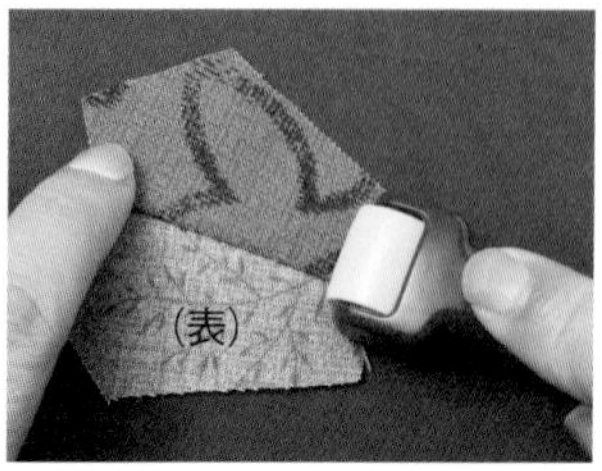

4 折り筋に沿って表に返し、折り目つけローラーで押さえる。

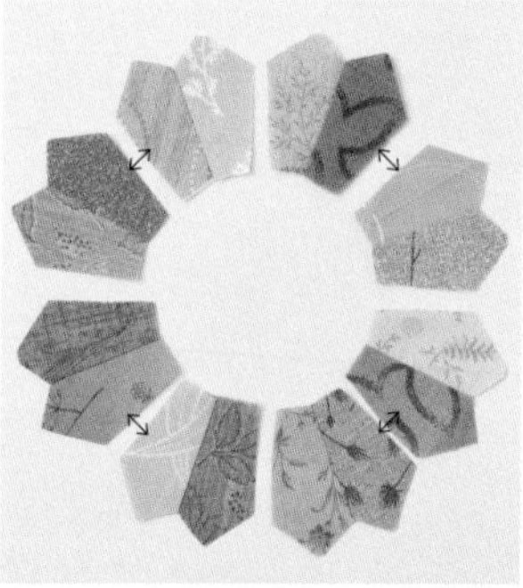

5 1～4と同様にもう7組作る。次は4枚に縫い合わせる。

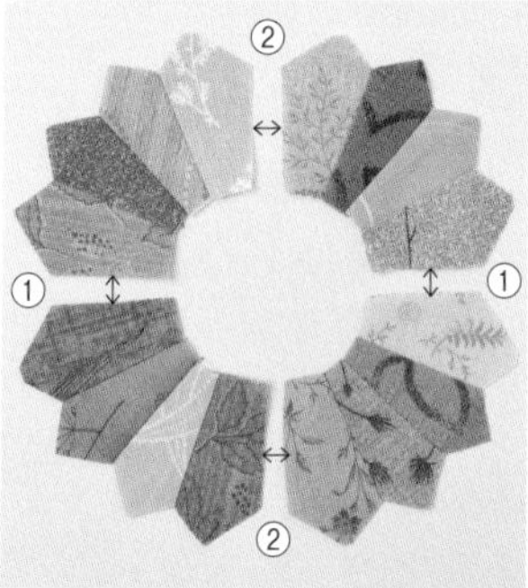

6 4枚縫いつなぎ、4つのブロックが出来た。番号順にブロックを縫い合わせ、1枚にする。

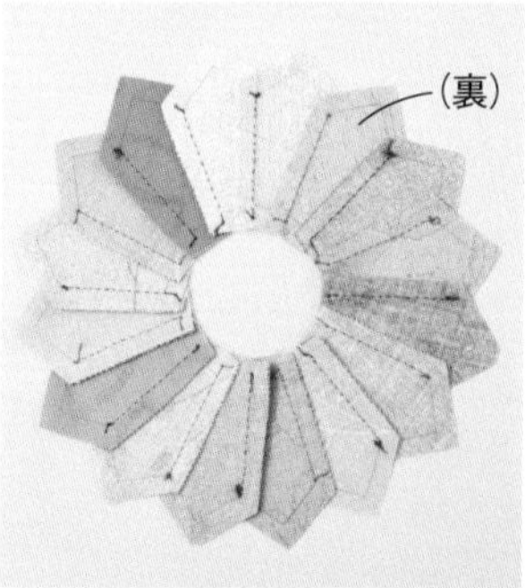

7 裏側から見たところ。縫い代が一方向に倒れている。

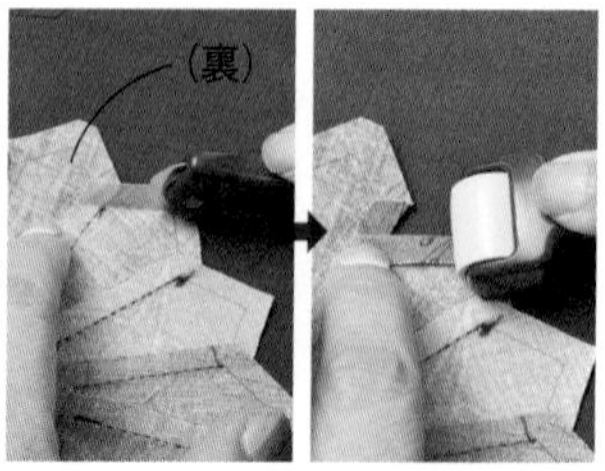

8 外回りの片側の出来上がり線をルレットでなぞり、折り筋をつける。折り筋に沿って縫い代を折り、折り目つけローラーで押さえる。

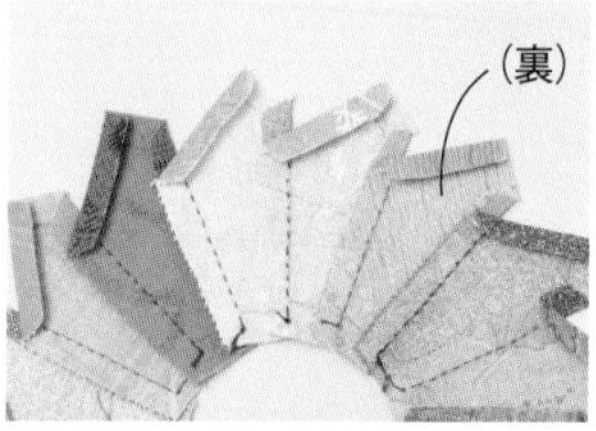

9 同様にして8で折った辺と同じ側の辺をぐるりと1周折る。次に残りの辺を1周折る。

4 アップリケをして、パターンに仕上げる

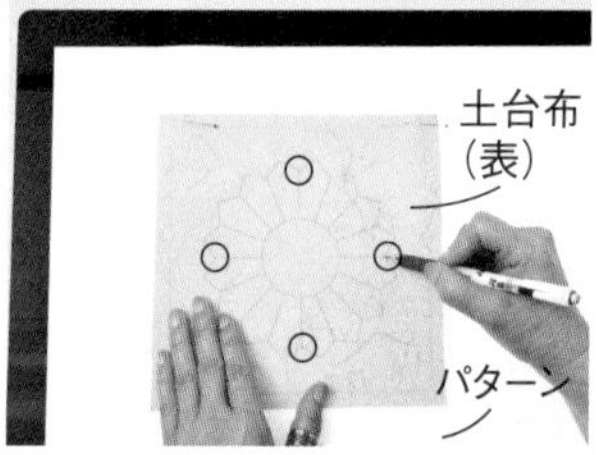

1 ライトテーブルの上にパターン、その上に土台布を出来上がり線を合わせて重ね、ピースⓐの外回り4か所に合い印を入れる。※天気のよい日に窓に当てて透かして印をつけてもよい。

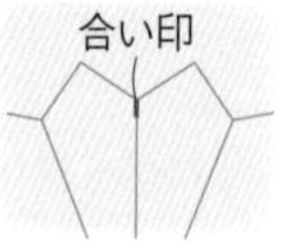

2 合い印にモチーフを合わせて待ち針で留め、しつけをかける。

3 糸端に玉結びを作り、土台布の裏側から針を入れ、モチーフの折り山に針を出す。

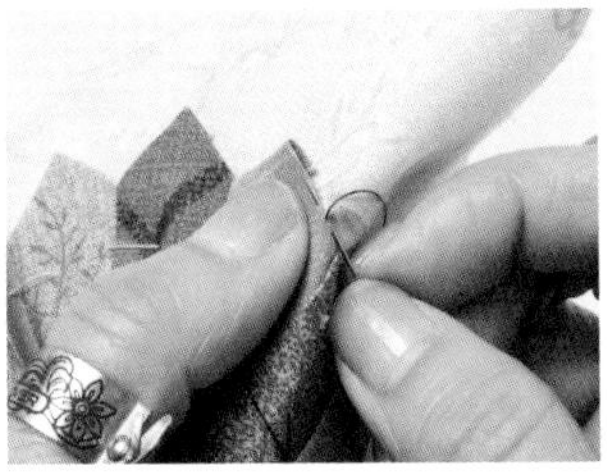

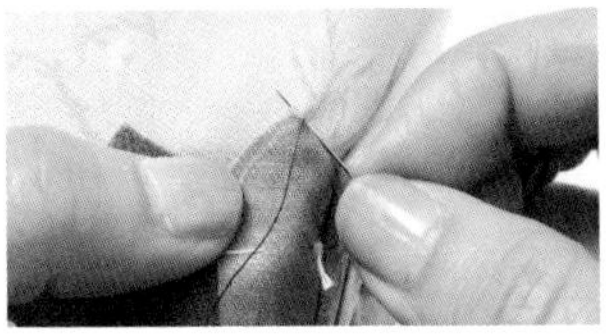

4 糸を引き、土台布を0.2〜0.3cmほどすくってモチーフの折り山に針を出す(奥たてまつり)。この繰り返しで周囲をまつる。モチーフのV字の角、山の角は針を入れてすくい、縫い留める。

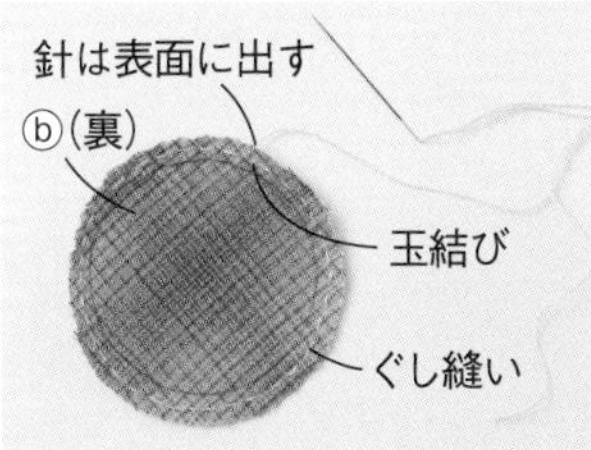

5 ピースⓑの縫い代幅の中央をぐし縫いする。

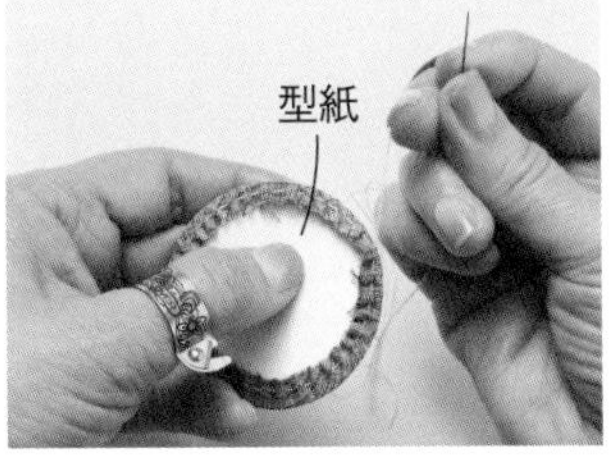

6 ピースⓑの裏面に型紙を当て、ぐし縫いの糸を引いて縫い代を折り、玉留めをする。表面からアイロンをかけて整えたあと、型紙を外す。

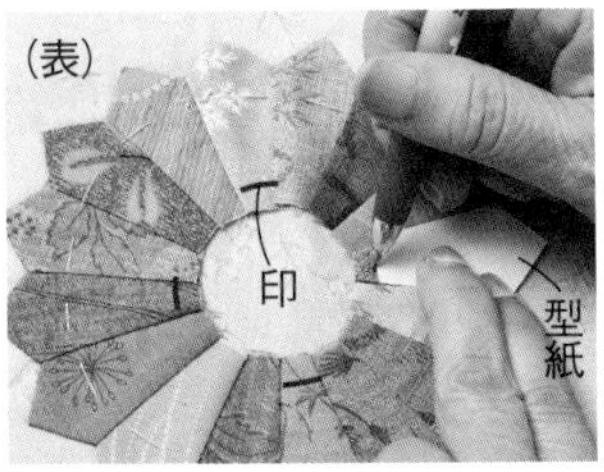

7 モチーフの上にピースⓐの型紙をのせて外側を合わせ、中心側の4か所に印をつける。

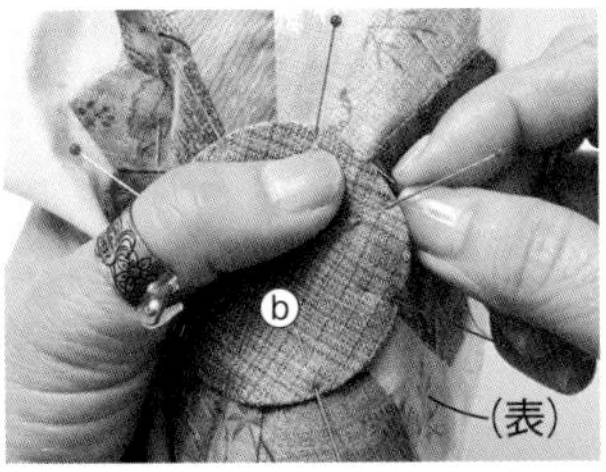

8 7の印にピースⓑの外側を合わせて待ち針で留め、周囲を奥たてまつりでまつる。

パターンの出来上がり。

作品20ページ

酔っぱらいの小道

型紙A面

●出来上がり寸法
19.4×19.4cm(縫い代込み)

材料

木綿地
柄布㋐…適宜(ピースⓐ、ⓑ)
柄布㋑〜㋘…各適宜
(ピースⓐ、ⓑ)

寸法図

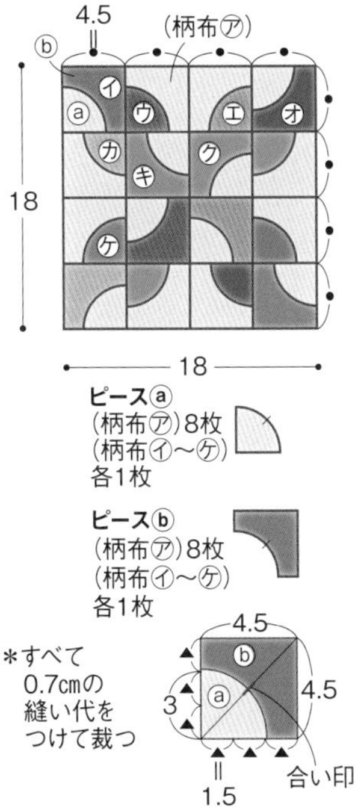

1 パターンを描き、型紙を作る

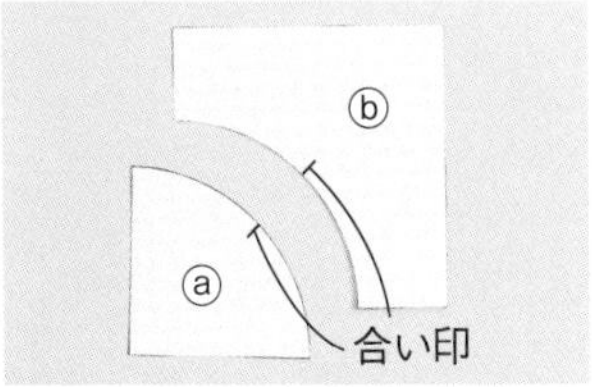

寸法図と45ページ**1**を参照し、定規やコンパスを使ってパターンを描く。寸法図を参照して、ボール紙に直接定規で1辺4.5cmの正方形を描き、コンパスで半径3cmの弧を描く。合い印をしるす。はさみでカットしてピースⓐ、ⓑの型紙を1枚ずつ作る。実物大型紙を写してもよい。

2 ピースを裁つ

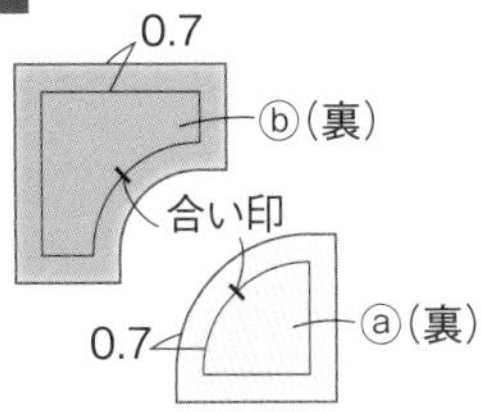

1 パッチワーク用ボードの上に布地の裏面を上にしてのせる。型紙を当て、型紙に沿って線と合い印を布用シャープペンシルでしるす。縫い代をつけて各ピースを裁つ。

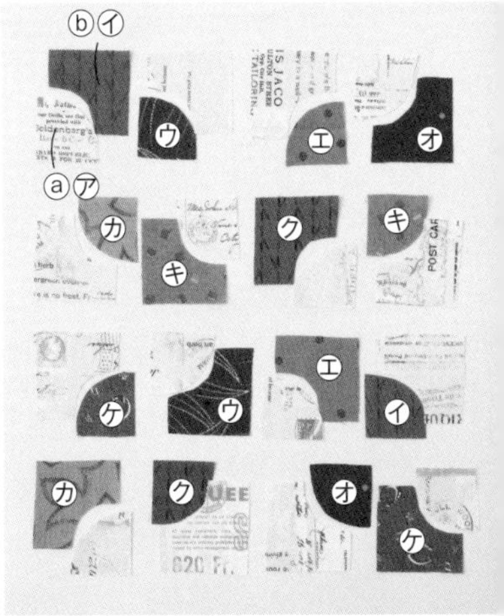

2 パターンの配置にピースを並べる。ピースⓐとⓑを縫い合わせた小ブロックを作る。

3 ピースワークをして、小ブロックを作る

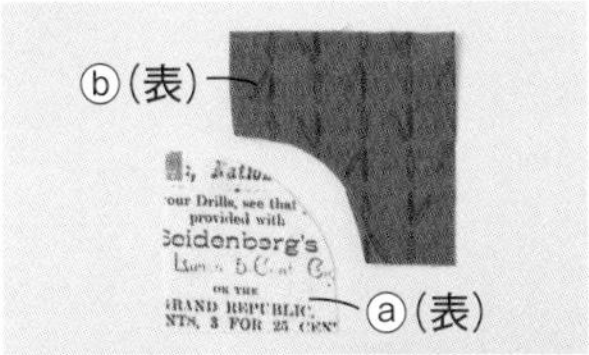

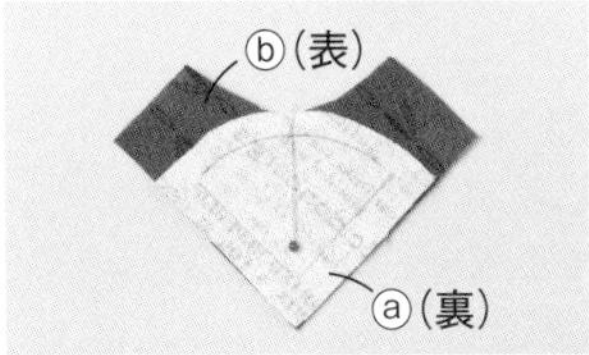

1 ピースⓐの柄布㋐とピースⓑの柄布㋑のカーブ部分を中表に合わせ、合い印に待ち針を打つ。

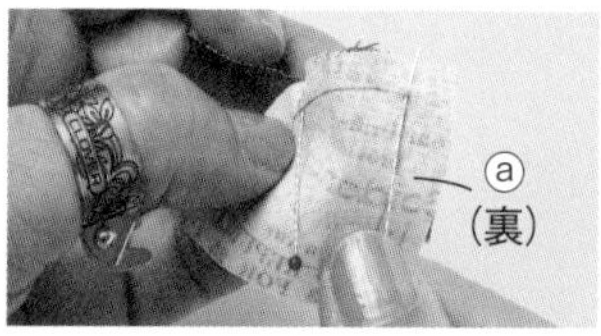

2 まず、カーブの右半分を待ち針で留める。右角の印と印を合わせて待ち針で留める。

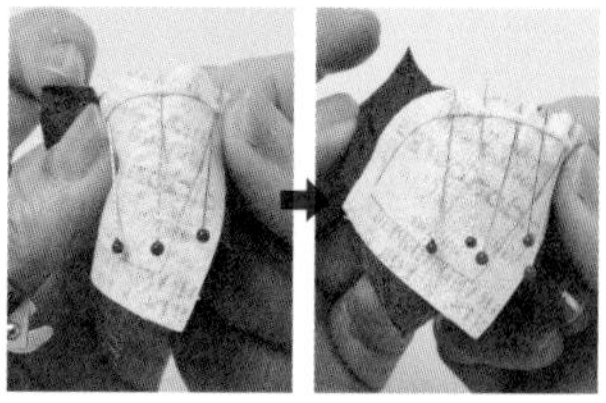

3 布の向こう側から指を当ててカーブに布を沿わせ、待ち針と待ち針の間、その間に均等に待ち針を打つ。

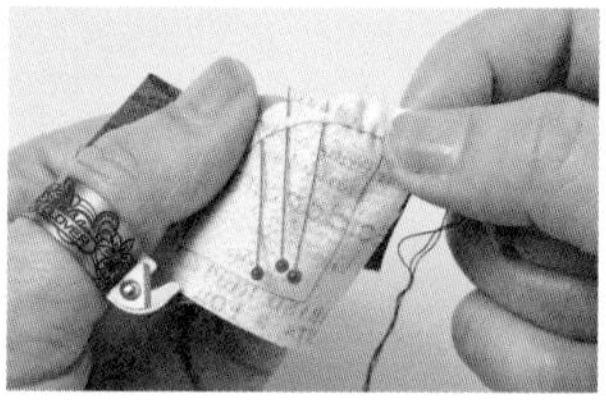

4 カーブの半分に待ち針が打てたら縫う。縫い始めは右角の印の0.5cm外側の位置に針を入れ、1針返し縫いをしてぐし縫いで縫う。

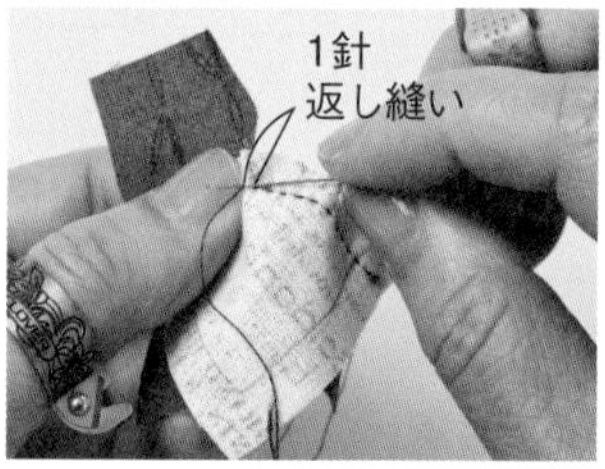

5 合い印まで縫えたら、1針返し縫いをする。

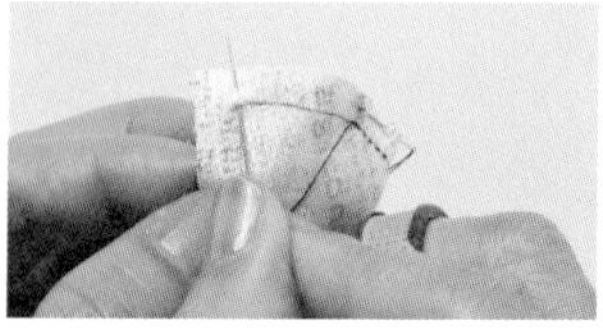

6 縫い針と糸はそのままにして、左角の印と印を合わせて待ち針で留める。**3** と同様に待ち針を打つ。

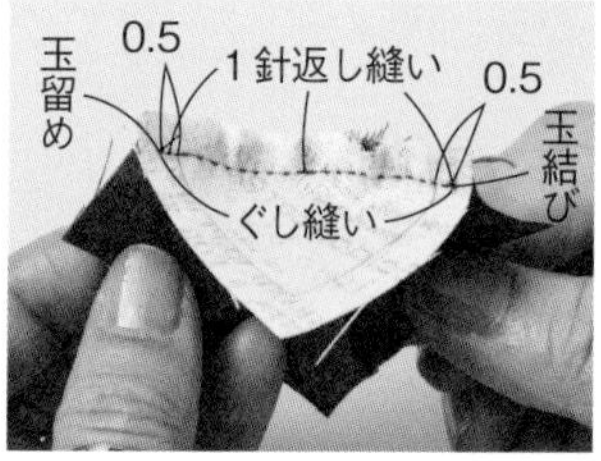

7 ぐし縫いをして、縫い終わりは左角の印の0.5cm外側まで縫い、1針返し縫いをして玉留めし、糸を切る。

8 縫った辺の縫い代端を切りそろえる。

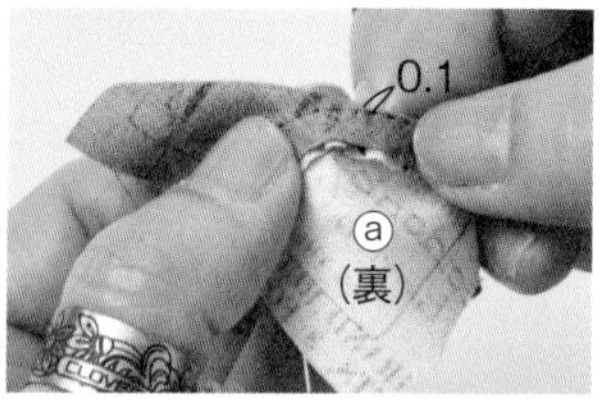

9 ピースⓐを手前側にして持ち、縫い目から0.1cm内側で縫い代を手前に折ってきせをかけ、爪でしごいて折り筋をつける。

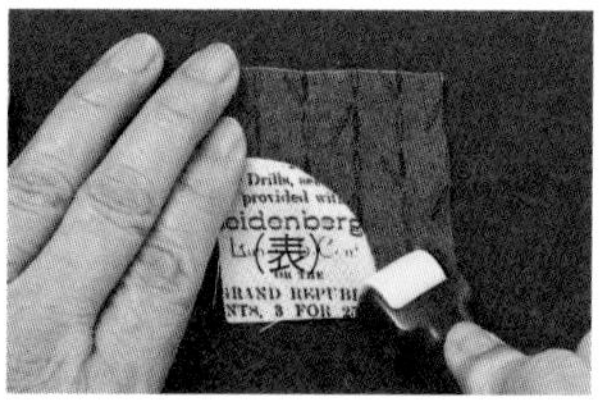

10 折り筋に沿って表に返し、折り目つけローラーで押さえる。小ブロックが出来た。同様に全部で16組縫う。

4 パターンに仕上げる

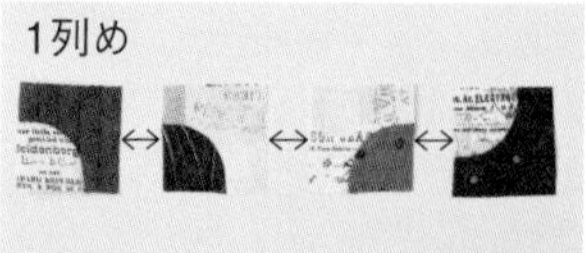

1 左右に隣り合う小ブロックを中表に合わせて縫う。

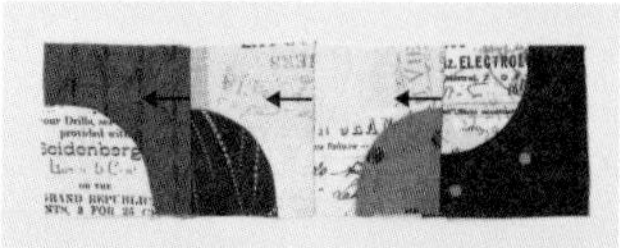

2 布が数枚重なる部分は半返し縫いをしながら縫い、縫い代は一方向に倒す。同様に2〜4列めも縫い合わせる。

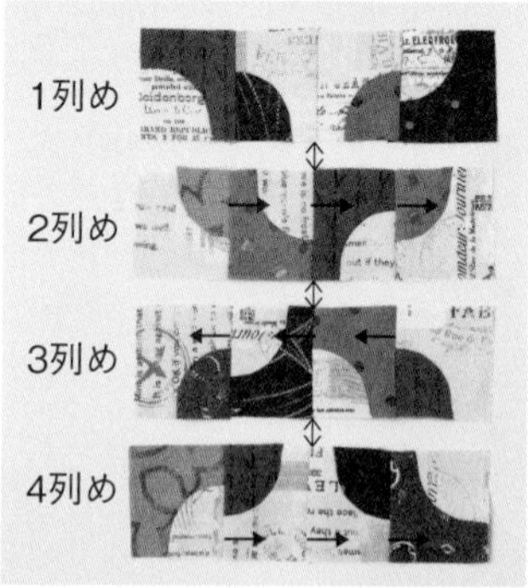

3 2〜4列めの縫い代を矢印の方向に倒し、1〜4列めを縫い合わせる。角の印と印、小ブロックの交点と交点、その中央がずれないように待ち針を打ち、布が重なる部分は半返し縫いをしながら縫う。

4 縫い代は下側に倒す。パターンの出来上がり。

作品24ページ

コンパス

型紙A面

●出来上がり寸法
19.4×19.4cm（縫い代込み）

材料

木綿地
柄布㋐…適宜（土台布、ピースⓐ）
柄布㋑…適宜（ピースⓑ）
柄布㋒…適宜（ピースⓒ）
柄布㋓…適宜（ピースⓓ）
柄布㋔…適宜（ピースⓔ）

寸法図

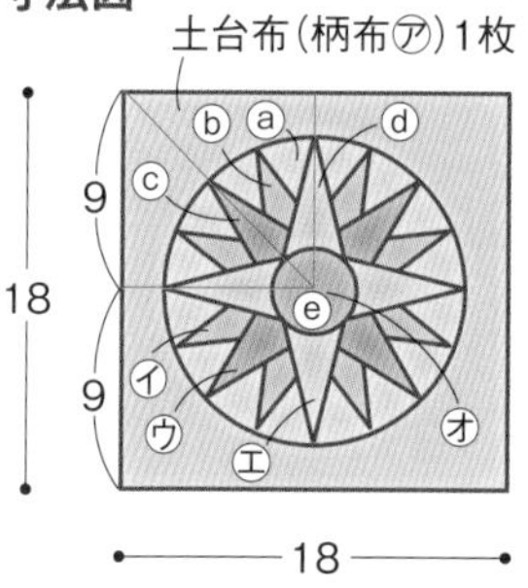

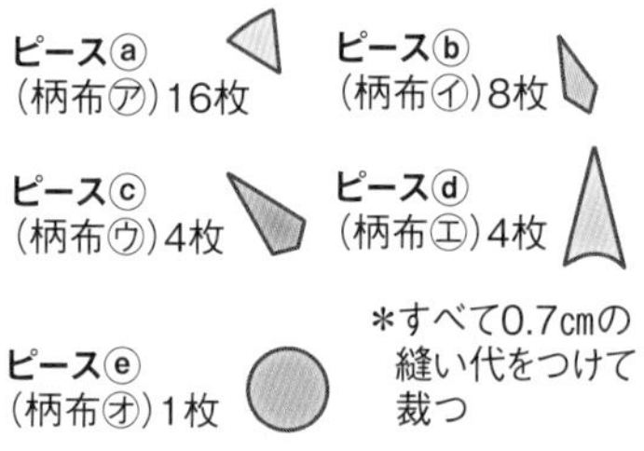

ピースの描き方

半径2cmの円の中心に合わせて半径7cmの円を1/4描く。a、b点を中心に半径7cmの弧を描き（①②）、その交点と中心を直線で結ぶ（③）。同じ要領でb、c点を使って直線を描き（④）、④の直線と直角に交わる直線を描く（⑤）。③と半径7cmの円上の交点とd、e点を結ぶ。

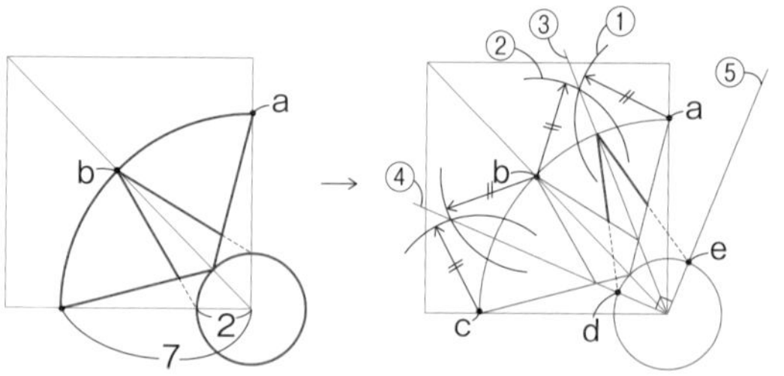

1 パターンを描き、型紙を作る

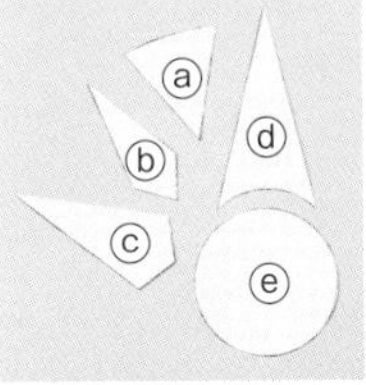

「ピースの描き方」を参照してボール紙に直接コンパスと定規でパターンを描き、はさみでカットしてピースⓐ〜ⓔの型紙を作る。実物大型紙を写してもよい。

2 ピースを裁つ

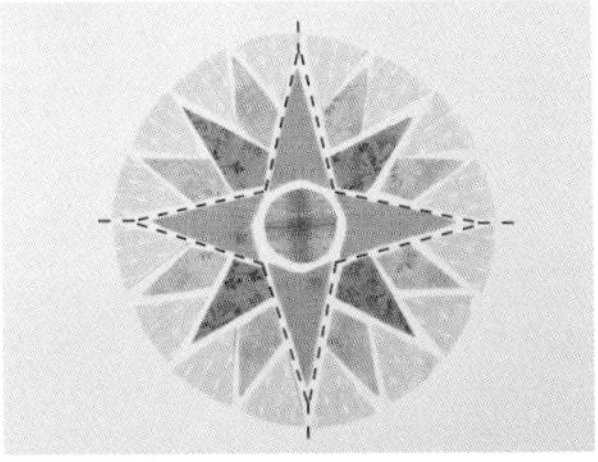

各布地の裏面に型紙の輪郭を写し、指定の縫い代をつけて各ピースを裁つ。破線で区切ったブロックごとにピースを縫い合わせていく。

3 モチーフを作る

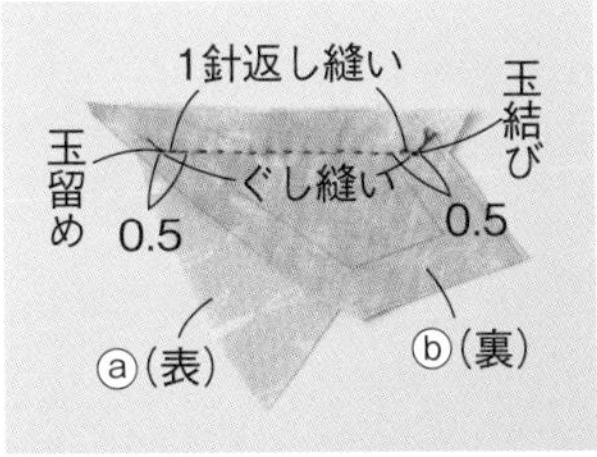

1 ピースⓐとⓑを中表に合わせて、角の印の0.5cm外側から角の印の0.5cm外側まで縫う。

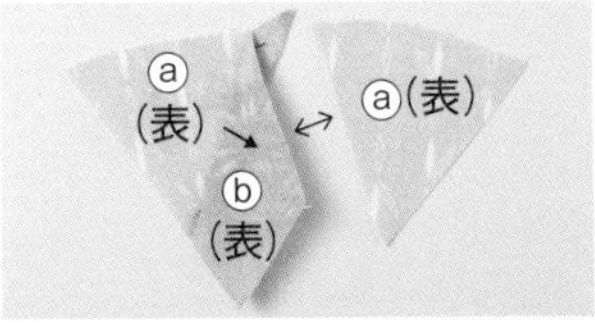

2 縫い代はⓑ側に倒し、もう1枚のⓐを縫い合わせる。布が数枚重なる部分は半返し縫いをしながら縫う。

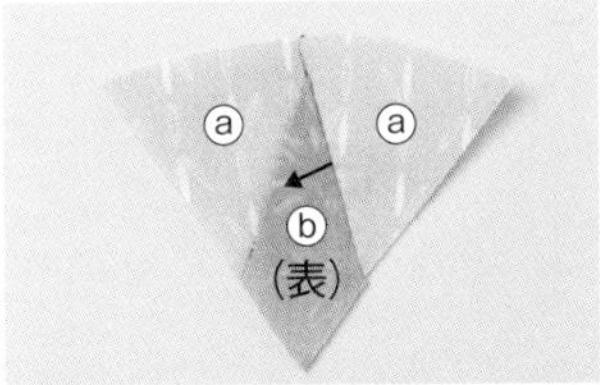

3 縫い代はⓑ側に倒す。同様に全部で8組作る。

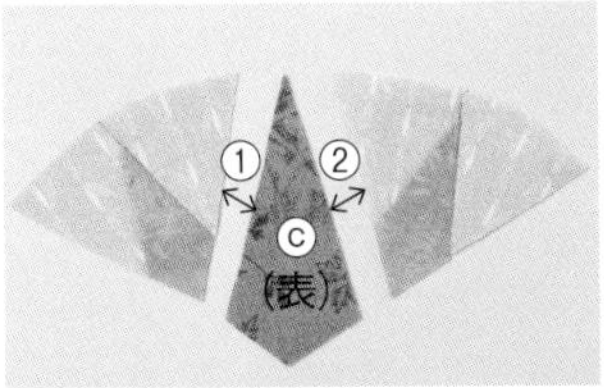

4 **3**とピースⓒを**1**〜**3**と同様に番号順に縫う。

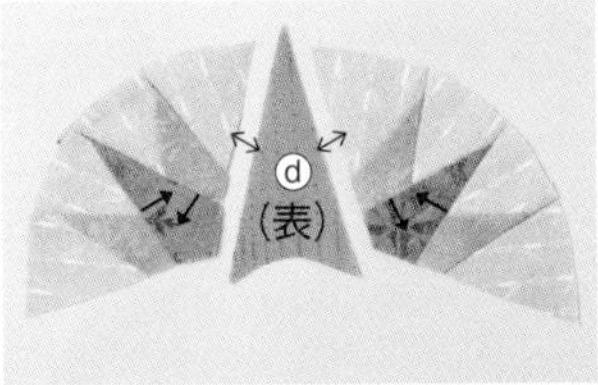

5 縫い代はⓒ側に倒す。同様にこのブロックを全部で4組作る。次にピースⓓと縫い合わせる。

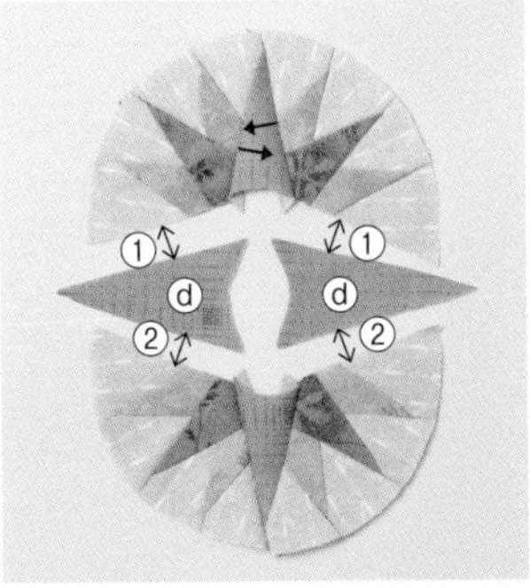

6 縫い代はⓓ側に倒し、このブロックをもう1組作る。残りのピースⓓと番号順に縫い合わせる。

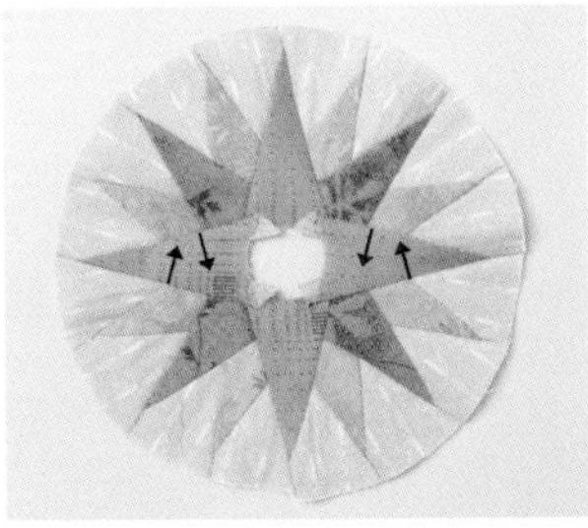

7 縫い代はピースⓓ側に倒す。

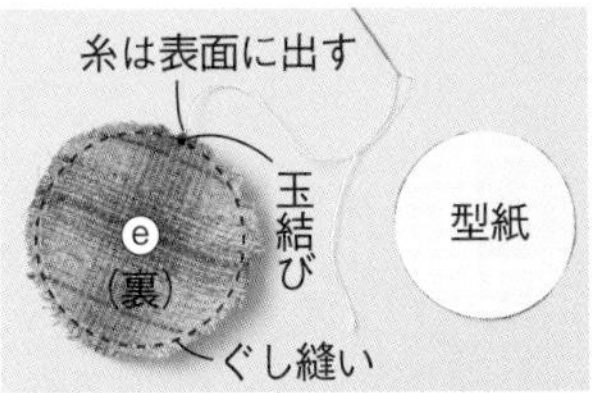

8 ピースⓔの縫い代幅の中央をぐし縫いする。

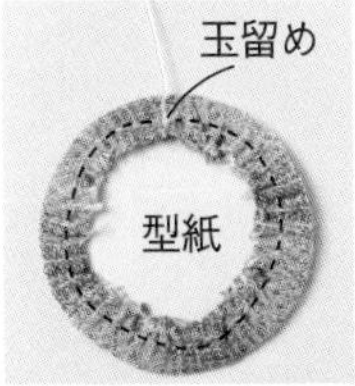

9 ピースⓔの裏面に型紙を当て、ぐし縫いの糸を引いて縫い代を裏面に折り、玉留めをする。表面からアイロンをかけて整えたあと、型紙を外す。

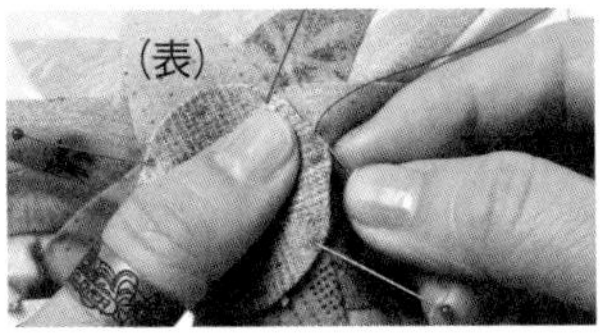

10 モチーフの中央にピースⓔを合わせて待ち針で留め、周囲を奥たてまつりでまつる。モチーフが出来た。

4 アップリケをして、パターンに仕上げる

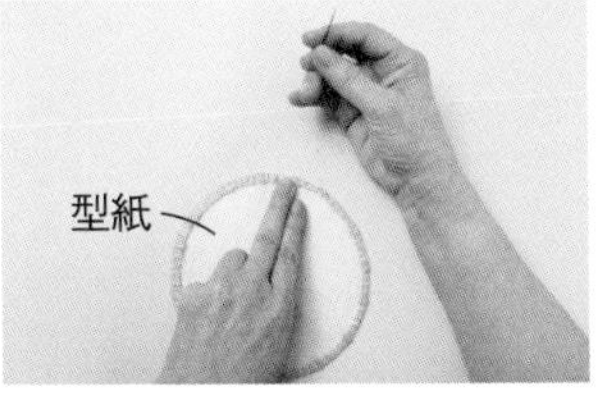

1 モチーフの縫い代幅の中央をぐし縫いし、裏面に半径7cmの円の型紙を当て、**3**-**8**、**9**と同様に出来上がりに折る。

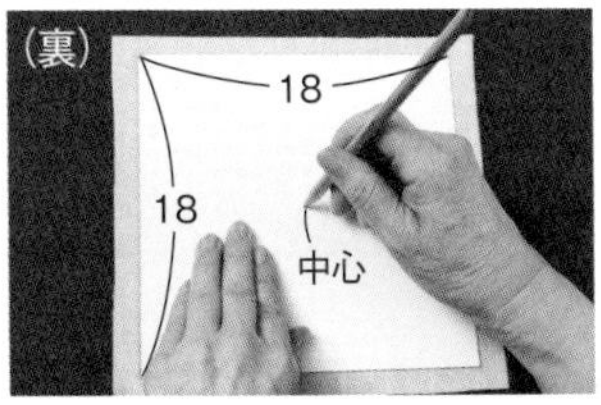

2 土台布の裏面に1辺18cmの正方形(出来上がり線)の型紙を当て、中心の印をつける。

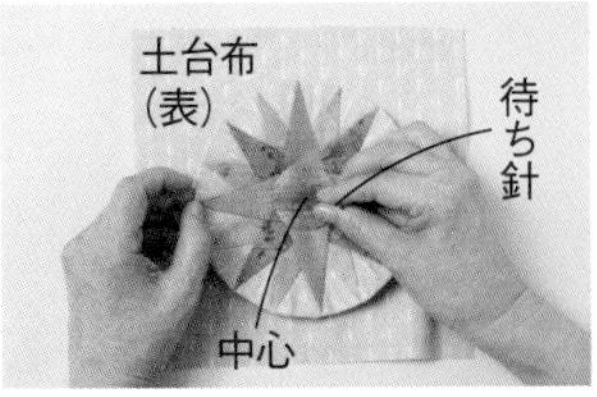

3 土台布の表面に待ち針を使ってモチーフの中心を合わせて重ねる。

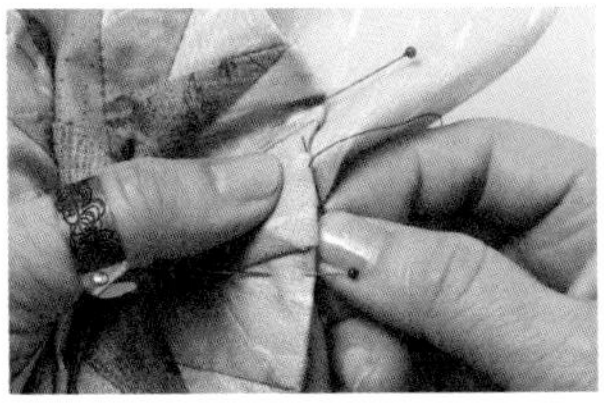

4 モチーフを土台布に待ち針で留め、周囲を奥たてまつりでまつる。

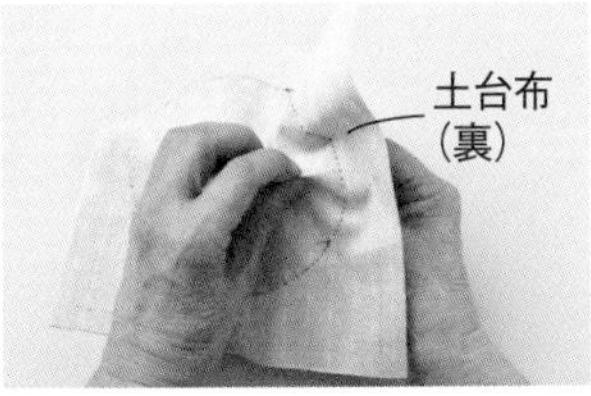

5 **4**を裏返し、モチーフと重なった部分の土台布をアップリケの針目から縫い代を0.7cm残して切り抜く。

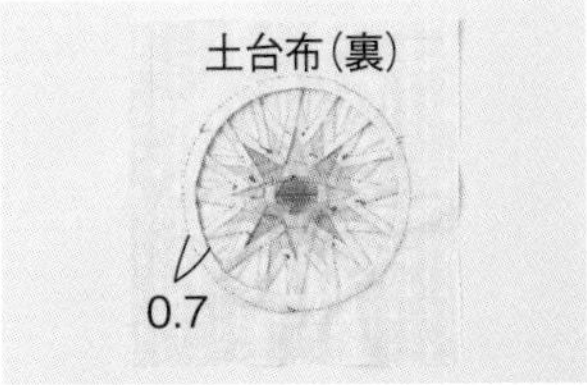

6 土台布を切り抜いたところ。

パターンの出来上がり。

作品18ページ
おばあちゃんの花園

型紙A面

●出来上がり寸法
22.4×22.2cm
(縫い代、余分込み)

材料
木綿地
柄布㋐～㋔…各適宜(ピース)
用具
ペーパーライナー用の芯紙(針が通るはがき程度の厚さの紙。市販の型紙でもよい)、のり、手芸用クリップ、穴あけパンチ

寸法図

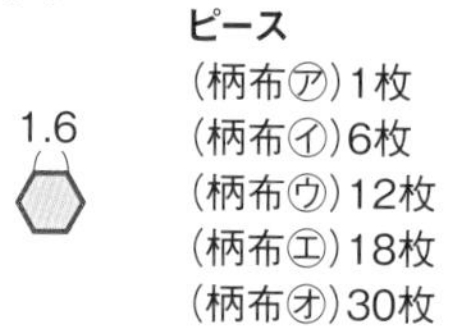

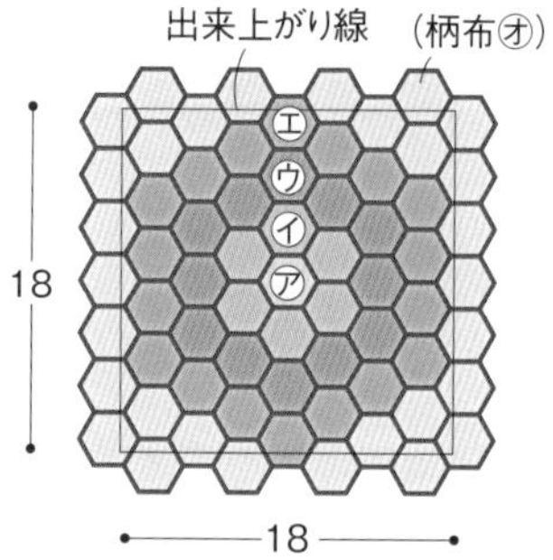

＊すべて0.7cmの縫い代をつけて裁つ

六角形の描き方

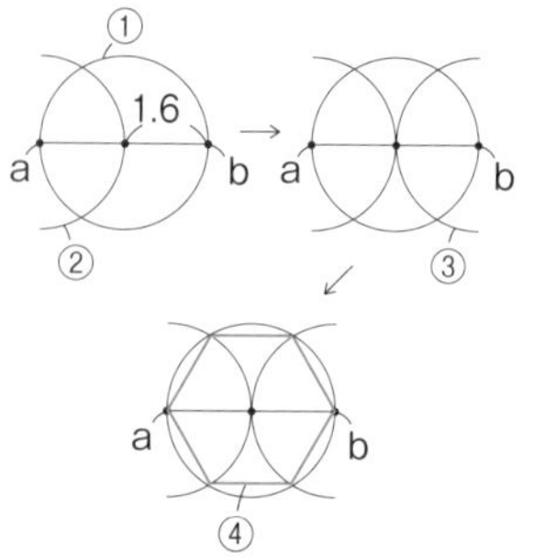

コンパスを使って半径1.6cmの円を描く(①)。直線上のa、b点を中心に①の円と同じ大きさの弧を描き(②③)、①と②、③の交点とa、b点を直線で結ぶ(④)。

1 型紙、芯紙を作る

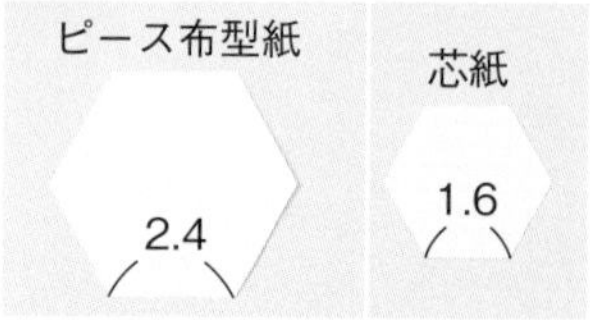

今回のパターンは1辺1.6cmの六角形の芯紙をピース布でくるんで作る(ペーパーライナー)。そのためピース布裁断用の縫い代込みの型紙と芯紙を用意する。

1 縫い代込みの型紙を作る。ボール紙に直接コンパスで1辺2.4cmの六角形を描く(「六角形の描き方」を参照し、半径2.4cmで描く)。ピース布裁断用の実物大型紙を写してもよい。複数枚裁断用に、6枚つないだ型紙も作る。

2 芯紙を作る。パターンの実物大型紙をコピーし、はがき程度の厚さの紙にのりで貼り、1辺1.6cmの六角形を67枚に切り分ける。少しの誤差も仕上がりサイズに影響が出るので、線上を正確に切る。

POINT

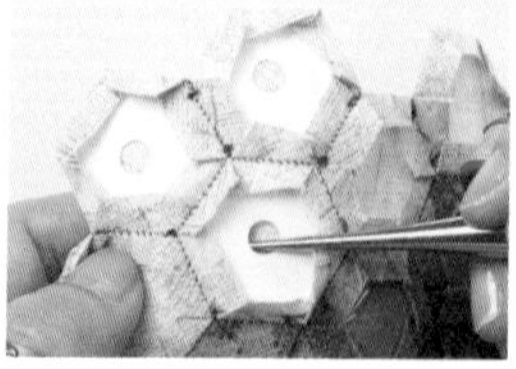

芯紙は穴あけパンチなどで穴をあけておくと、目打ちで簡単に取り外すことができて便利です。

2 ピースを裁つ

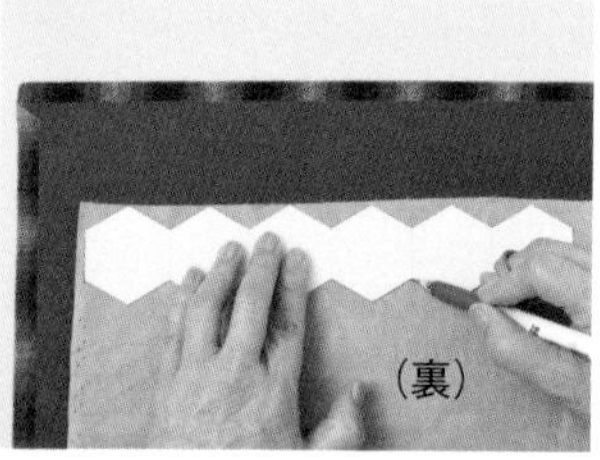

1 パッチワーク用ボードの上に布地の裏面を上にしてのせる。複数枚裁断用の型紙を当て、型紙に沿って布用シャープペンシルで線をしるす。

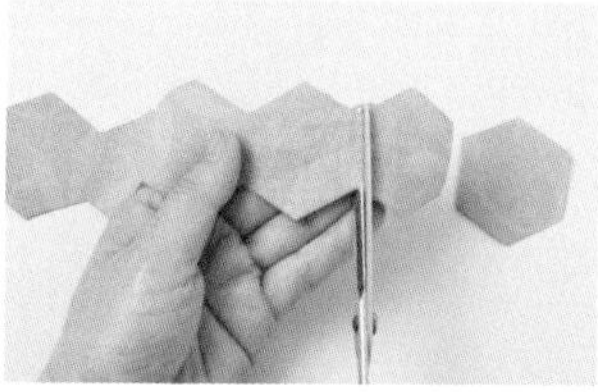

2 六角形のくぼみでピースを切り分ける。各柄布を指定枚数裁つ。

3 芯紙をピース布でくるむ

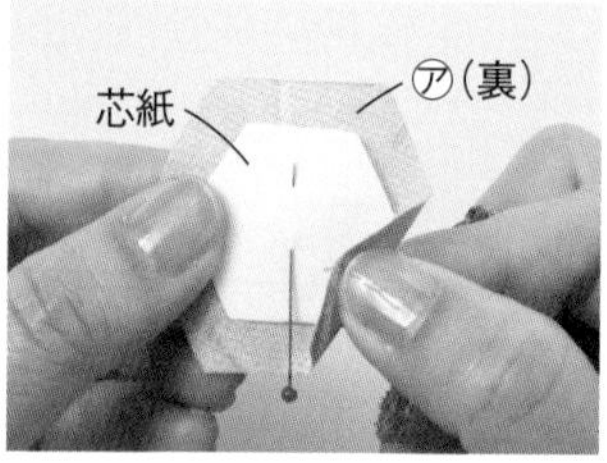

1 ピースの柄布㋐の裏面中央に芯紙を重ね、待ち針を打つ。ピース布の1辺を折る。

2 しつけ糸の糸端に玉結びを作り、ピース布の表側から針を刺して出す。

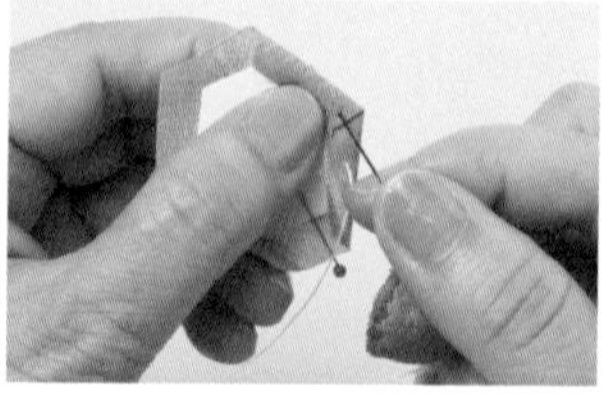

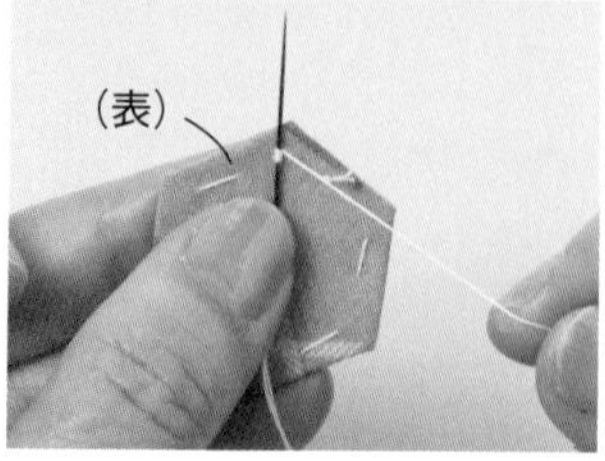

3 1辺ずつ折りながらしつけをかけて1周する。必ず角に針を入れ、縫い代の重なりが開かないように縫い留める。最後はピースの表側に針を出し、玉留めして糸を切る。同様に柄布㋑～㋔(66枚)も芯紙をくるんでしつけをかける。

4 ピースワークをして、パターンに仕上げる

1段め

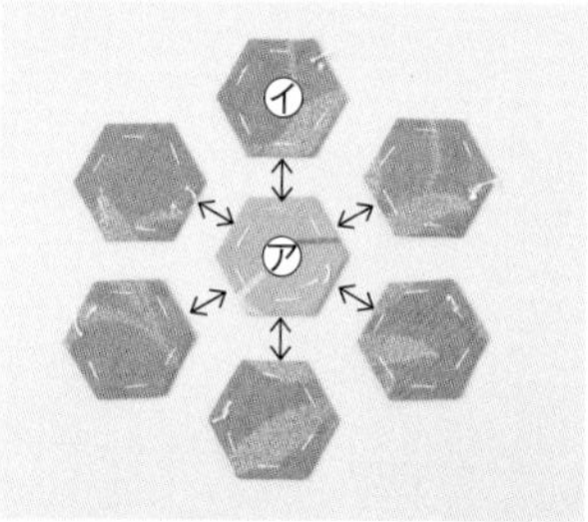

1 柄布㋐の周囲に㋑を6枚縫いつなぐ。

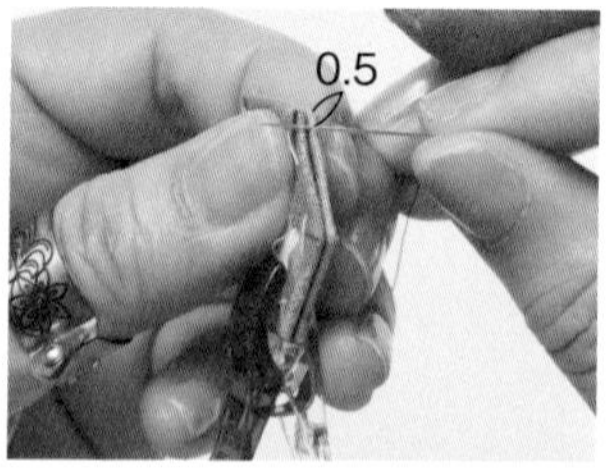

2 柄布㋐と㋑を中表に合わせ、手芸用クリップで留める。手縫い糸の糸端に玉結びを作り、上角の0.5cm手前から布のみをすくって上角まで巻きかがりで縫う。

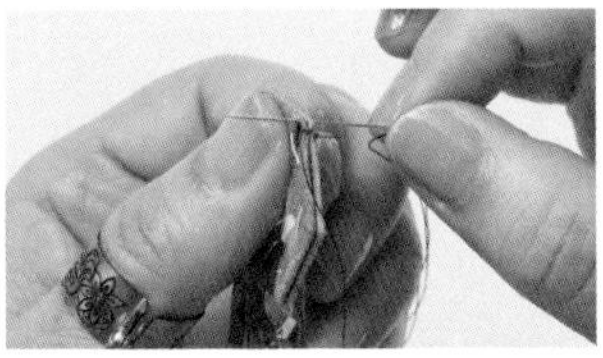

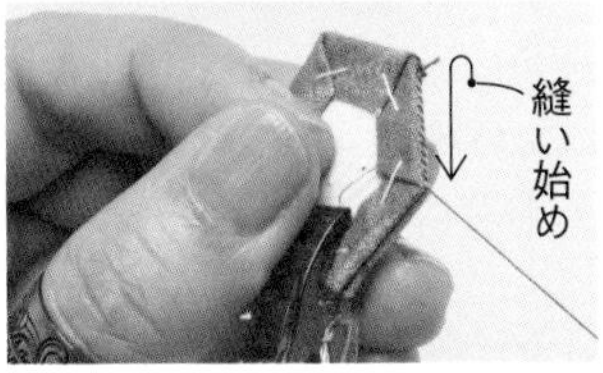

3上角で折り返し、下角まで巻きかがりで縫う。巻きかがりは糸を引き気味にして縫う。

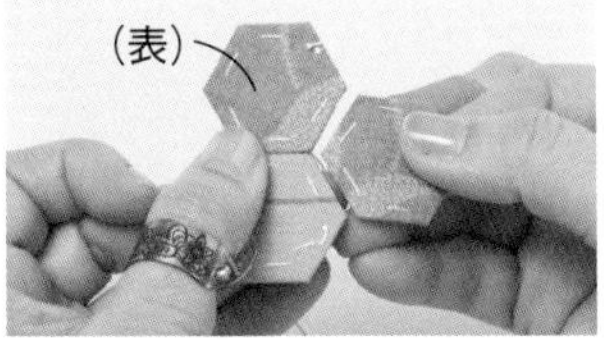

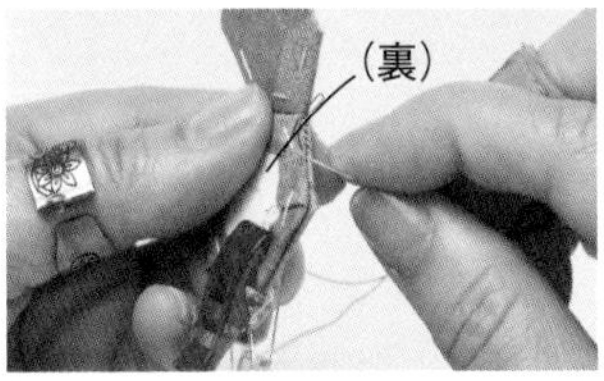

4縫い針と糸はそのままにして、2枚めの柄布㋑と㋐を中表に合わせ、角から角まで巻きかがりで縫う。同じ要領で柄布㋐の周りに㋑を縫う。

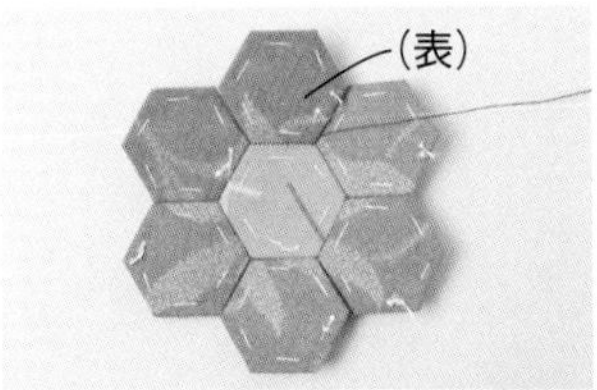

5柄布㋐と㋑がつながった。縫い針と糸はそのままにしておく。

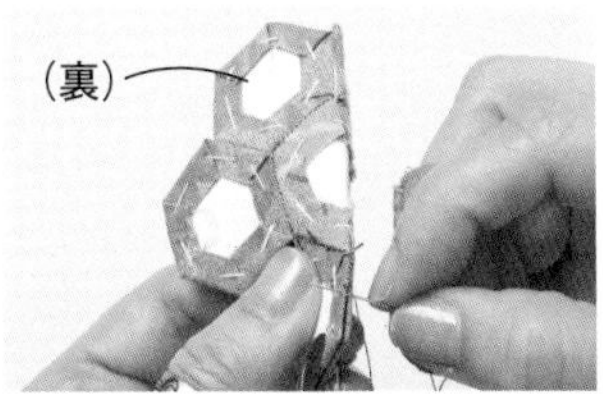

6次に隣り合う柄布㋑どうしを縫う。中心のピースを中表に半分に折って、柄布㋑どうしを中表に合わせ、巻きかがりで縫う。

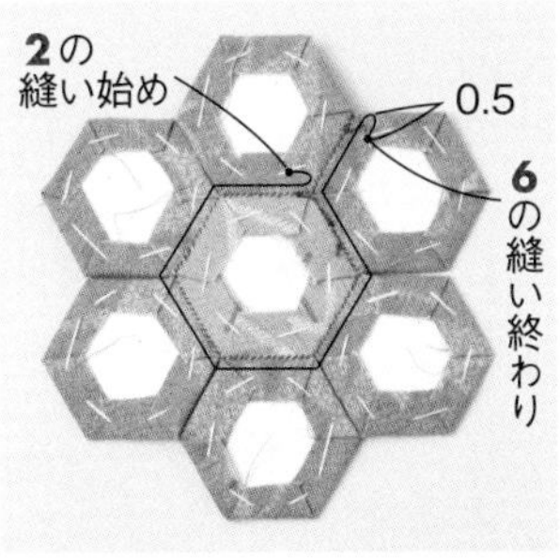

7角まで縫ったら0.5㎝折り返し、玉留めする。同様に柄布㋑どうしを1辺ずつ縫い合わせる。

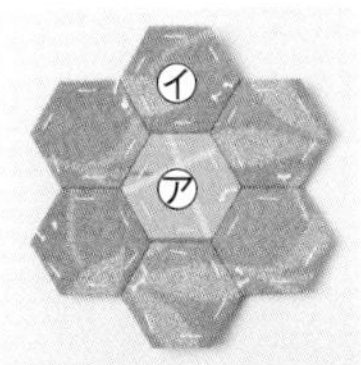

81段めが出来た。

POINT

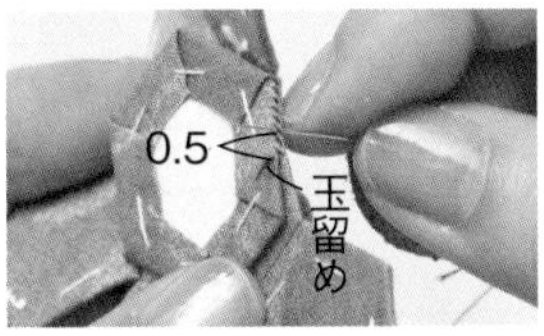

途中で糸が足りなくなったら、玉留めの0.5㎝手前に戻って針を入れ、重ね縫いをして縫い進めます。

2段め

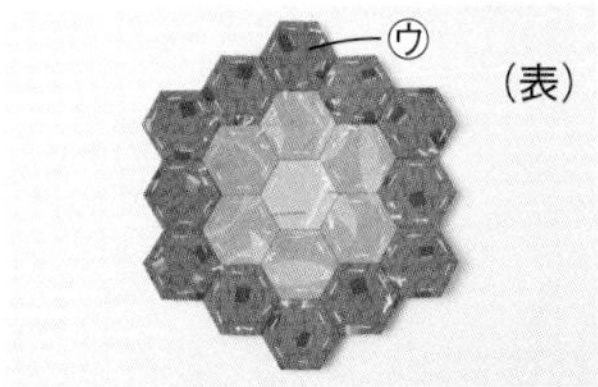

9 **1**～**7**の要領で**8**の周囲に柄布㋒を12枚縫い合わせる。

3段め

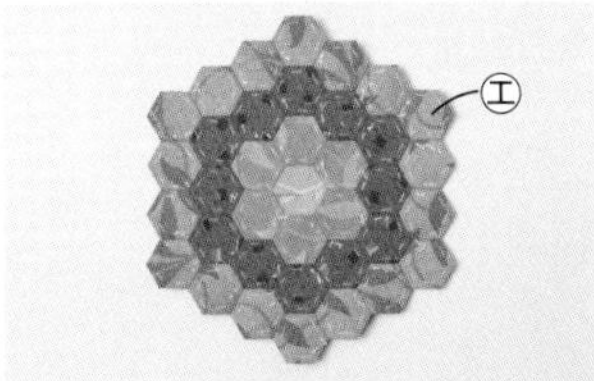

10 **1**～**7**の要領で**9**の周囲に柄布㋓を18枚縫い合わせる。

4・5段め

11 **10**の上下中央以外の周囲に柄布㋔を左右11枚ずつ縫い合わせる。次に角に2枚ずつ縫い合わせる。

12 5段めまで縫い合わせた。

13 表側からアイロンをかけて押さえる。

5 芯紙を外す

1ピースのしつけの玉結びと玉留めをすべてはさみで切る。

2目打ちを使って、しつけ糸を抜く。

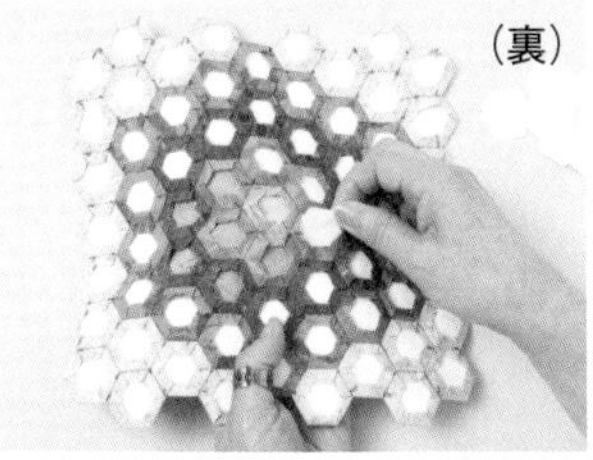

3裏に返し、芯紙をすべて取り外す。

6 出来上がり線の印をつける

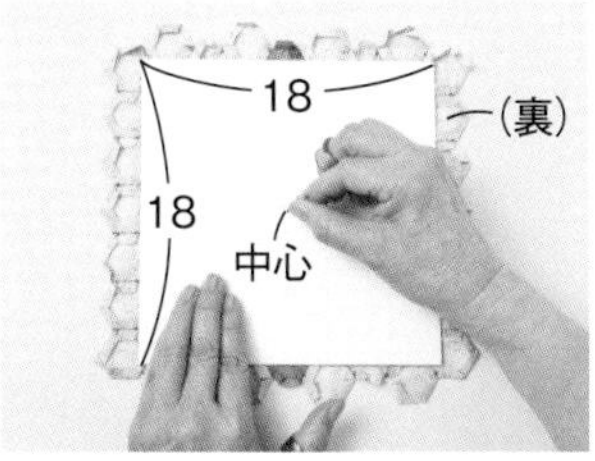

11辺18㎝の正方形(出来上がり線)の型紙を作り、中心を合わせてパターンの裏面に当てる。

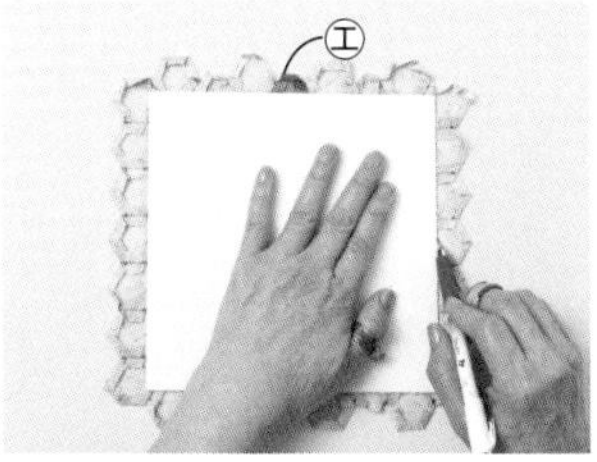

2型紙の輪郭に沿って布用シャープペンシルで線をしるす。柄布㋓の上中央・下中央のピースは縫い代を開いて線をしるす。

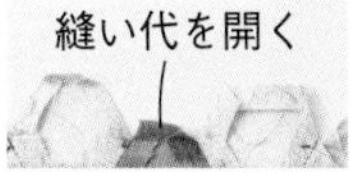

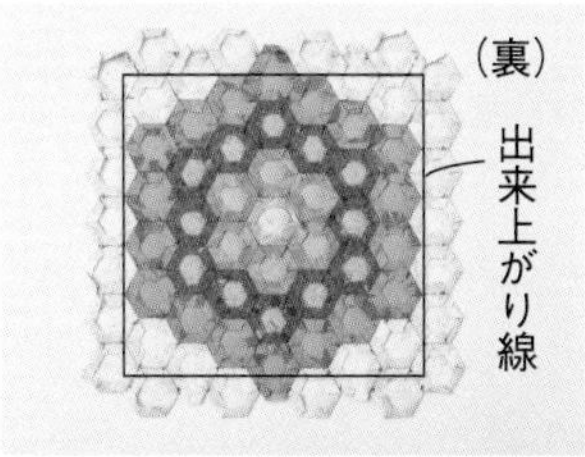

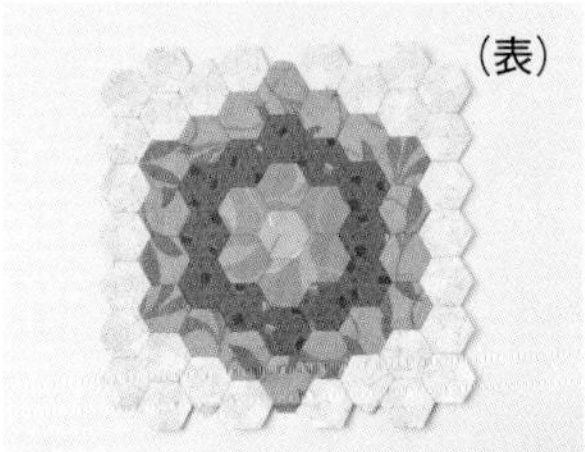

3出来上がり線をしるしたところ。パターンの出来上がり。

作品29ページ

20枚のタペストリー

パターンの作り方
メイフラワー号**45**ページ、スタンプバスケット**48**ページ、パンドラの箱**50**ページ、ドレスデンプレート**51**ページ、酔っぱらいの小道**53**ページ、コンパス**54**ページ、おばあちゃんの花園**56**ページ、ローマンストライプ・スクールハウス**65**ページ、飛行機**66**ページ、レモンスター・三目並べ**67**ページ、煙突掃除人**68**ページ、糸巻き**69**ページ、ヤコブのはしご**70**ページ、ログキャビン・パイナップル**71**ページ、イングリッシュアイビー**72**ページ、熊の足跡**73**ページ、友情の絆**74**ページ

●出来上がり寸法
113.4×135.4㎝

材料
木綿地
柄布㋐…49×126㎝（ラティスA・B、ボーダーA・B）
柄布㋑…48×116㎝（ボーダーC・D）
柄布㋒…110×142㎝（裏布A）、12×142㎝（裏布B）
柄布㋓…54×80㎝（バイアス布）
キルト綿…122×142㎝
そのほかに、パターン20枚

寸法図

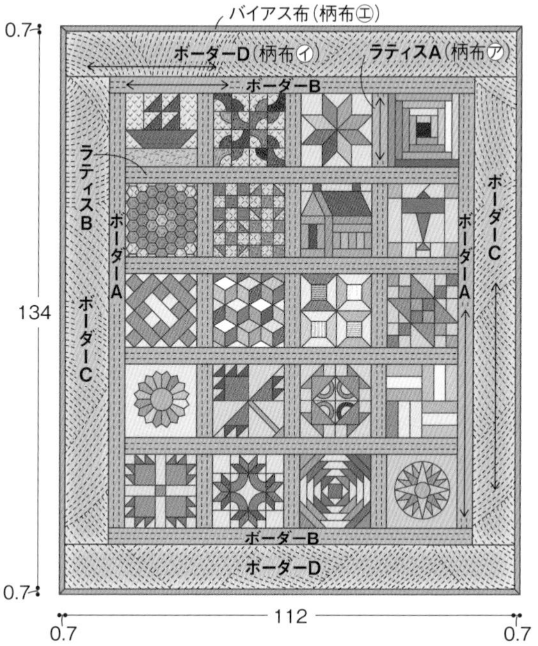

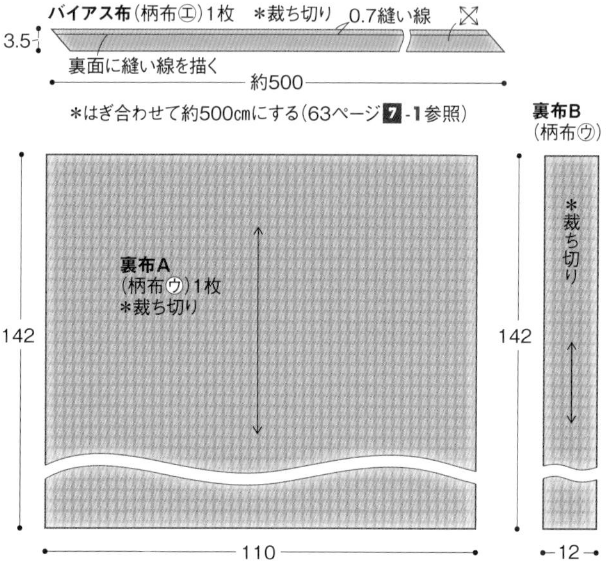

1 ラティス、ボーダーを裁つ

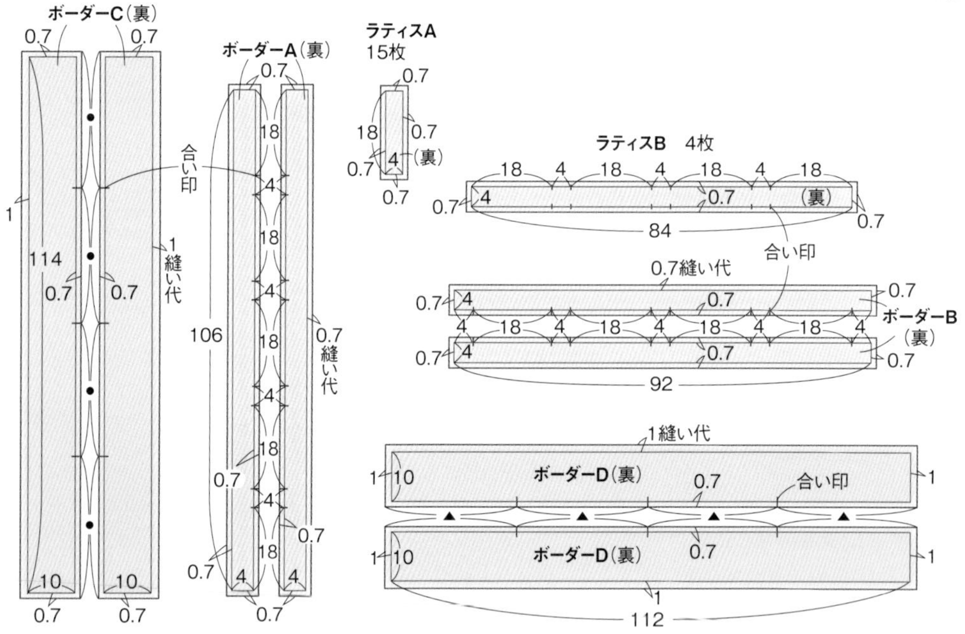

寸法図を参照して型紙を作らずに直接布の裏面に出来上がり線の印をつけ、指定の縫い代で各パーツを裁つ。ラティスB、ボーダーA・Bは左図を参照して合い印を入れる。ボーダーC・Dは縫い代を含めた布の長辺を四つ折りにし、折り山に印をつけて4等分の合い印を入れる。

2 ラティスを縫う

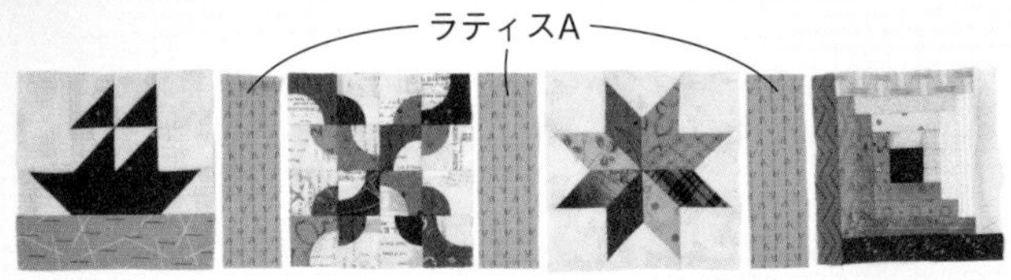

1 左右に隣り合うパターンとラティスAを中表に合わせて縫う。

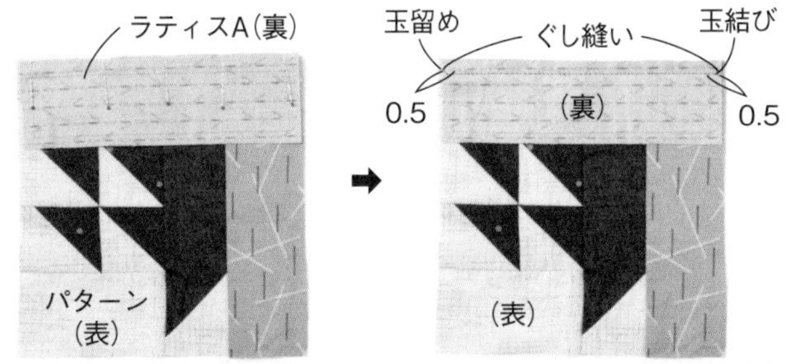

2 パターンとラティスAを中表に合わせ、角の印と印、その間を合わせて待ち針を打つ。糸端に玉結びを作り、縫い始めは角の印の0.5cm外側の位置に針を入れ、1針返し縫いをしてぐし縫いで縫う。縫い終わりは角の印の0.5cm外側まで縫い、1針返し縫いをして玉留めし、糸を切る。布が数枚重なる部分は半返し縫いをしながら縫う。

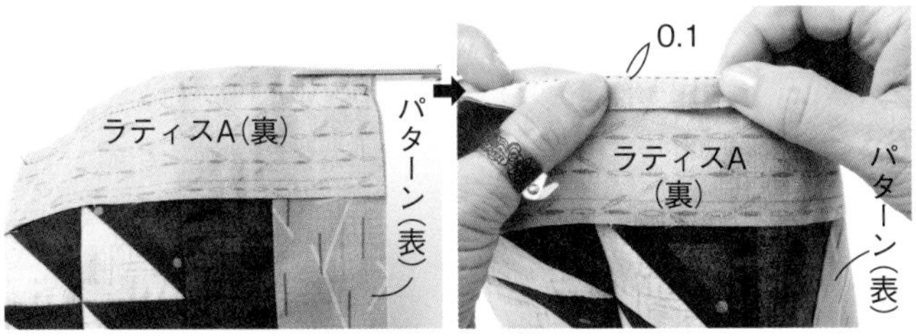

3 縫った辺の縫い代端を切りそろえる。ラティスを手前側にして縫い目から0.1cm内側で縫い代を手前に折ってきせをかけ、爪でしごいて折り筋をつける。

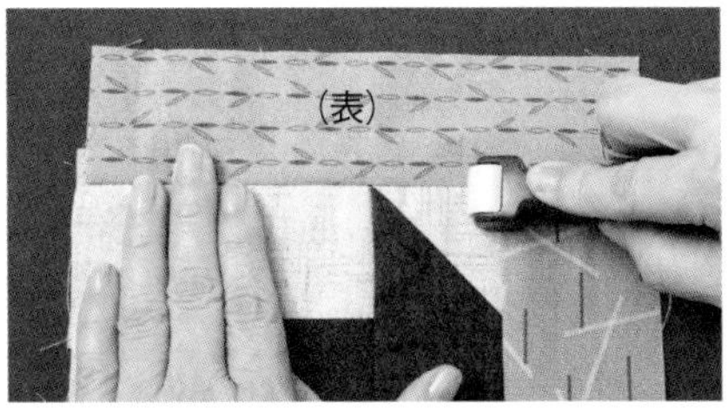

4 折り筋に沿って表に返し、折り目つけローラーで押さえる。

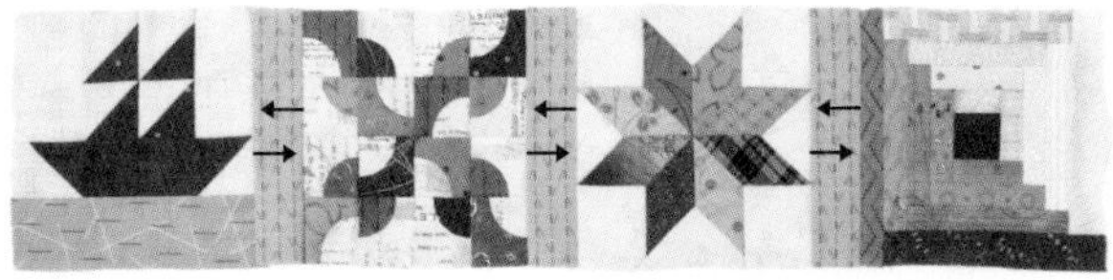

5 同様に残りのパターンとラティスAを縫い合わせる。縫い代はラティス側に倒す。1列めが出来た。同様に2〜5列めも縫い合わせる。

6 1列めと下側のラティスBを縫う。

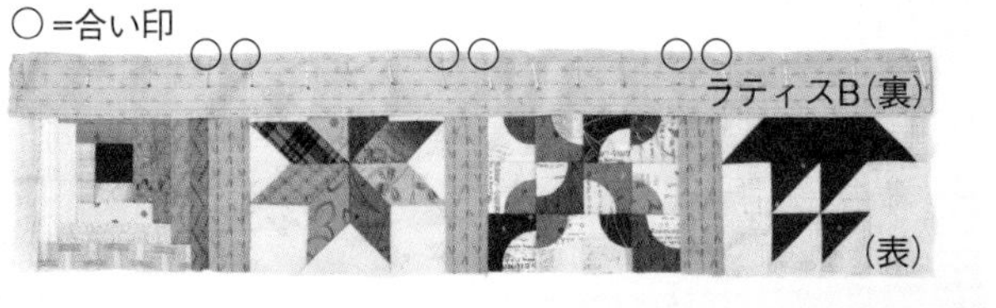

7 ラティスBを上側にして中表に合わせ、角の印と印、ラティスBの合い印と1列めのラティスAの交点、パターン間に均等に待ち針を打つ。

8 角の印の0.5cm外側から角の印の0.5cm外側まで縫い、縫い代はラティスB側に倒す。同様に2〜4列めもラティスBと縫い合わせる。

9 ラティスBを縫い合わせた1〜4列めと5列めをそれぞれ中表に合わせて縫う。縫い代はラティスB側に倒す。

3 ボーダーを縫う

1 **2-9**の周囲にボーダーA・Bを縫い合わせる。

2 **2-9**とボーダーAを中表に合わせ、**2-7**と同様に待ち針を打つ。角の印の0.5cm外側から角の印の0.5cm外側まで縫い、縫い代はボーダー側に倒す。

3 **2**とボーダーBを中表に合わせ、**2-7**と同様に待ち針を打つ。角の印の0.5cm外側から角の印の0.5cm外側まで縫い、縫い代はボーダー側に倒す。

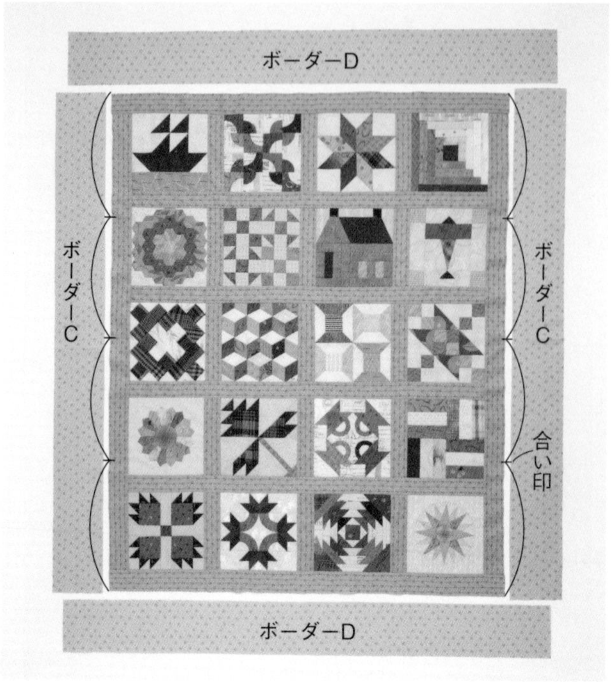

4 **3**の周囲にまずボーダーCを縫い合わせる。**3**の長辺を四つ折りにし、その折り山に合い印をつける。ボーダーCを中表に合わせ、角の印と印、合い印、その間に待ち針を打ち、角の印の0.5cm外側から角の印の0.5cm外側まで縫い、縫い代は外側に倒す。

5 ボーダーCを縫い合わせたブロックの上下の辺をそれぞれ四つ折りにし、その折り山に合い印をつける。ボーダーDを中表に合わせ、角の印と印、合い印、その間に待ち針を打ち、角の印の0.5cm外側から角の印の0.5cm外側まで縫い、縫い代は外側に倒す。トップが出来た。

4 キルティングラインを描く

1 パターン、ラティス、ボーダーに、布用シャープペンシル(水で消えるタイプ)を使って細い線で描く(薄く、縫うときに見える程度に)。パターンのモチーフ部分はピースの内側0.4cmに描くが、右図の10パターンは図を参照してキルティングラインを描く。

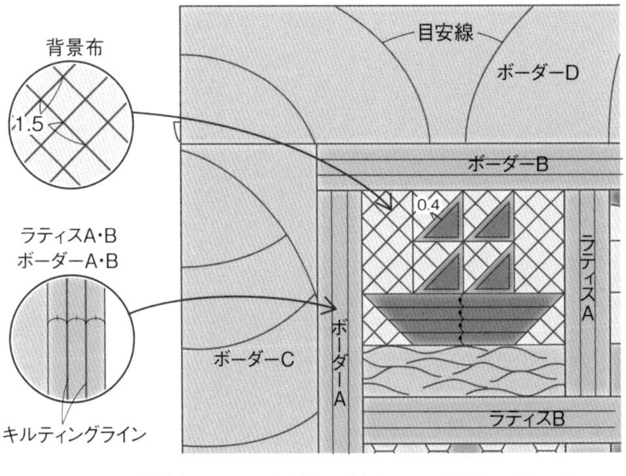

2 パターンの背景(モチーフ以外)は斜め1.5cm正方のキルティングラインを描く。ラティスA・B、ボーダーA・Bのキルティングラインは、ラティス・ボーダー幅の3等分の位置に印を入れる。ボーダーC・Dは、1cm幅の緩いカーブのキルティングを自由に入れるが、おおまかに目安線を入れておく。

POINT

格子のキルティングラインは、中央から引き始めるのがポイント。45度の斜線を描き(①)、その線から外側に向かって平行に線を引きます(②③)。対称となる斜線も同様に線を引き、格子を描きます。

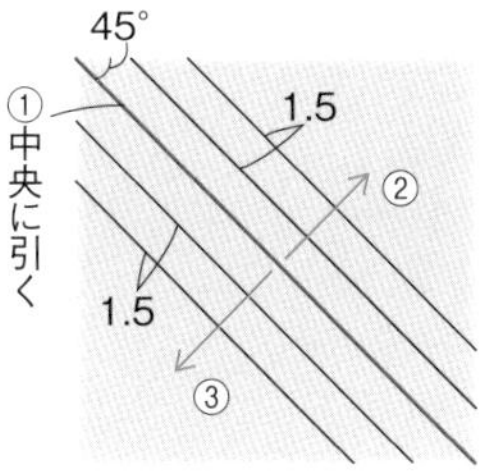

キルティングラインの図案

メイフラワー号

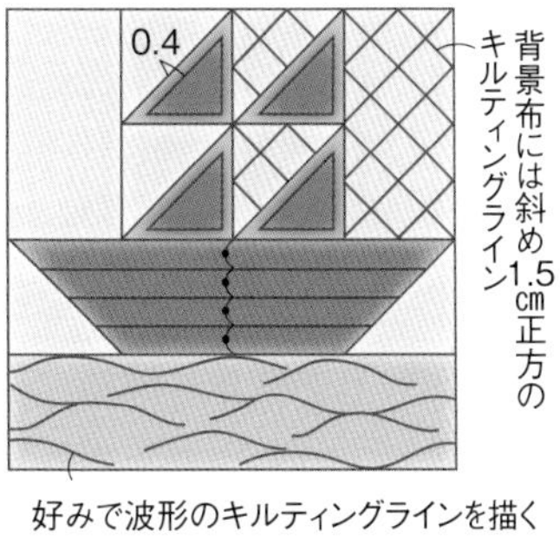

ログキャビン

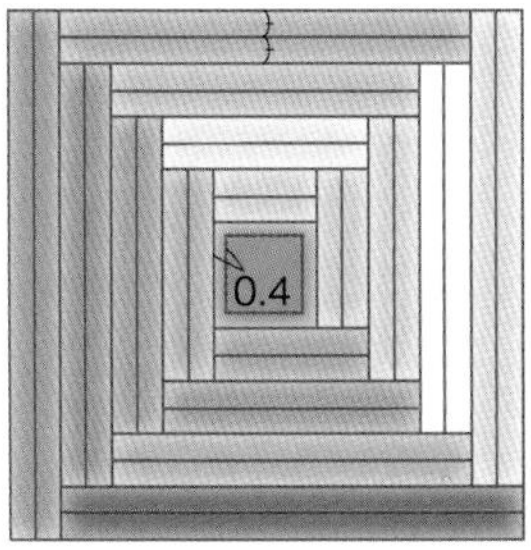

スクールハウス

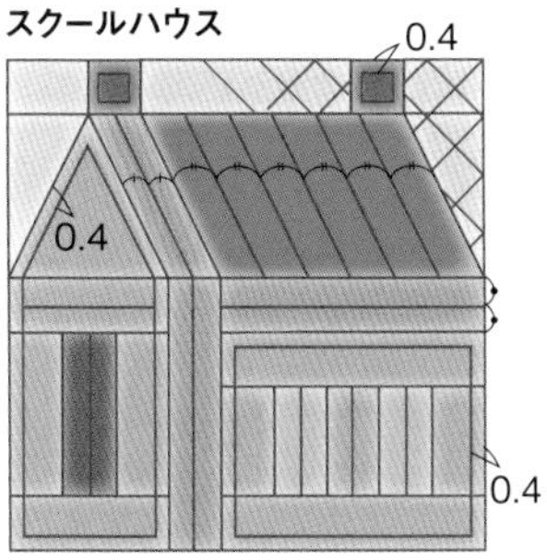

ドレスデンプレート

イングリッシュアイビー

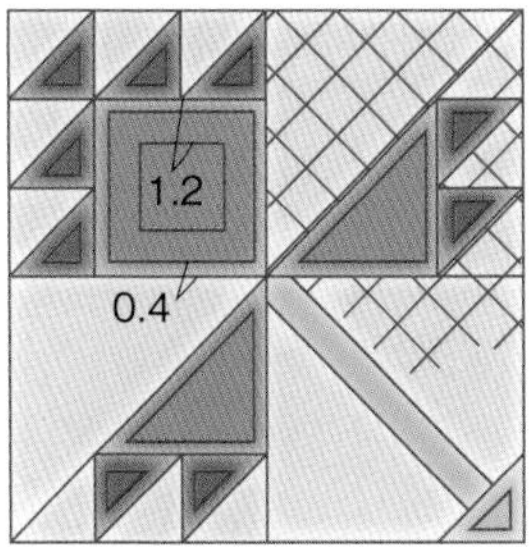

スタンプバスケット

ローマンストライプ

友情の絆

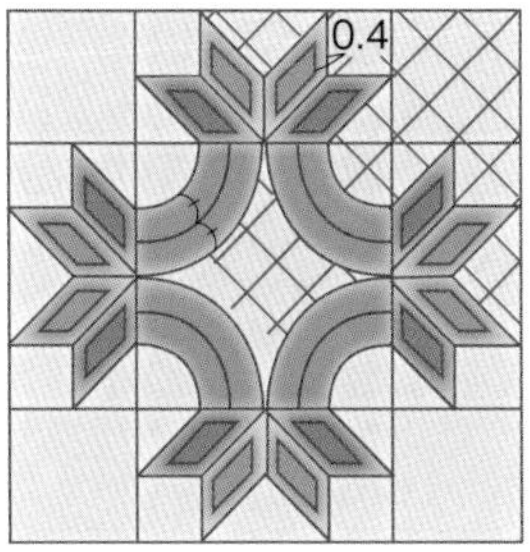

パイナップル

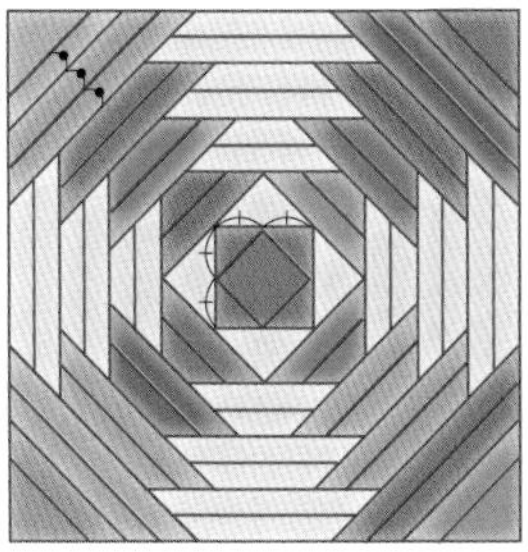

コンパス

＊パターンやモチーフのピースワークのきわの縫い代を倒していない側に落としキルトをするが、落としキルトの線は描かない。

5 3層に重ねて しつけをかける

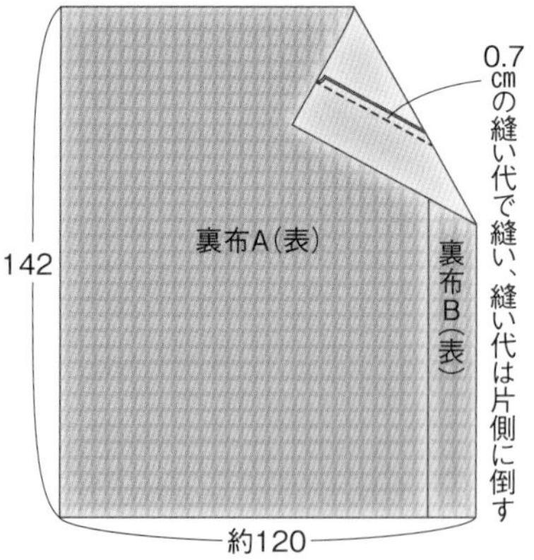

1 寸法図を参照して裏布A・Bを裁つ。長辺を中表に合わせて縫い、一枚布にする。※はぎ合わせた布幅が約120cmになれば、裏布AとBの幅は寸法図どおりでなくてもよい。

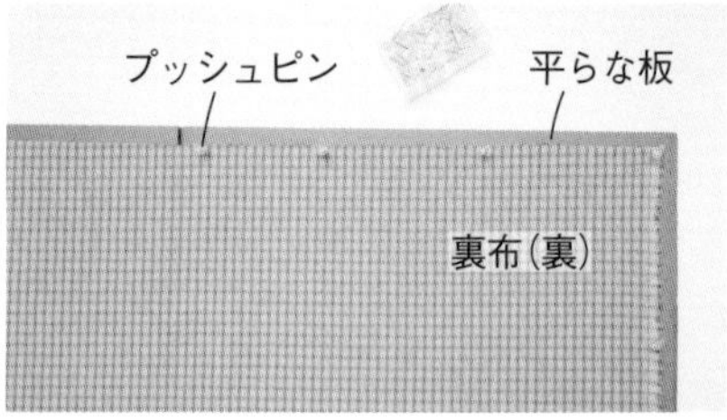

2 平らな板(または畳)の上に裏布の裏面を上にして広げ、周りをプッシュピンで留める。

3 **2**の上にキルト綿の表面を上にして重ね、手で綿の空気を逃がしながら裏布を留めたプッシュピンを外してキルト綿の周りを留める。※キルト綿は少し硬い面が裏、ふわふわした面が表となる。

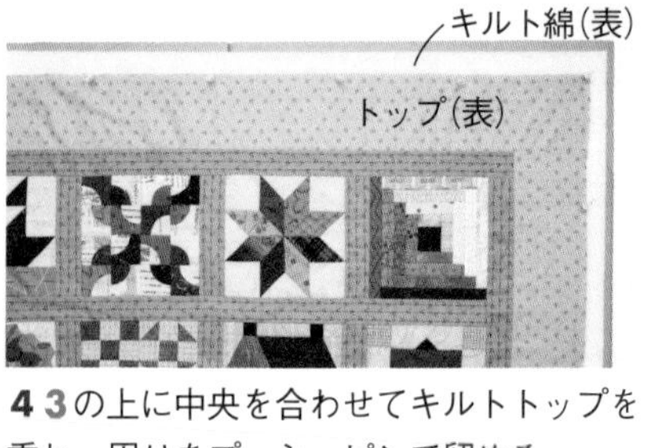

4 **3**の上に中央を合わせてキルトトップを重ね、周りをプッシュピンで留める。

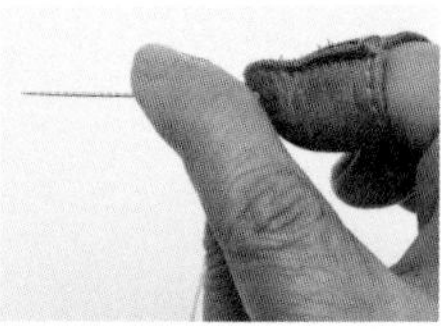

5 しつけ針にしつけ糸を通し、糸端に玉結びを作る。利き手(針を持つ手)の中指に革製シンブルをはめて、写真のようにしつけ針を持つ。

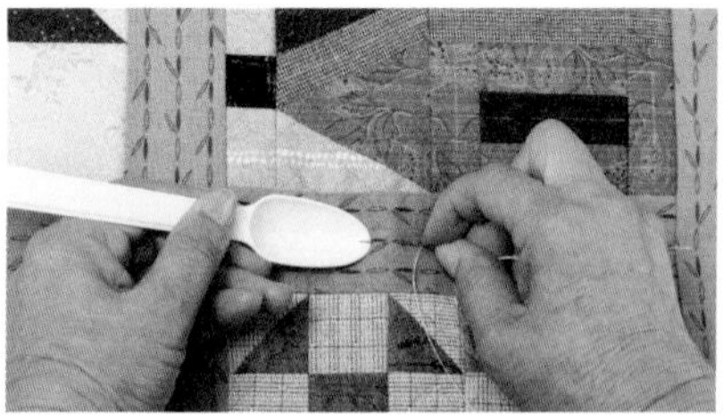

しつけの縫い方

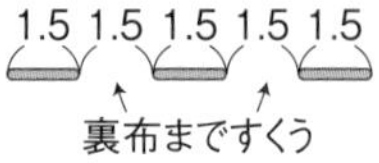

6 トップの中心から外側に向かって放射状にしつけをかける。トップの中心に針を入れて裏布まですくい、外側に向かって長さ約1.5cmの縫い目で縫う。最後は1針返し縫いをして糸端を約2cm残してカットする。

POINT
しつけ縫いはスプーンを使います。スプーンの底で布を押さえ、スプーンの先で針先を持ち上げるようにして針を抜くと作業がしやすくなります。

しつけをかける順番

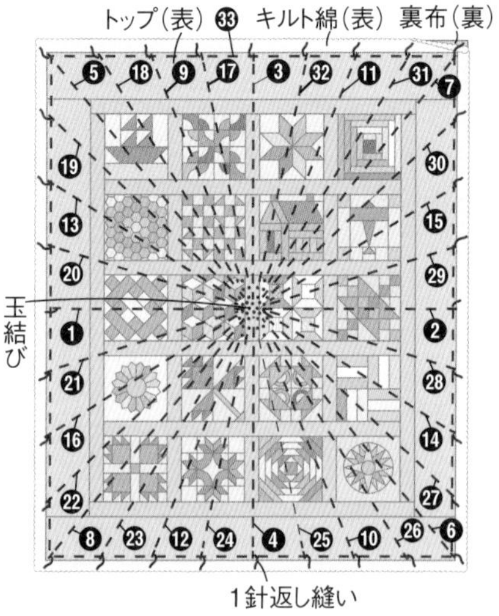

7 しつけは中心から横の左右(❶❷)、中心から縦の上下(❸❹)、対角線(❺〜❽)、対角線と中央の間(❾〜⓰)、その間(⓱〜㉜)、出来上がり線の外側(㉝)の順にかける。しつけが終わったら、周りのプッシュピンを外す。

6 キルティングをする

1 布をフープに張る。フープの内側の輪の上にキルトの中央をのせ、外側の輪をはめる。フープの内側に沿って布を手で押して緩みを持たせる。

2 フープの中央の布を下から押し上げて少し山ができる程度の緩みがついたら、ねじをしっかり締める。

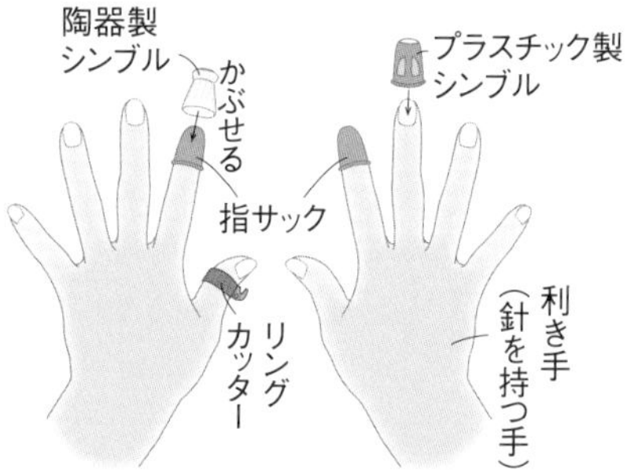

3 指を傷めないように、図のようにシンブルやゴム製の指サックなどの用具をつける。
4 キルティングをする。キルティングの縫い目の大きさは1cmに3目(1目約2mm)を目安に、フープを自分のおなかとテーブルの端ではさんで固定し、中心から外側に向かってしわを外側に逃がしながら縫っていく(縫い始めと縫い終わりは63ページを参照)。フープ内はモチーフのキルティングライン、背景布のキルティングライン、ラティスA・B、ボーダーA・Bのキルティングラインを縫ってから、落としキルトを縫う。フープの中のキルティングがすんだら、糸は切らずに残しておき、次に縫う位置にフープを張って縫う。最後にボーダーC・Dを縫う。

キルティングの縫い始め

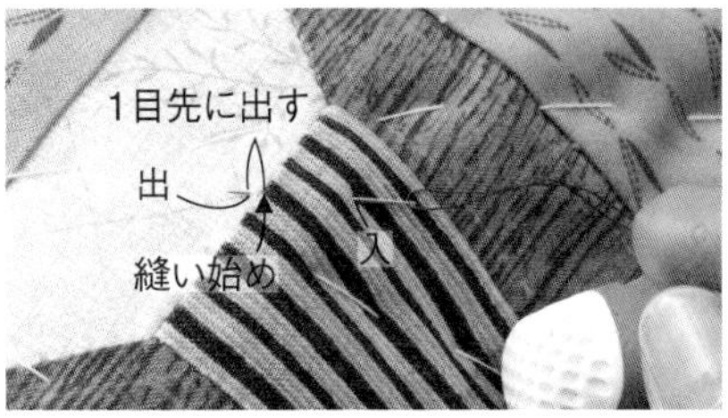

1 キルト糸の糸端に玉結びを作り、縫い始め位置より少し離れた位置に針を入れ、キルト綿の中に針をくぐらせて、縫い始め位置より1目分先に針を出す。

2 糸を引いて玉結びをキルト綿の中に引き込む。

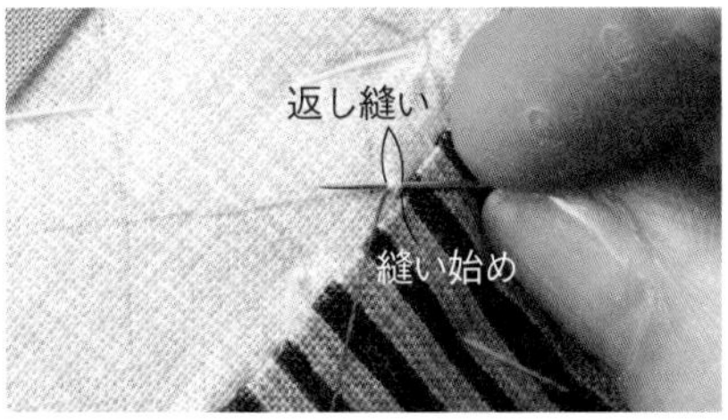

3 1目戻って針を入れ、キルト綿まですくって(裏布まですくわない。返し縫い1回め)、**1**と同じ位置に針を出す。

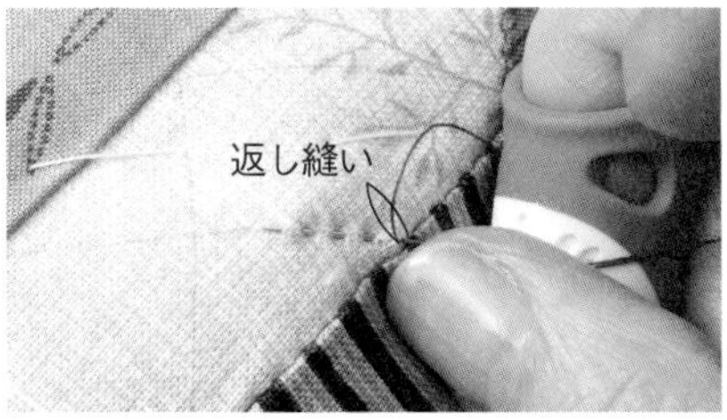

4 もう一度1目戻って針を入れ(返し縫い2回め)、今度は裏布まですくって1目先に針を出し、そのままぐし縫いする。

POINT

キルティングを途中で休むときはフープをつけたままにせず、いったんフープから外します。フープに布を張れない角は、文鎮で押さえて手で布を張りながらキルティングをします。

キルティングの縫い終わり

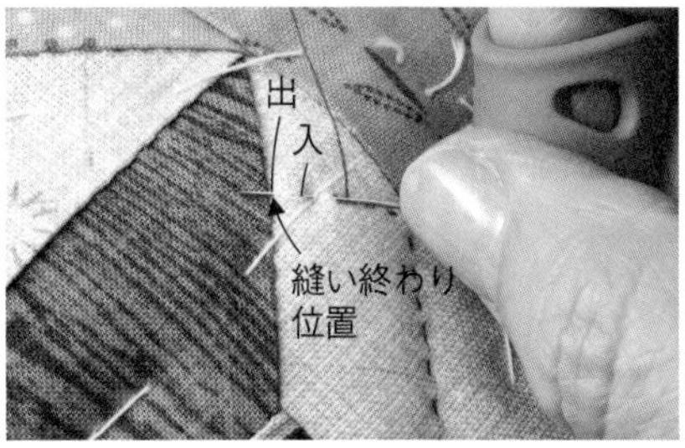

1 最後は裏布まですくって縫い終わり位置に針を出す。

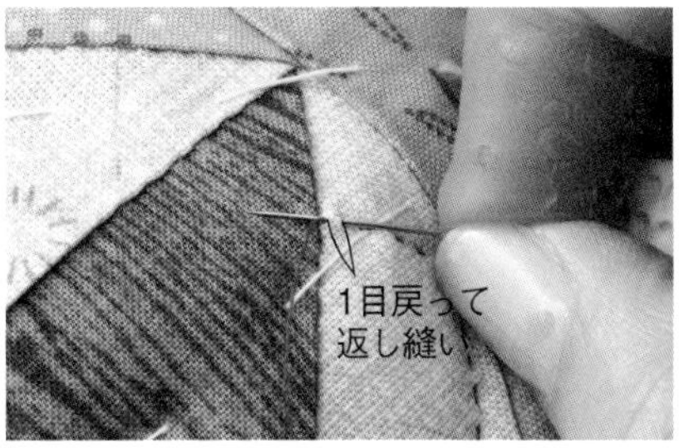

2 1目戻ってキルト綿まですくって(裏布はすくわない。返し縫い1回め)、**1**と同じところに針を出す。

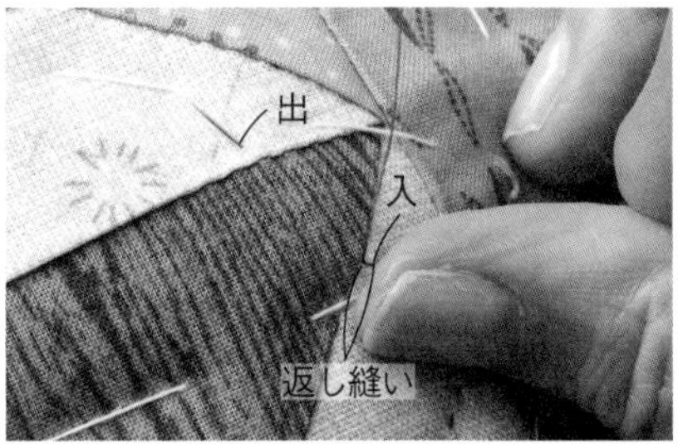

3 もう一度戻って**2**と同じところに針を入れ、キルト綿の中にくぐらせて(裏布はすくわない。返し縫い2回め)、離れたところに針を出す。布のきわで糸をカットする。

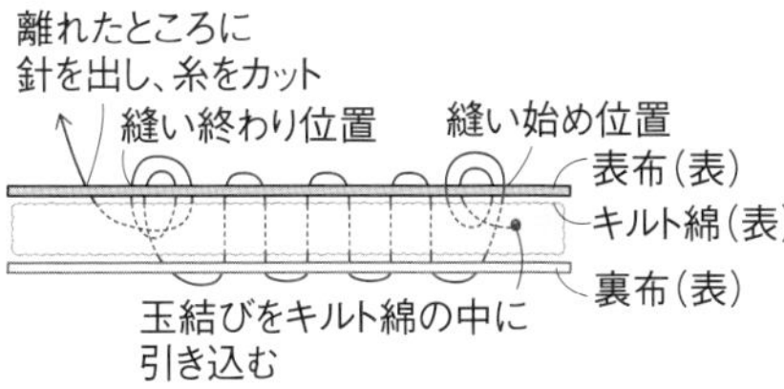

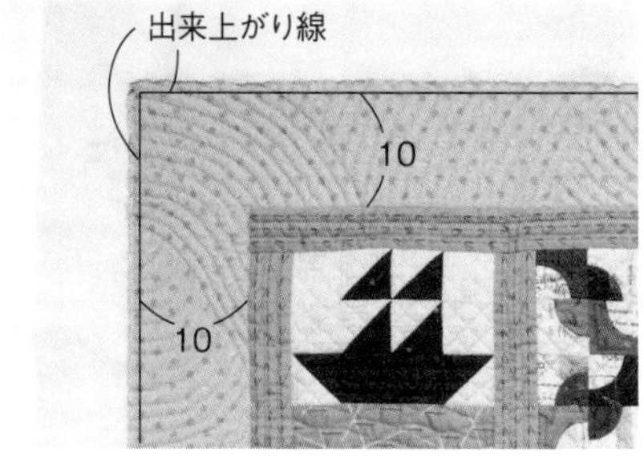

4 キルティングが終わったら、周囲以外のしつけ糸を抜く。ボーダーC・Dの縫い目から10cmの位置で出来上がり線を描き直す。ボーダーC・Dの外回りの辺には1cmの縫い代が含まれているが、キルティング後の縫い縮みにより縫い代寸法が0.7cmよりも少なくなっている場合は、各ボーダーの幅を狭くするなどして外回りの縫い代を0.7cmに調節する。

7 周りをバイアス布でくるむ

バイアス布の裁ち方・はぎ合わせ方

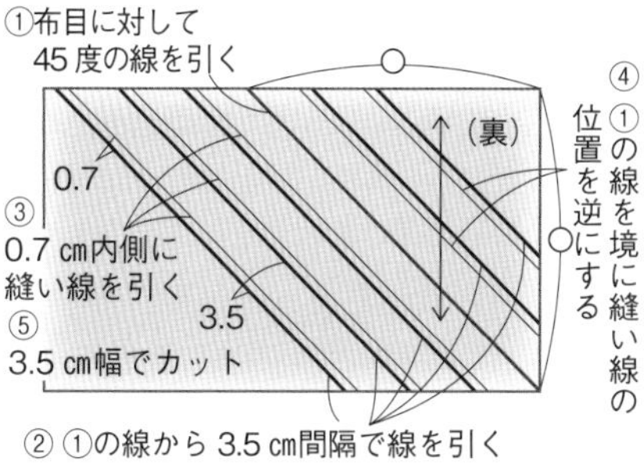

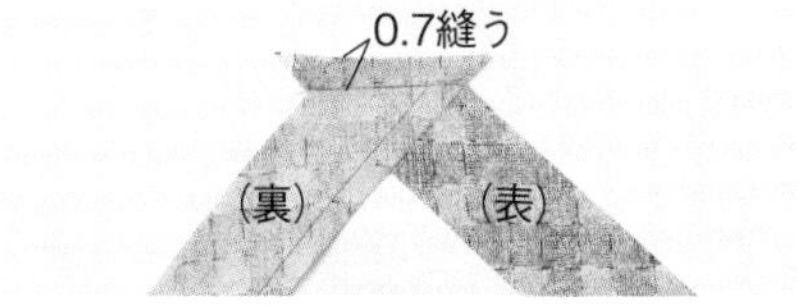

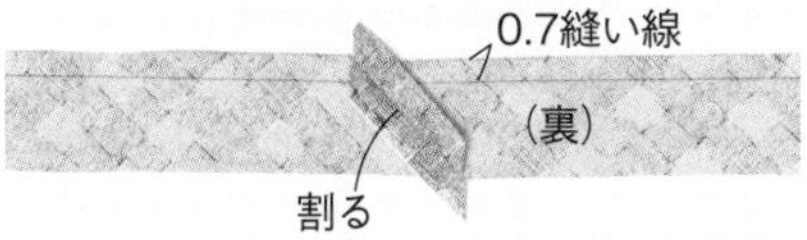

1 図の①～⑤を参照し、柄布㋓で3.5cm幅のバイアス布を数枚裁ち、はぎ合わせて約500cmにする。

2 バイアス布はキルトの下側で角に近いところからつけ始める。まずキルトの外回りにバイアス布を当て、バイアス布のはぎ目がキルトの角にならないかを確認する。スタート位置はバイアス布の端を0.7cm裏面に折り、中表に合わせてバイアス布の縫い線とキルトの出来上がり線を合わせ、角まで待ち針で留める。

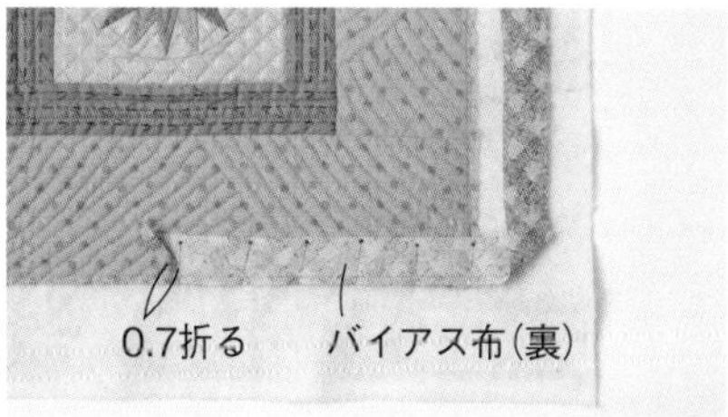

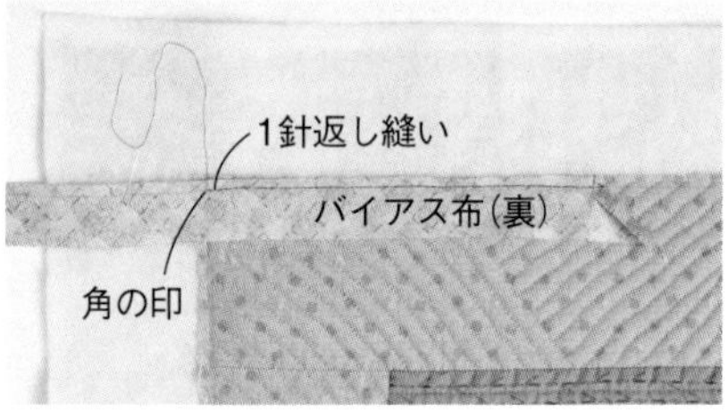

3 バイアス布の縫い線に沿って裏布まですくって角まで本返し縫いで縫う。角で小さく1針返し縫いをして角の印に針を出す。

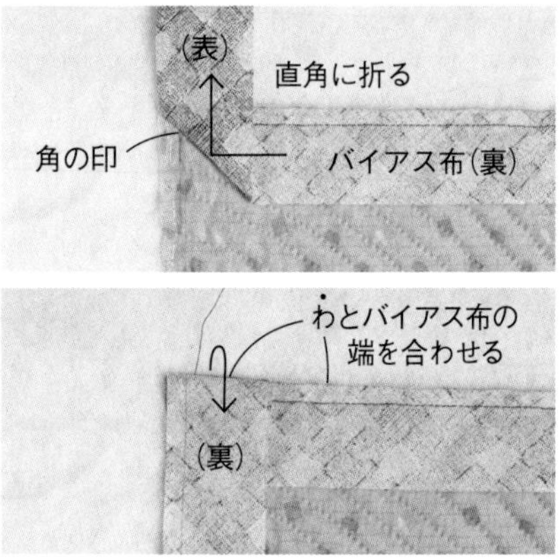

4 角でバイアス布を直角に折り返し、バイアス布の折り山とバイアス布の端を合わせる。角を合わせて待ち針を打ち、次の角までバイアス布を待ち針で留める。

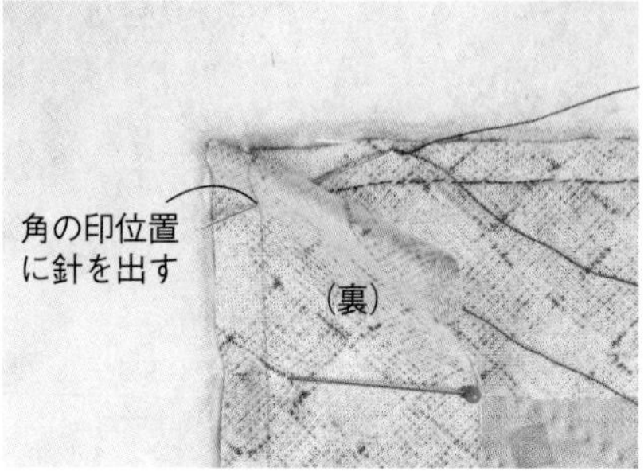

5 バイアス布の角の位置に針を刺し、バイアス布だけに針をくぐらせて反対側の印位置に針を出し、糸を引く。

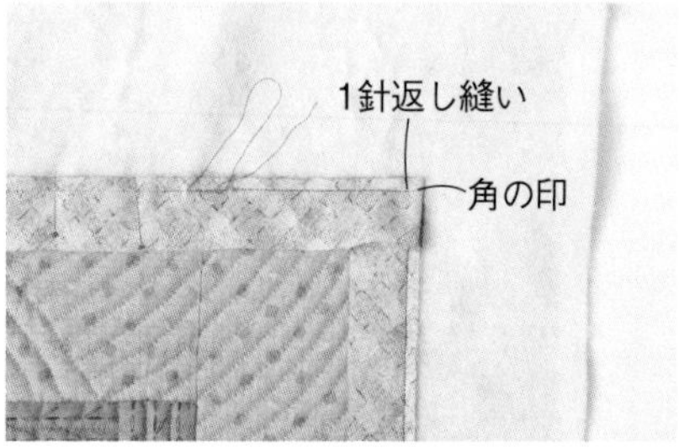

6 キルトを90度回転させ、裏布まですくって角で小さく1針返し縫いをし、次の角まで本返し縫いで縫う。

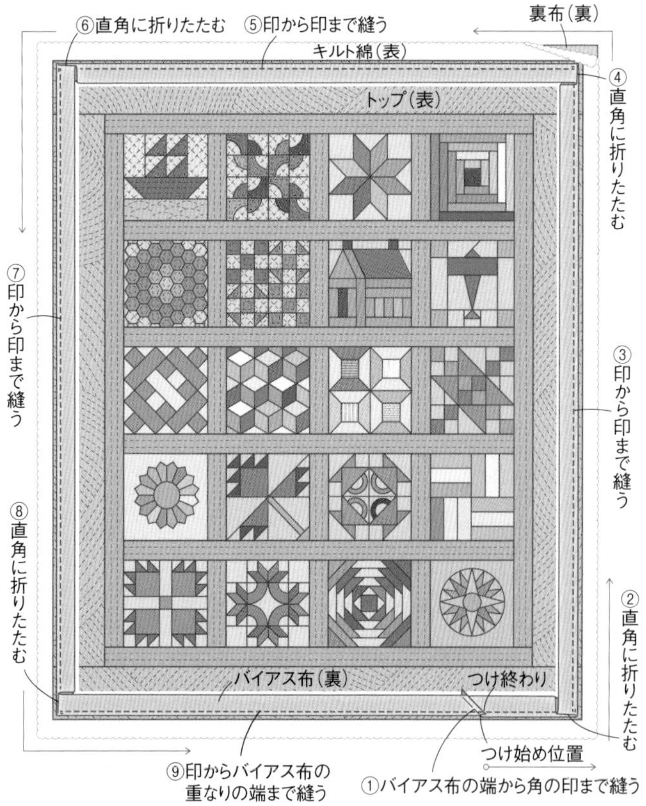

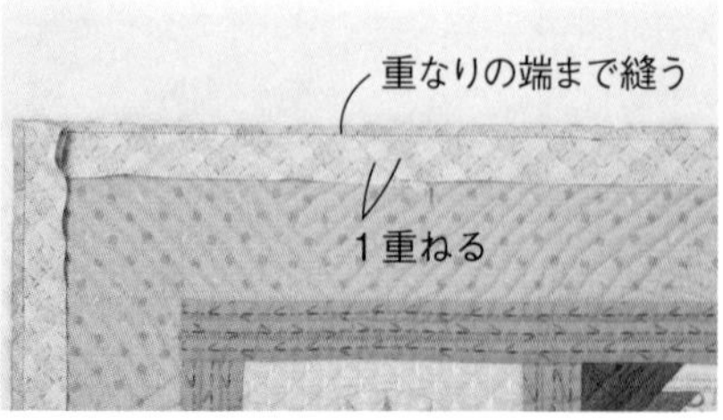

7 3〜6の繰り返しでキルトの周りにバイアス布を縫う。つけ終わりはつけ始めのバイアス布に1cm重ね、バイアス布の余分をカットして端まで縫う。バイアス布の端に合わせてトップ・キルト綿・裏布の縫い代を切りそろえる。バイアス布のはぎ合わせ部分のはみ出した縫い代もカットする。

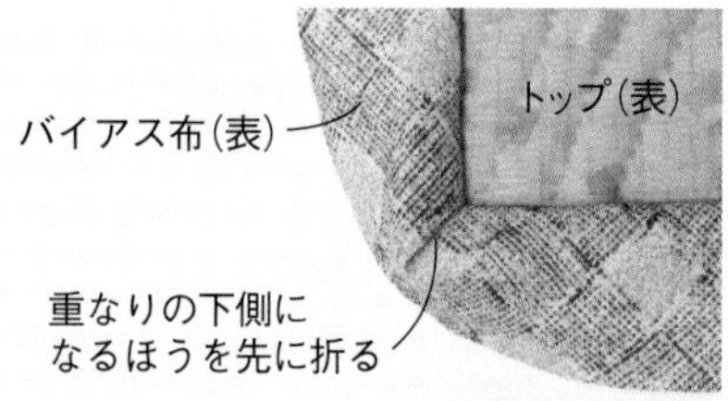

8 バイアス布を表に返す。角のバイアス布の重なりの下側になるほうを先に折って額縁に折りたたむ。縫い目を隠すように三つ折りして縫い代をくるみ、待ち針で留める。

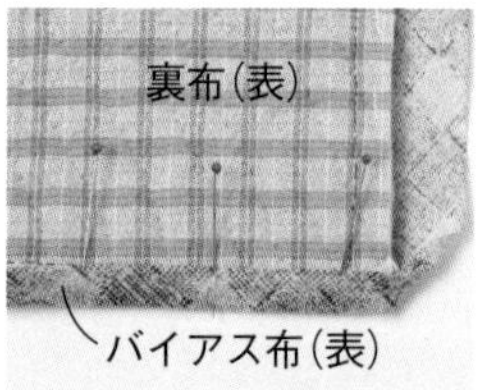

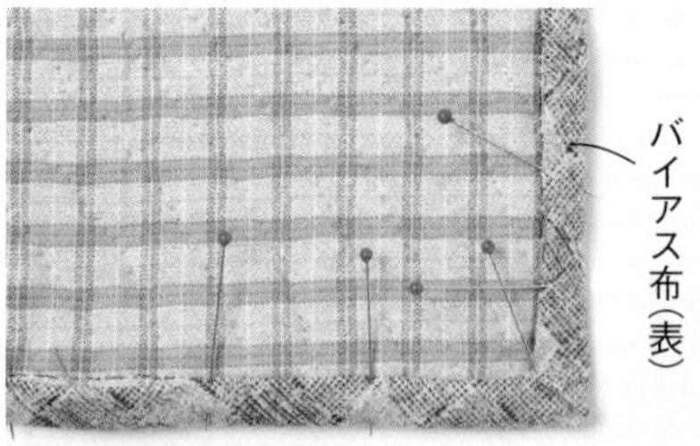

9 次の辺も同様に折り、角は額縁に折りたたむ。これを繰り返し、キルトの周りをバイアス布でくるみ、待ち針で留める。

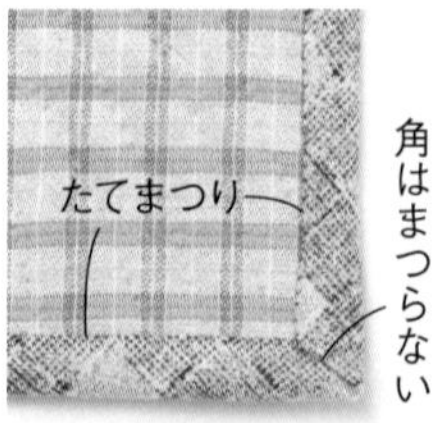

10 バイアス布をたてまつりでまつる。バイアス布のつけ始めとつけ終わりの重なりと角はまつらない。出来上がり。

作品4ページ

ローマンストライプ

型紙A面

●出来上がり寸法
19.4×19.4cm（縫い代込み）

材料

木綿地
柄布㋐～㋛…各5×11cm（ピース）

作り方

1 ピースを縫い合わせ、ブロックA～Dを作る。縫い代は色の濃い布側に倒すが、布に濃淡がない場合は一方向に倒す。

2 ブロックの向きを確認し、左右に隣り合うブロックを縫い合わせて1列め、2列めを作る。縫い代は1枚布の面が広いブロック側に倒す。

3 1列めと2列めを縫い合わせ、縫い代は2列め側に倒す。

寸法図

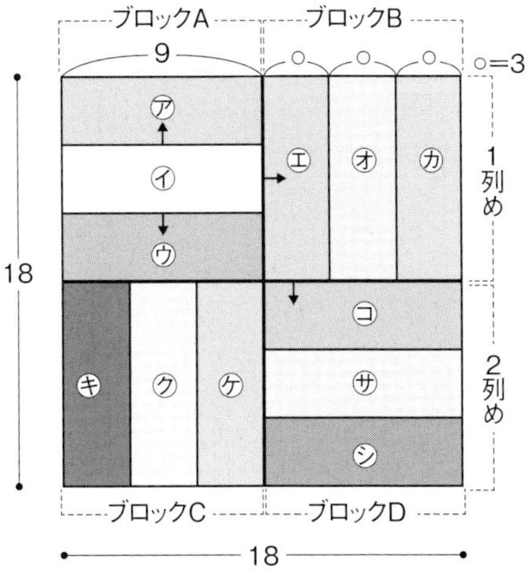

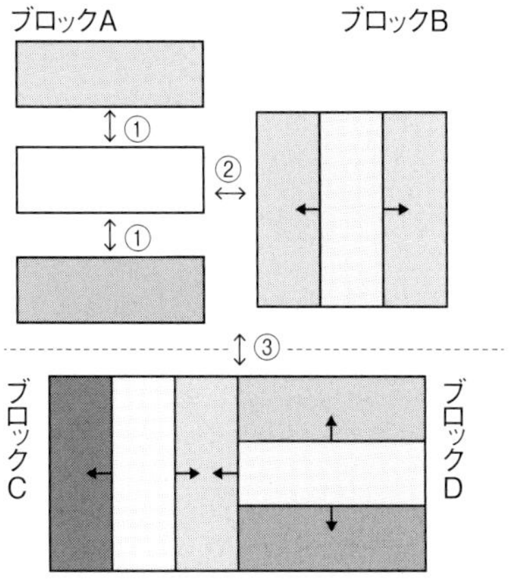

＊すべて0.7cmの縫い代をつけて裁つ

作品6ページ

スクールハウス

型紙B面

●出来上がり寸法
19.4×19.4cm（縫い代込み）

材料

木綿地
柄布㋐…25×16cm
（ピースⓔ、ⓗ、ⓘ、ⓙ）
柄布㋑…10×15cm
（ピースⓐ、ⓒ、ⓓ、ⓓ′）
柄布㋒…適宜（ピースⓕ、ⓘ）
柄布㋓…適宜（ピースⓖ）
柄布㋔…適宜（ピースⓑ）
柄布㋕…適宜（ピースⓙ）
柄布㋖…適宜（ピースⓗ）

寸法図

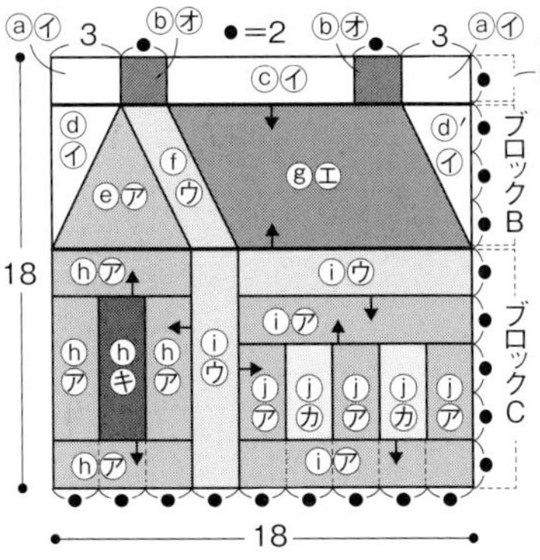

＊すべて0.7cmの縫い代をつけて裁つ
＊ピースⓓ′はピースⓓの型紙を裏返して使用する

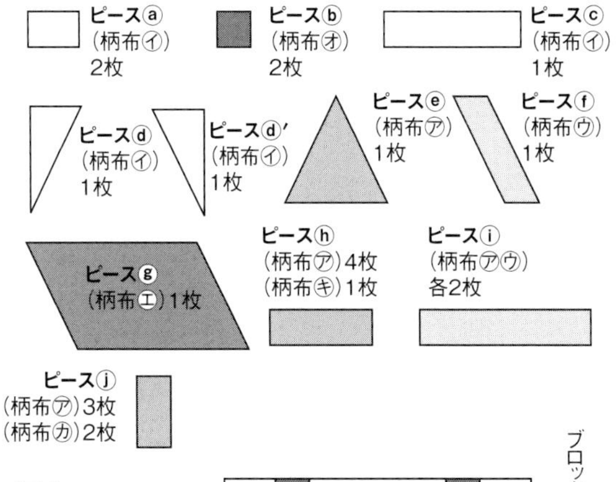

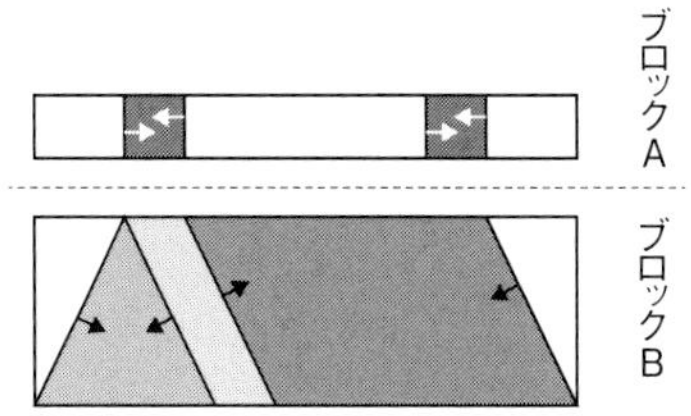

図1

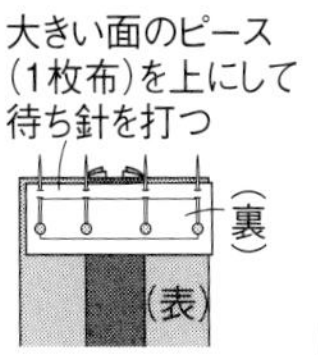

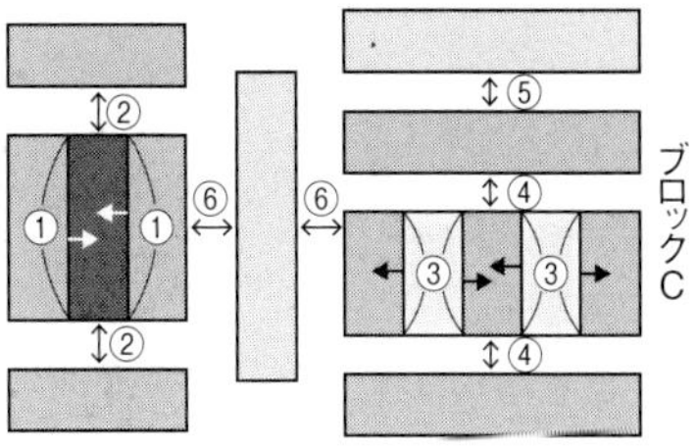

作り方

1 左右に隣り合うピースを縫い合わせ、ブロックA、Bを作る。縫い代は矢印の方向に倒す。

2 ブロックCは番号順に縫い合わせ、縫い代を矢印の方向に倒す。図1のようなピースの縫い合わせは、ピース面が大きいほうを上にして待ち針を打つ。

3 ブロックA～Cを縫い合わせ、縫い代はブロックB側に倒す。

作品6ページ　飛行機

型紙B面

●出来上がり寸法
19.4×19.4㎝（縫い代込み）

材料
木綿地
柄布㋐…25×18㎝（ピースⓑ、ⓒ、ⓓ、ⓕ、ⓕ'、ⓖ、ⓗ、ⓘ）
柄布㋑…10×10㎝（ピースⓓ）
柄布㋒…適宜（ピースⓖ）
柄布㋓…適宜（ピースⓔ）
柄布㋔…適宜（ピースⓐ）
柄布㋕…適宜（ピースⓐ）

作り方
1 番号順にピースを縫い合わせ、ブロックA～Cを作る。縫い代は矢印の方向に倒す。
2 ブロックA～Cを縫い合わせ、縫い代は下側に倒す。

寸法図

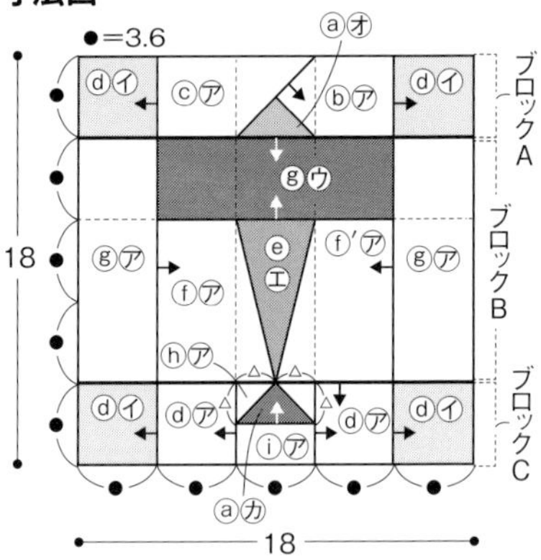

＊すべて0.7㎝の縫い代をつけて裁つ
＊ピースⓕ'はピースⓕの型紙を裏返して使用する

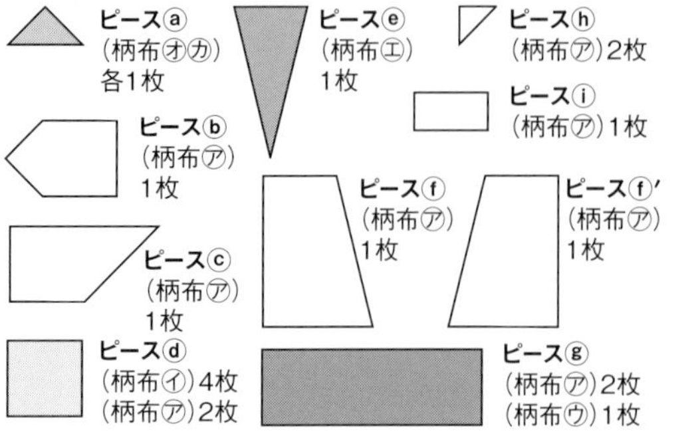

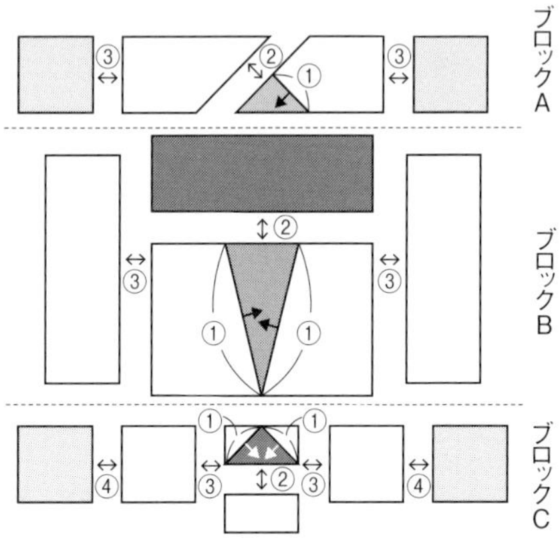

作品7ページ　モンキーレンチ

型紙B面

●出来上がり寸法
19.4×19.4㎝（縫い代込み）

材料
木綿地
柄布㋐…22×18㎝（ピースⓐ、ⓑ、ⓒ）
柄布㋑…適宜（ピースⓐ、ⓑ）
柄布㋒…適宜（ピースⓑ）

寸法図

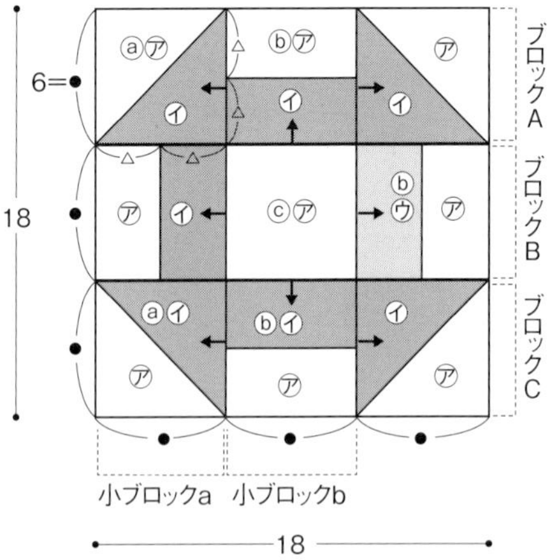

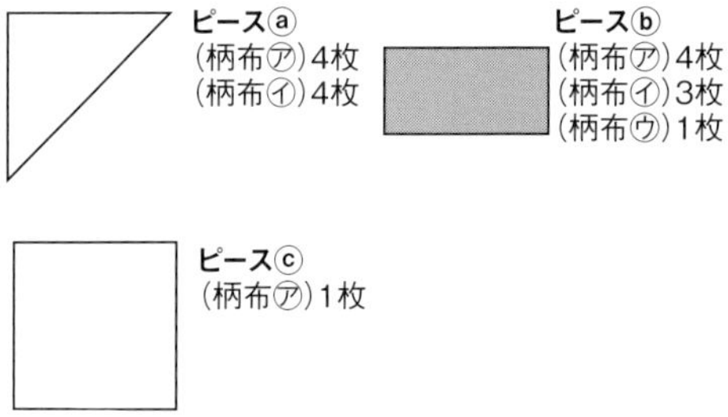

＊すべて0.7㎝の縫い代をつけて裁つ

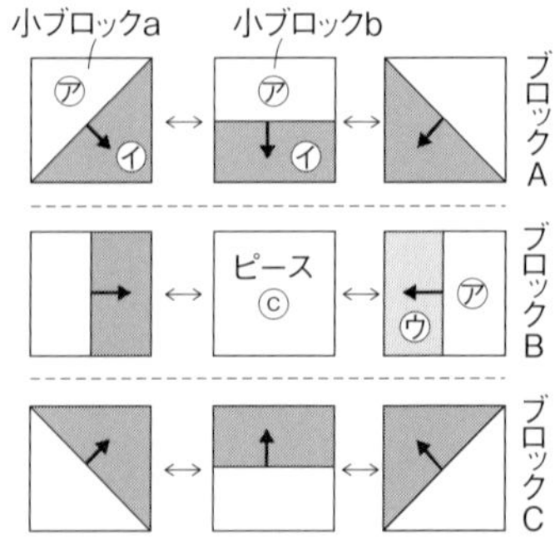

作り方
1 ピースⓐの柄布㋐と㋑を縫い合わせて小ブロックaを4組作る。縫い代は色の濃い布側に倒す。
2 ピースⓑの柄布㋐と㋑を縫い合わせた小ブロックbを3組、柄布㋐と㋒を縫い合わせた小ブロックbを1組作る。縫い代は色の濃い布側に倒す。
3 左右に隣り合う小ブロックa、bを縫い合わせてブロックA、Cを作り、小ブロックbとピースⓒを縫い合わせてブロックBを作る。縫い代は外側に倒す。
4 ブロックA～Cを縫い合わせ、縫い代はブロックA側、C側に倒す。

作品8ページ

レモンスター

型紙B面

●出来上がり寸法
19.4×19.4cm（縫い代込み）

材料
木綿地
花柄…19×22cm（ピースⓑ、ⓒ）
柄布㋐〜㋗…各適宜（ピースⓐ）

作り方のポイント
はめ込み縫いは50ページ**3**を参照。

作り方
1 ピースⓐの柄布㋐〜㋗を2枚ずつ中表に合わせ、外側の印から中心側の端まで縫い合わせ（①）、次に上下1/2の星形のモチーフを作る（②）。モチーフの上下を縫い、星形を作る（③）。縫い代は矢印の方向に倒す。
2 **1**と左上のピースⓑをはめ込み縫いで縫い合わせる（④）。縫い代はモチーフ布側に倒す。

寸法図

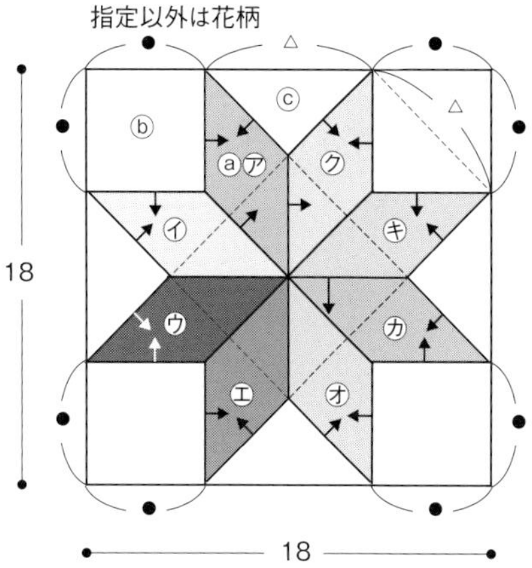

●：△＝1：$\sqrt{2}$（約1.4）
●＝18÷（2+$\sqrt{2}$）＝約5.3

3 **2**と同様にしてピースⓒをはめ込み縫いで縫い合わせる（⑤）。以下、時計回りにピースⓑとⓒを縫い合わせていく。縫い代はモチーフ布側に倒す。

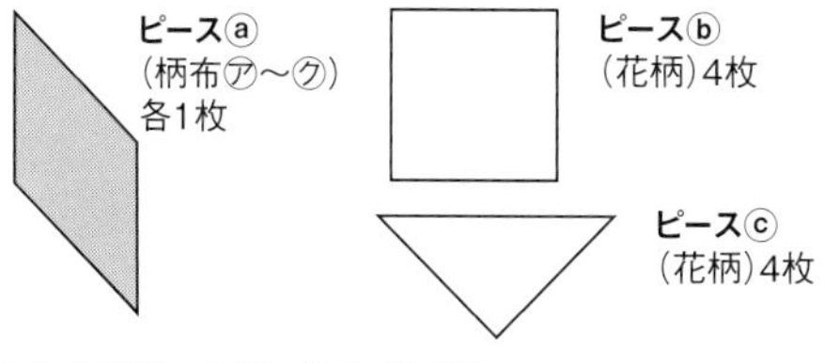

＊すべて0.7cmの縫い代をつけて裁つ

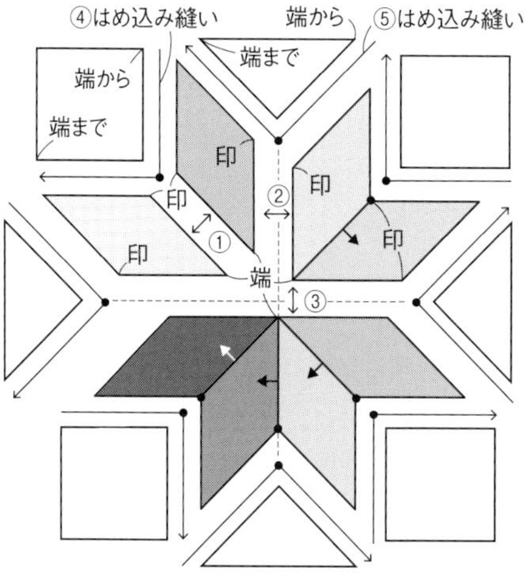

作品8ページ

三目並べ

型紙B面

●出来上がり寸法
19.4×19.4cm（縫い代込み）

材料
木綿地
格子柄…23×22cm（ピースⓐ、ⓑ）
柄布㋐・㋓…各適宜（ピースⓐ）
柄布㋑・㋒…各適宜（ピースⓐ、ⓑ）

寸法図

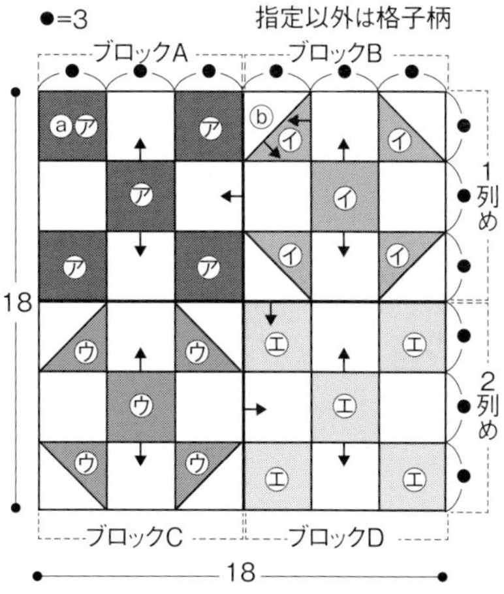

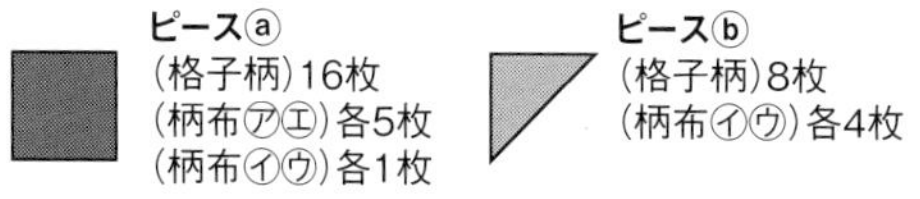

＊すべて0.7cmの縫い代をつけて裁つ

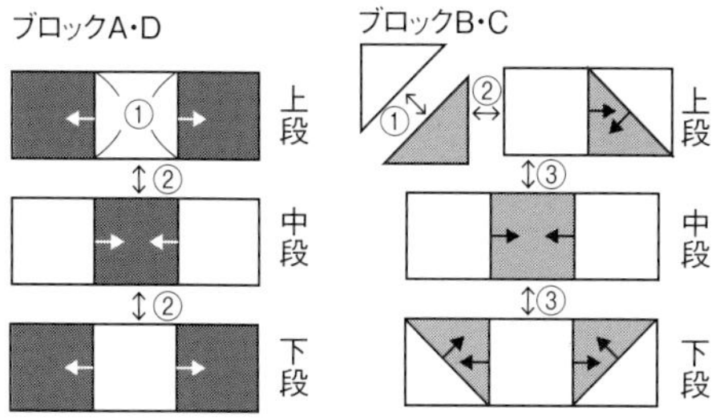

作り方
1 ブロックAの左右に隣り合うピースⓐを縫い合わせて、上・中・下段を作る。縫い代は色の濃い布側に倒す。次に上・中・下段を縫い合わせ、縫い代は上段側、下段側に倒す。同様にブロックDを作る。

2 ブロックB・Cは、ピースⓑの格子柄と柄布㋑（または㋒）を縫い合わせた小ブロックを4組作り、縫い代は色の濃い布側に倒す。**1**と同様にブロックB・Cを作る。

3 隣り合うブロックを縫い合わせ、1列めと2列めを作る。縫い代はブロックA側、D側に倒す。
4 1列めと2列めを縫い合わせ、縫い代は2列め（下）側に倒す。

作品9ページ　ブーケ

型紙B面

●出来上がり寸法
19.4×19.4㎝(縫い代込み)

材料
木綿地
柄布㋐…適宜(ピースⓐ、ⓐ′、ⓒ、ⓕ、ⓕ′)
柄布㋑…適宜(ピースⓑ)
柄布㋒〜㋗…各適宜(ピースⓓ)
柄布㋘…適宜(ピースⓔ、ⓔ′)

作り方のポイント
はめ込み縫いは50ページ3を参照。

作り方
1 ピースⓐ、ⓐ′とピースⓑを番号順に縫い合わせ、小ブロックaを3組作る。縫い代は矢印の方向に倒す(以下同様にする)。
2 ピースⓑとⓒ2枚を番号順に縫い合わせ、小ブロックbを2組作る。
3 ピースⓓの柄布㋒〜㋕を外側の印から中心側の端まで番号順に縫い、モチーフの上半分を作る(①②)。

寸法図

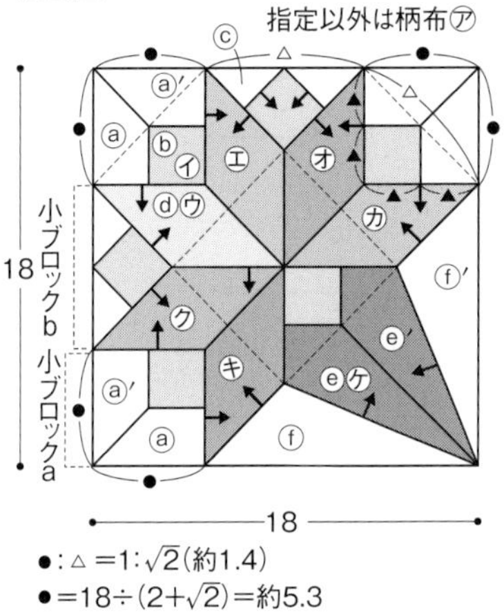

●:△=1:$\sqrt{2}$(約1.4)
●=18÷(2+$\sqrt{2}$)=約5.3

＊すべて0.7㎝の縫い代をつけて裁つ
＊ピースⓐ′はピースⓐ、ピースⓔ′はピースⓔ、ピースⓕ′はピースⓕの型紙を裏返して使用する

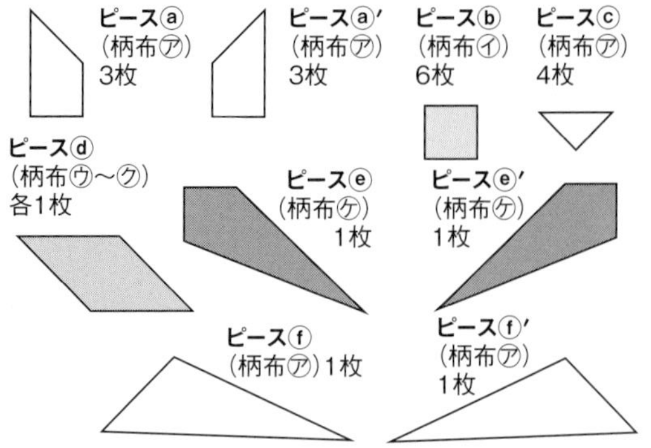

4 同じ要領でピースⓓの柄布㋖と㋗、ピースⓔとⓔ′、ピースⓑを番号順に縫い合わせ、モチーフの下半分を作り(③〜⑥)、3と縫い合わせる(⑦)。
5 4に小ブロックbを縫い合わせてから(❶)、小ブロックaを縫い合わせ(❷)、最後にⓕとⓕ′を縫い合わせる(❸)。

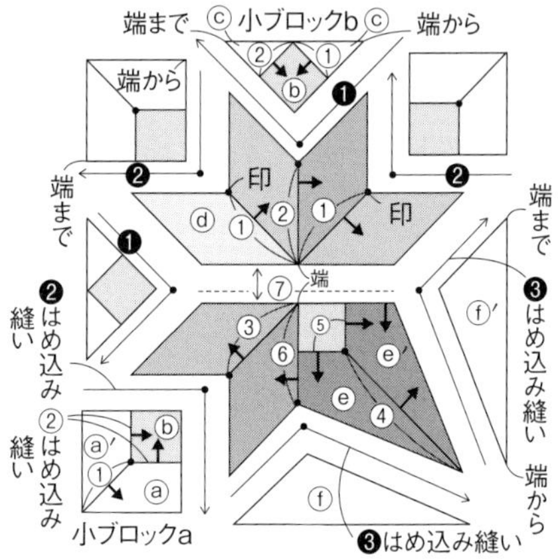

作品10ページ　煙突掃除人

型紙B面

●出来上がり寸法
19.4×19.4㎝(縫い代込み)

材料
木綿地
柄布㋐…22×26㎝(ピースⓑ、ⓓ)
柄布㋑…25×17㎝(ピースⓐ、ⓑ、ⓒ、ⓓ)

作り方
1 ピースⓐとⓑの柄布㋐を縫い合わせ、次にピースⓒを2枚縫い合わせる。縫い代はピースⓑ側に倒す。4組作る。
2 ピースⓓの柄布㋐にピースⓒ2枚を縫い合わせ、縫い代はピースⓓ側に倒す。
3 ブロックAは1と2を縫い合わせる。ブロックBは1とピースⓓの柄布㋐を縫い合わせる。縫い代はピースⓓ側に倒す。

寸法図

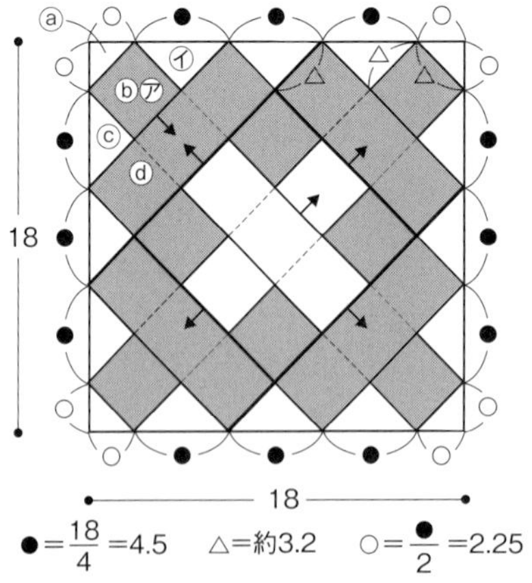

●=$\frac{18}{4}$=4.5　△=約3.2　○=$\frac{●}{2}$=2.25

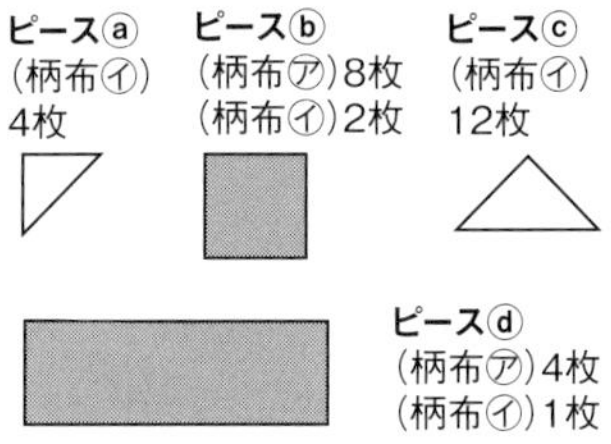

＊すべて0.7㎝の縫い代をつけて裁つ

4 ピースⓑの柄布㋐と㋑、ピースⓓの柄布㋑を番号順に縫い合わせてブロックCを作る。縫い代は矢印の方向に倒す。
5 ブロックA〜Cを❶❷の順に縫い合わせ、縫い代はブロックA・B側に倒す。

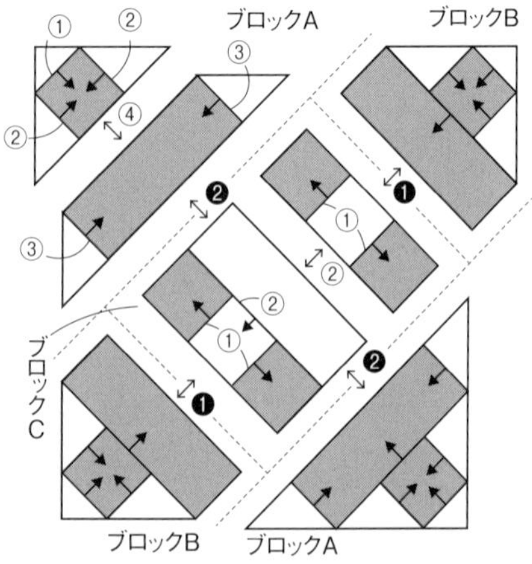

作品10ページ

糸巻き

型紙B面

●出来上がり寸法
19.4×19.4㎝(縫い代込み)

材料

木綿地
柄布㋐…16×21㎝(ピースⓐ)
柄布㋑〜㋔…各適宜(ピースⓑ)
柄布㋕〜㋘…各適宜(ピースⓐ)

作り方のポイント

はめ込み縫いは50ページ**3**を参照。

作り方

1 ピースⓐの柄布㋕〜㋘とピースⓑの柄布㋑〜㋔をそれぞれ縫い合わせ(①)、縫い代はピースⓑ側に倒す。次にピースⓐの柄布㋐をはめ込み縫いし(②)、ブロックA〜Dを作る。縫い代は矢印の方向(モチーフ布側)に倒す。

寸法図

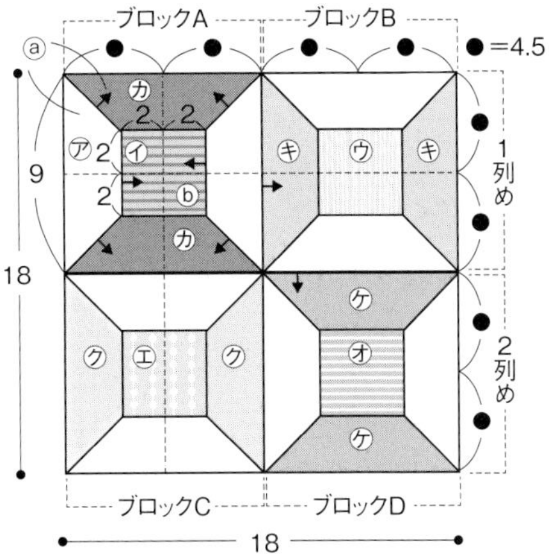

2 左右に隣り合うブロックを縫い合わせ(③)、1列めと2列めを作る。縫い代は矢印の方向(モチーフ布側)に倒す。

3 1列めと2列めを縫い合わせ(④)、縫い代は2列め側に倒す。

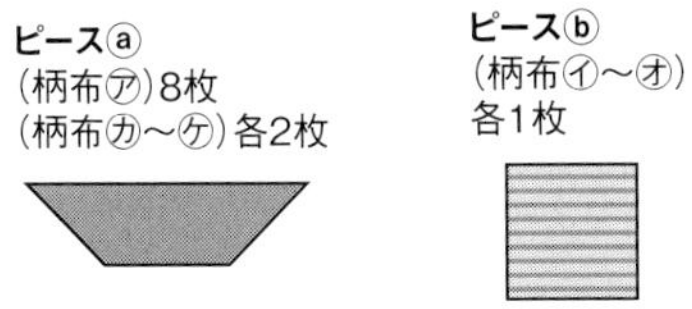

*すべて0.7㎝の縫い代をつけて裁つ

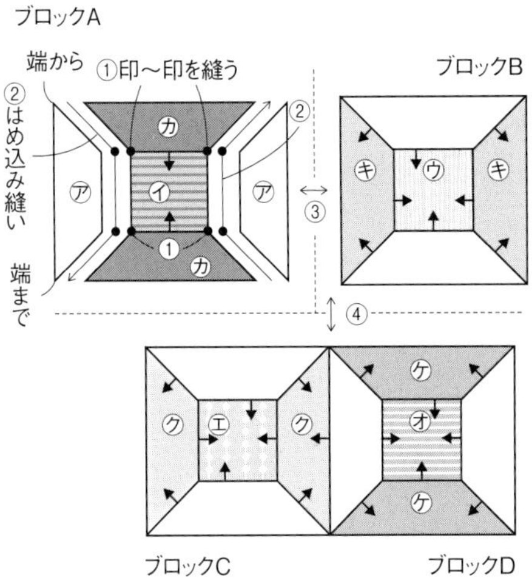

作品11ページ

アルバムスター

型紙B面

●出来上がり寸法
19.4×19.4㎝(縫い代込み)

材料

木綿地
柄布㋐…適宜(ピースⓐ、ⓓ)
柄布㋑〜㋓…各適宜(ピースⓒ)
柄布㋔、㋗…各適宜(ピースⓑ、ⓑ′)
柄布㋕…適宜(ピースⓑ′)
柄布㋖、㋘…各適宜(ピースⓑ)
25番刺しゅう糸　青…適宜

作り方

1 ピースⓐ、ⓑ、ⓑ′を縫い合わせて小ブロックaを4組、ピースⓒの柄布㋑、㋒、㋓を縫い合わせて小ブロックbを作る。縫い代は矢印の方向に倒す(以下同様にする)。

寸法図

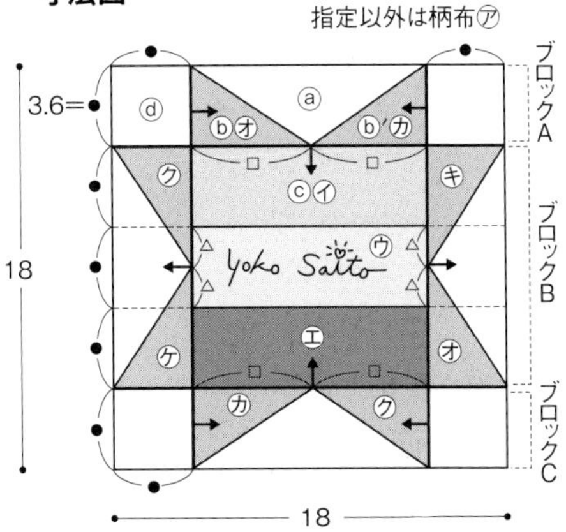

2 左右に隣り合うピースⓓと小ブロックa、小ブロックaとbを縫い合わせてブロックA〜Cを作り、縫い合わせる。

3 中央のピースⓒに刺しゅう糸2本どりで、自由に刺しゅうをする。

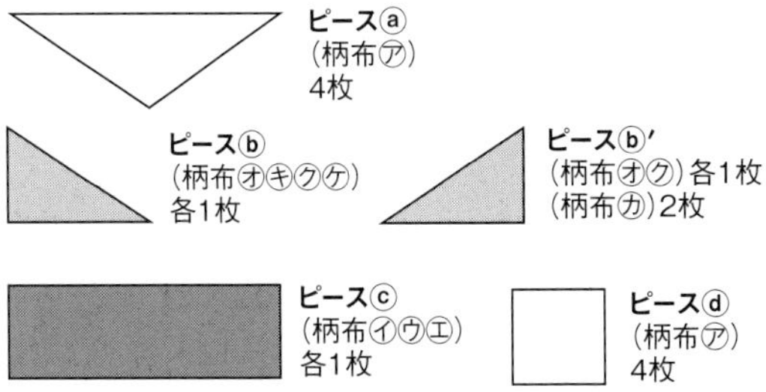

*すべて0.7㎝の縫い代をつけて裁つ
*ピースⓑ′はピースⓑの型紙を裏返して使用する

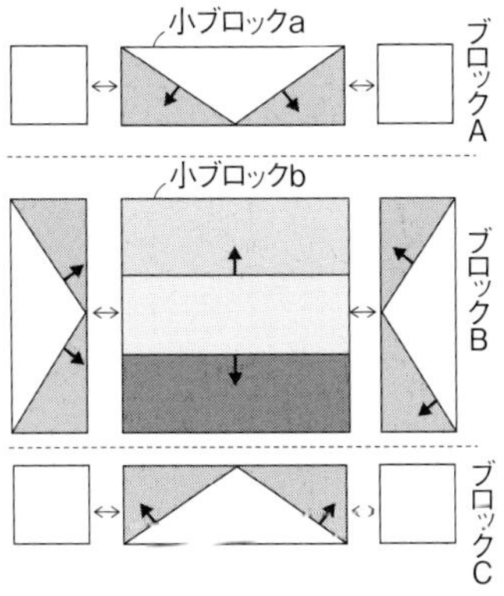

作品12ページ

ヤコブのはしご

型紙A面

●出来上がり寸法
19.4×19.4cm（縫い代込み）

材料

木綿地
柄布㋐…25×16cm（ピースⓐ、ⓑ）
柄布㋑…適宜（ピースⓑ）
柄布㋒、㋓…各適宜（ピースⓐ）

作り方

1 ピースⓐの柄布㋐と㋓（または㋒）、柄布㋓と㋒をそれぞれ番号順に縫い合わせ、小ブロックaを5組作る。縫い代は矢印の方向に倒す（以下同様にする）。
2 ピースⓑの柄布㋐と㋑を縫い合わせ、小ブロックbを4組作る。
3 左右に隣り合う小ブロックa、bを縫い合わせ、ブロックA～Cを作る。
4 ブロックA～Cを縫い合わせる。

寸法図

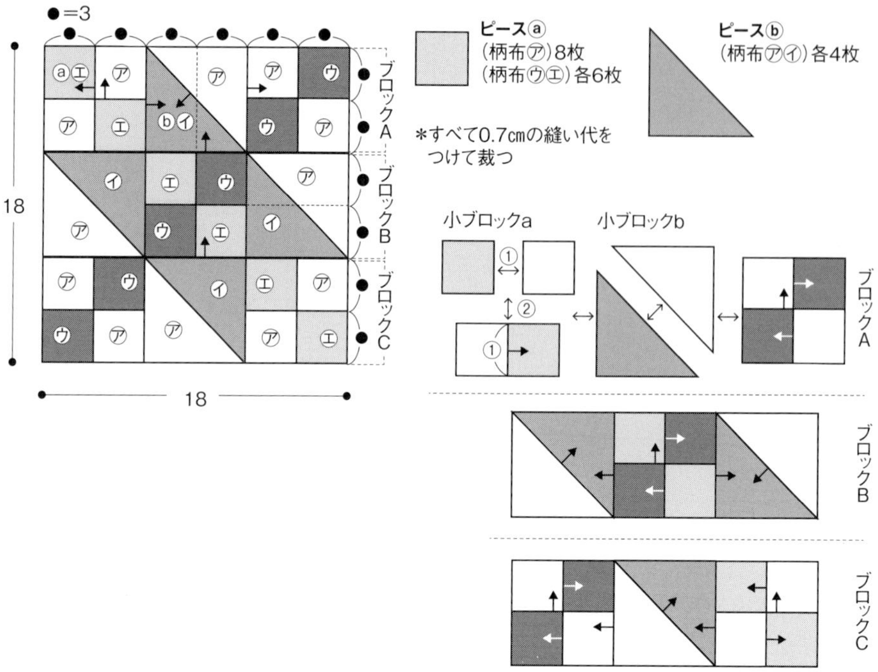

作品13ページ

カレイドスコープ

型紙B面

●出来上がり寸法
19.4×19.4cm（縫い代込み）

材料

木綿地
柄布㋐、㋒、㋓、㋕、㋖、㋗、㋘、㋙、㋚…各適宜（ピースⓐ、ⓑ）
柄布㋑、㋔…各適宜（ピースⓐ）
柄布㋛、㋜、㋝、㋞、㋟、㋠、㋡…各適宜（ピースⓑ）

作り方

1 ピースⓐとⓑ2枚を番号順に縫い（①②）、小ブロックを16組作る。縫い代は矢印の方向に倒す（以下同様にする）。
2 小ブロック4組を番号順に縫い合わせ（③～⑤）、ブロックA～Dを作る。
3 左右に隣り合うブロックAとB、CとDを縫い合わせ、次に1列めと2列めを縫い合わせる。

寸法図

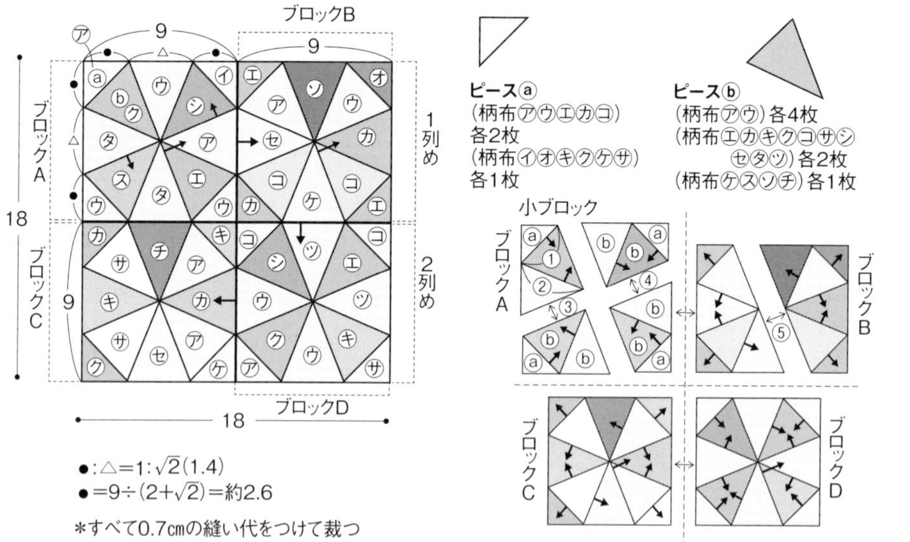

作品14ページ

ログキャビン

型紙B面

●出来上がり寸法
19.4×19.4cm（縫い代込み）

材料

木綿地
柄布㋐…適宜（ピースⓐ）
柄布㋑…適宜（ピースⓑ）
柄布㋒、㋓…各適宜（ピースⓒ）
柄布㋔、㋕…各適宜（ピースⓓ）
柄布㋖、㋗…各適宜（ピースⓔ）
柄布㋘、㋙…各適宜（ピースⓕ）
柄布㋚、㋛…各適宜（ピースⓖ）
柄布㋜、㋝…各適宜（ピースⓗ）
柄布㋞、㋟…各適宜（ピースⓘ）
柄布㋠…適宜（ピースⓙ）

寸法図

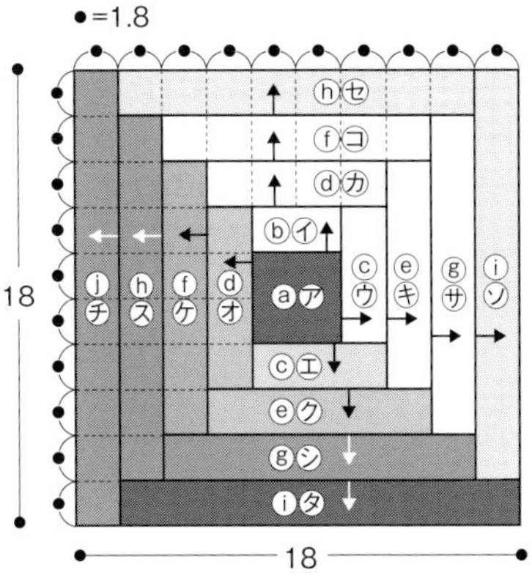

＊すべて0.7cmの縫い代をつけて裁つ

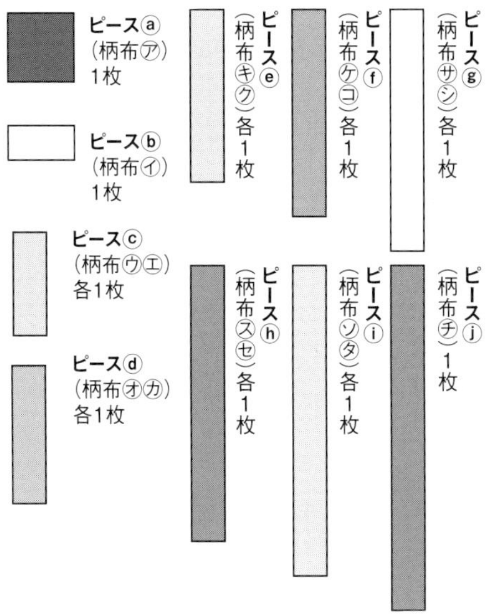

作り方

1 ピースⓐとⓑを縫い、縫い代はピースⓑ側に倒す。

2 1とピースⓒの柄布㋒を縫い合わせ、縫い代はピースⓒ側に倒す。

3 同様にして時計回りにピースⓒ〜ⓙを縫い合わせ、縫い代は外側に倒す。

作品14ページ

パイナップル

型紙B面

●出来上がり寸法
19.4×19.4cm（縫い代込み）

材料

木綿地
柄布㋐…適宜（ピースⓐ、ⓔ、ⓕ、ⓖ）
柄布㋑…適宜（ピースⓑ、ⓒ、ⓓ、ⓔ）
柄布㋒…適宜（ピースⓒ、ⓔ）
柄布㋓、㋕…各適宜（ピースⓒ、ⓓ）
柄布㋔…適宜（ピースⓒ、ⓖ）
柄布㋖…適宜（ピースⓓ、ⓔ）
柄布㋗…適宜（ピースⓓ、ⓕ）
柄布㋘…適宜（ピースⓔ、ⓕ）
柄布㋙…適宜（ピースⓕ、ⓖ）
柄布㋚…適宜（ピースⓖ）

寸法図

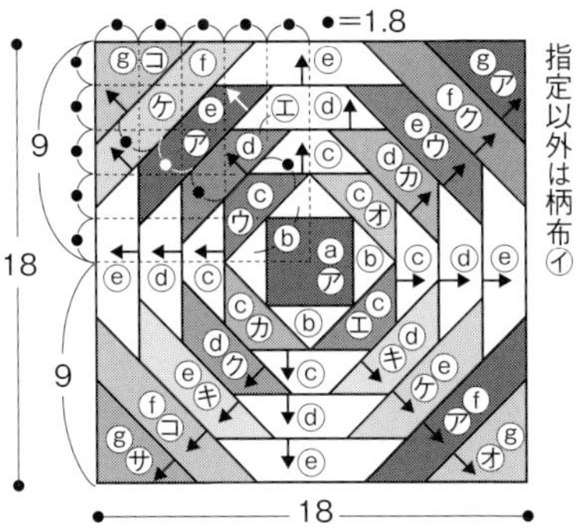

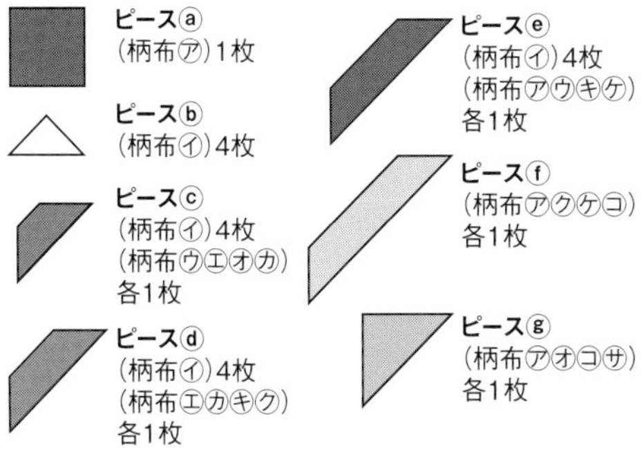

＊すべて0.7cmの縫い代をつけて裁つ

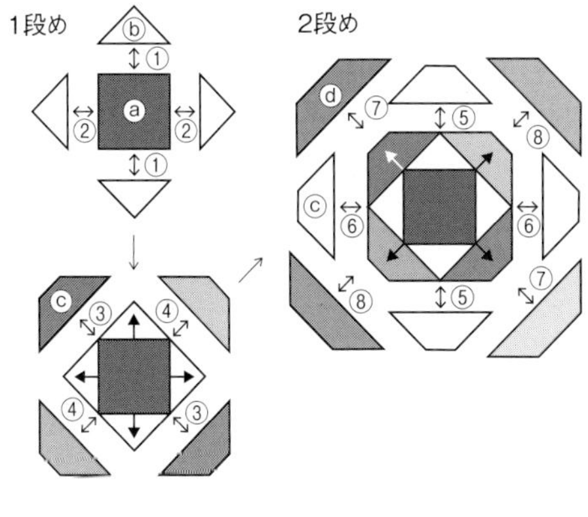

作り方

1 ピースⓐとⓑを番号順に縫い、次にピースⓒの柄布㋒〜㋕を縫う。縫い代は外側に倒す（以下同様にする）。1段めが出来た。

2 同じ要領で2段めのピースⓒの柄布㋑を縫い、ピースⓓの柄布㋓、㋕、㋖、㋗を番号順に縫う。
※2段め以降は、1周分のピースをまとめて待ち針で打ってから縫うと効率的に縫うことができる。

3 2と同じ要領で3〜4段めを縫ったら、最後にピースⓖを縫い合わせる。

作品15ページ　ダブルアイリッシュチェーン

型紙B面

●出来上がり寸法
19.4×19.4㎝(縫い代込み)

材料
木綿地
柄布㋐…適宜(ピースⓐ、ⓑ、ⓒ、ⓓ)
柄布㋑…適宜(ピースⓐ、ⓔ)

作り方
1 右図を参照してピースⓐの柄布㋐と㋑、ピースⓑ、ⓒ、ⓓを縫い、1段め～4段めの細長い各ピースを作る。縫い代は矢印の方向に倒す。
2 ピースⓔを中心に、1～4段めまで番号順に縫い合わせる。1段めに縫い合わせた縫い代は中心側に、2段め以降の縫い代はすべて外側に倒す。

寸法図

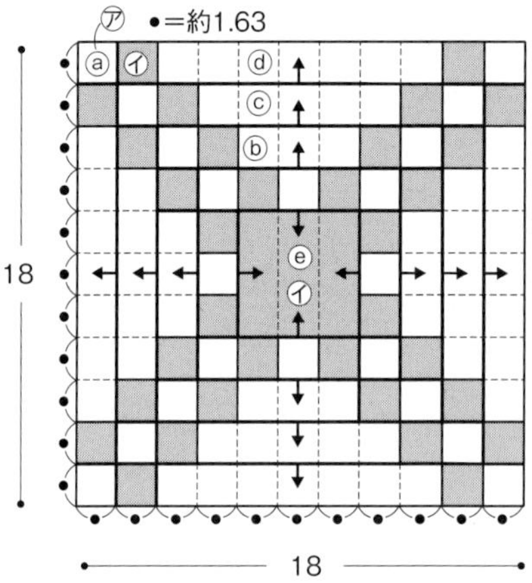

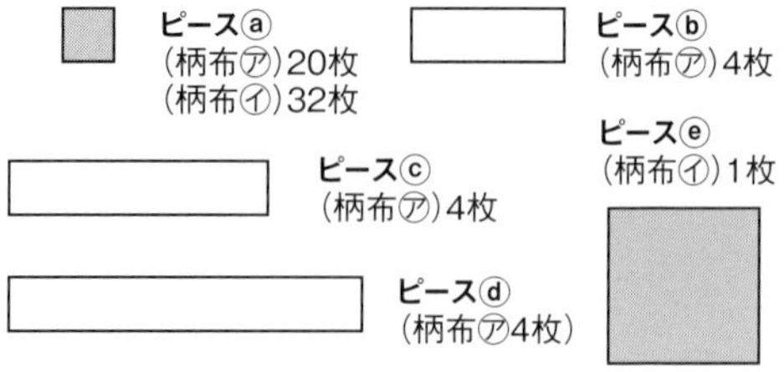

*すべて0.7㎝の縫い代をつけて裁つ

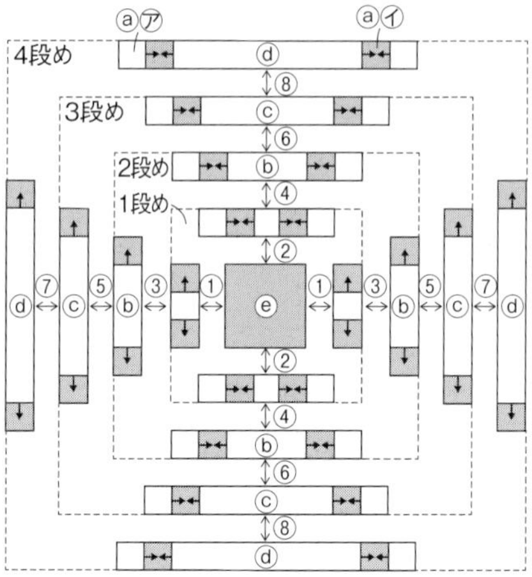

作品16ページ　イングリッシュアイビー

型紙A面

●出来上がり寸法
19.4×19.4㎝(縫い代込み)

材料
木綿地
柄布㋐…26×20㎝(ピースⓐ、ⓓ、ⓕ、ⓕ′)
柄布㋑…適宜(ピースⓑ、ⓒ)
柄布㋒…適宜(ピースⓐ)
柄布㋓…適宜(ピースⓐ、ⓔ)

作り方
1 ピースⓐの柄布㋐と㋒を縫い合わせ、縫い代は柄布㋒側に倒す(①)。9組作る。
2 1の向きを確認しながら1、ピースⓑ、ⓒ、ⓓを番号順に縫い合わせ(②～④)、ブロックA～Cを作る。縫い代は矢印の方向に倒す。
3 ブロックDはピースⓕ、ⓕ′とⓔを縫い合わせ、ピースⓐの柄布㋓を縫い合わせる。縫い代は柄布㋓側に倒す。

寸法図

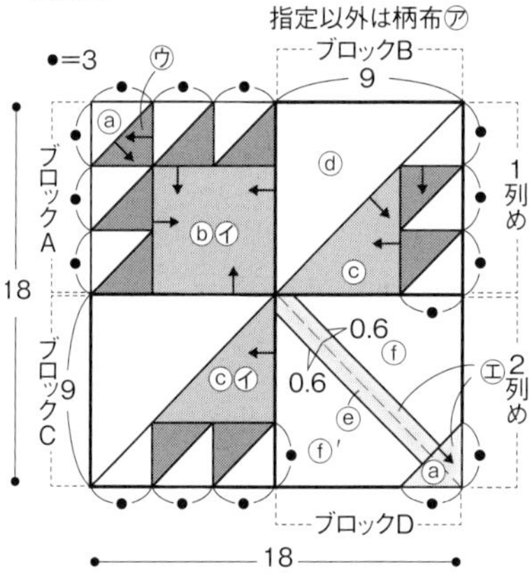

*すべて0.7㎝の縫い代をつけて裁つ
*ピースⓕ′はピースⓕの型紙を裏返して使用する

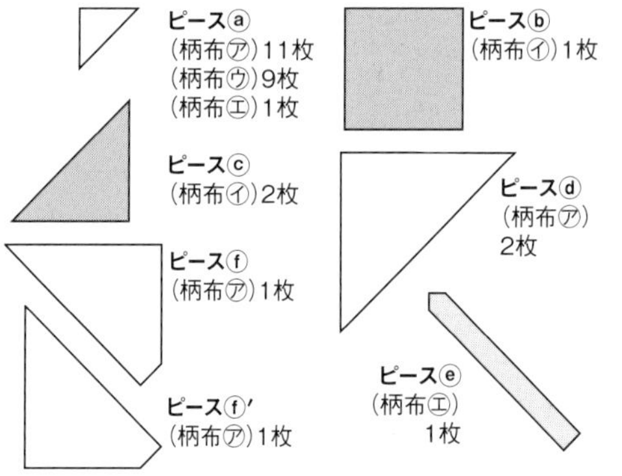

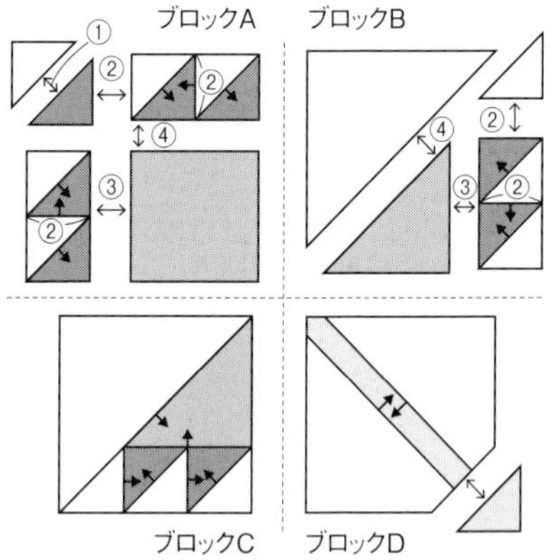

4 左右に隣り合うブロックAとBを縫い合わせ、縫い代はモチーフ布(左)側に倒す。同様にブロックCとDを縫い合わせる。
5 1列めと2列めを縫い合わせ、縫い代はモチーフ布(上)側に倒す。

作品17ページ　熊の足跡

型紙A面

●出来上がり寸法
19.4×19.4cm（縫い代込み）

材料

木綿地
- 柄布㋐…適宜（ピースⓐ、ⓑ、ⓓ）
- 柄布㋑…適宜（ピースⓐ）
- 柄布㋒…適宜（ピースⓒ）
- 柄布㋓…適宜（ピースⓑ）

作り方

1 ピースⓐの柄布㋐と㋑を縫い、縫い代は柄布㋑側に倒す（①）。16組作る。

2 **1**、ピースⓑ、ⓒを番号順に縫い合わせ、ブロックを4組作る。縫い代は矢印の方向に倒す（②〜④）。

3 ブロックの向きを確認しながら左右に隣り合うブロックとピースⓓを縫い合わせ、1列めと3列めを作る。縫い代はブロック側に倒す。

4 2列めは隣り合うピースⓓとⓑの柄布㋓を縫い合わせ、縫い代はピースⓑ側に倒す。

5 1列め〜3列めを縫い合わせ、縫い代は1列め側、3列め側に倒す。

寸法図

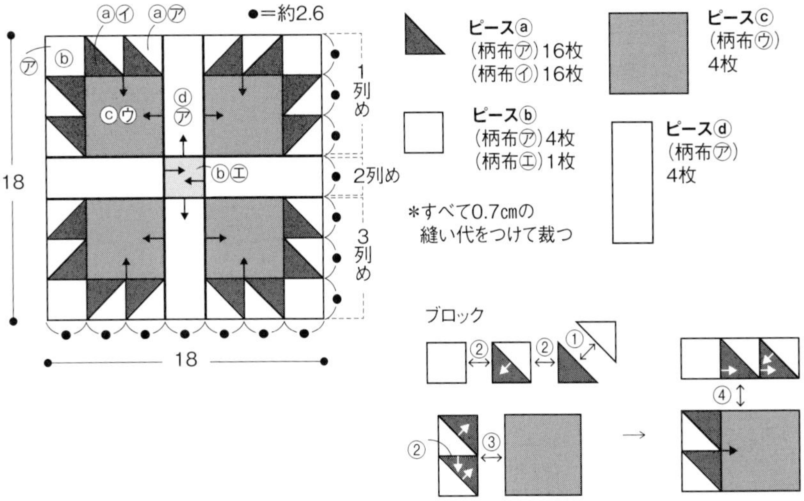

作品18ページ　おばあちゃんの扇

型紙B面

●出来上がり寸法
19.4×19.4cm（縫い代込み）

材料

木綿地
- 柄布㋐〜㋕…各適宜（ピースⓐ）
- 柄布㋖…7.4×7.4cm（ピースⓑ）
- 柄布㋗…19.4×19.4cm（ピースⓒ）

作り方のポイント

カーブの縫い方は53〜54ページ**3**を参照。

作り方

1 ピースⓐの柄布㋐〜㋕を縫い、扇状のブロックを作る。縫い代は矢印の方向に一方向に倒す。

2 **1**とピースⓑ、ⓒを縫い合わせる。縫い代は矢印の方向に倒す。

寸法図

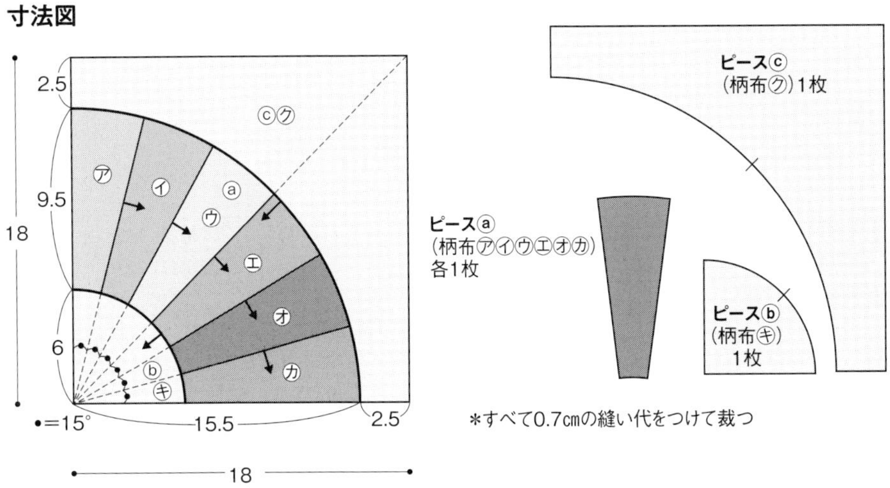

作品19ページ　生命の木

型紙B面

●出来上がり寸法
19.4×19.4㎝(縫い代込み)

材料

木綿地
柄布㋐…28×23㎝(ピースⓐ、ⓑ、ⓓ、ⓓ′、ⓕ、ⓖ、ⓗ)
柄布㋑〜㋓、㋕…各適宜(ピースⓐ)
柄布㋔…適宜(ピースⓐ、ⓖ)
柄布㋖…適宜(ピースⓒ、ⓔ)

寸法図

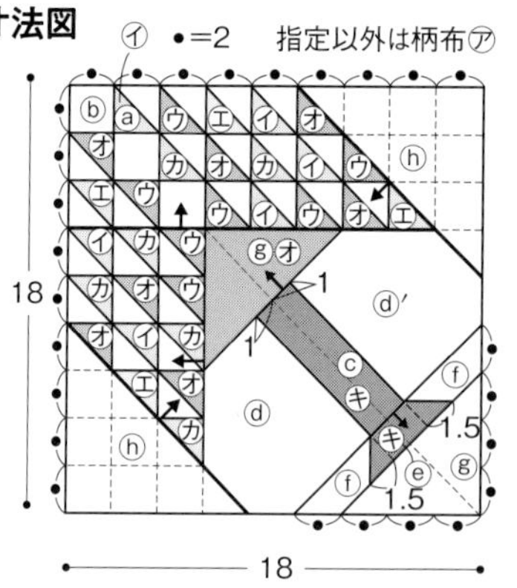

*すべて0.7㎝の縫い代をつけて裁つ
*ピースⓓ′はピースⓓの型紙を裏返して使用する

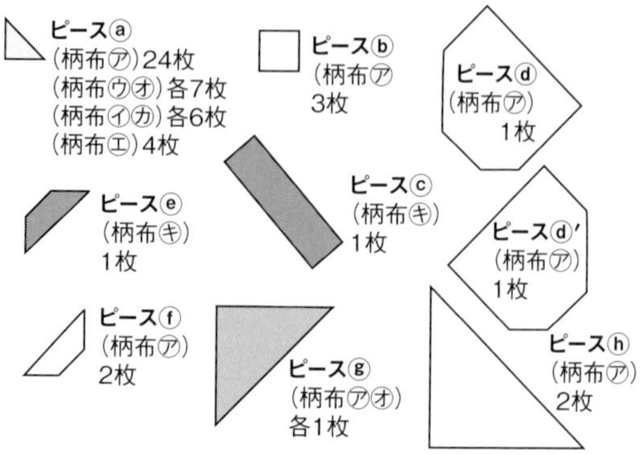

作り方

1 ピースⓐの柄布㋐と柄布㋑〜㋕の斜辺を縫い合わせ、縫い代は濃い色の布側に倒す。24組作る。

2 段ごとに隣り合うピースⓑと**1**を縫い、次に段を縫い合わせて小ブロックa、bを作る。縫い代は矢印の方向に倒す(以下同様にする・図1、2)。

3 破線で囲んだピースと小ブロックbを番号順に縫い合わせ、大ブロックを作る(図2①〜⑥)。

4 小ブロックa、大ブロック、ピースⓗを番号順に縫い合わせる(図2⑦⑧)。

図1

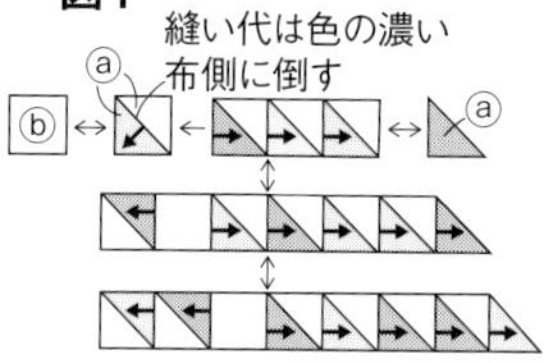

図2

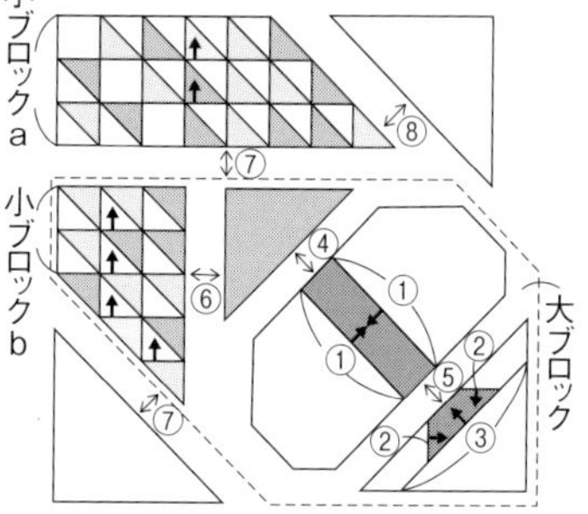

作品20ページ　友情の絆

型紙A面

●出来上がり寸法
19.4×19.4㎝(縫い代込み)

材料

木綿地
柄布㋐…適宜(ピースⓑ、ⓒ、ⓓ、ⓔ、ⓖ、ⓗ)
柄布㋑、㋒…各適宜(ピースⓐ、ⓐ′)
柄布㋓…適宜(ピースⓕ)

寸法図

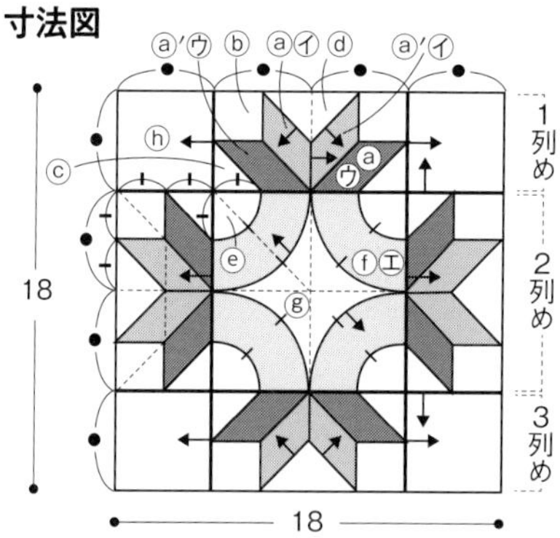

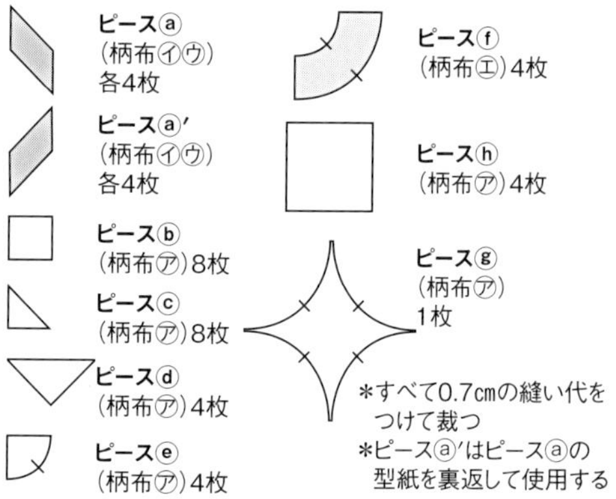

*すべて0.7㎝の縫い代をつけて裁つ
*ピースⓐ′はピースⓐの型紙を裏返して使用する

作り方のポイント

はめ込み縫いは50ページ**3**、カーブの縫い方は53〜54ページ**3**を参照。

作り方

1 ブロックAを番号順に縫い、縫い代は矢印の方向に倒す。ブロックAを4組作る。

2 ブロックBはまずピースⓔとⓕを縫い、縫い代をピースⓔ側に倒す。4組作る。同様にしてピースⓖと番号順に縫い、縫い代をピースⓕ側に倒す。

3 左右に隣り合うブロックAとピースⓗを縫い合わせ、縫い代はピースⓗ側に倒して1列めと3列めを作る。2列めはブロックAとBを縫い合わせ、縫い代はブロックA側に倒す。

4 1〜3列めを縫い合わせ、縫い代は1列め側と3列め側に倒す。

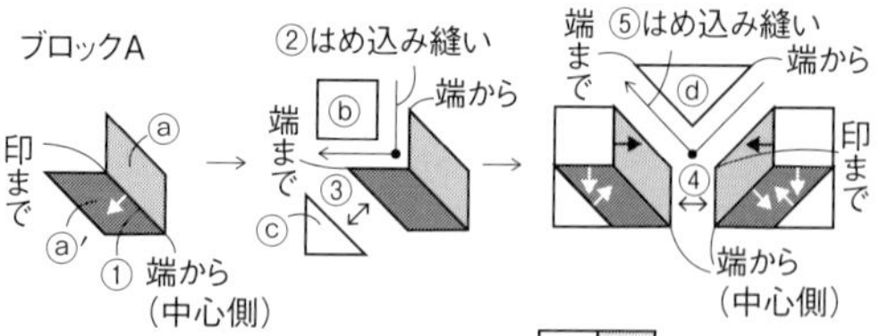

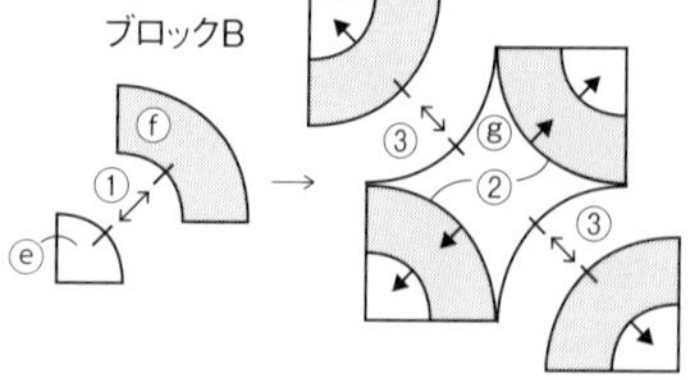

作品21ページ　オレンジピール

型紙B面

●出来上がり寸法
19.4×19.4cm（縫い代込み）

材料
木綿地
柄布㋐〜㋟…各適宜（ピースⓐ）
柄布㋠〜㋯…各適宜（ピースⓑ）

作り方のポイント
カーブの縫い方は53〜54ページ**3**を参照。

作り方
1 ピースⓐ2枚とⓑを縫い合わせた小ブロックを16組作る。縫い代は矢印の方向に倒す（以下同様にする・図1）。
2 小ブロック4枚を番号順に縫い合わせてブロックA〜Dを作る（図2）。
3 左右に隣り合うブロックAとB、CとDを縫い合わせ、1列めと2列めを縫い合わせる。

寸法図

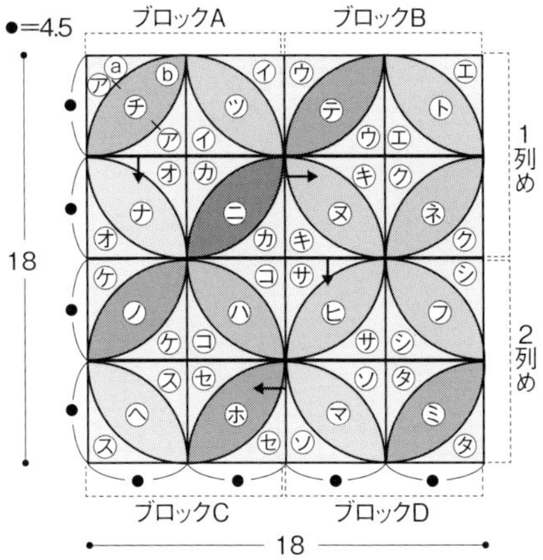

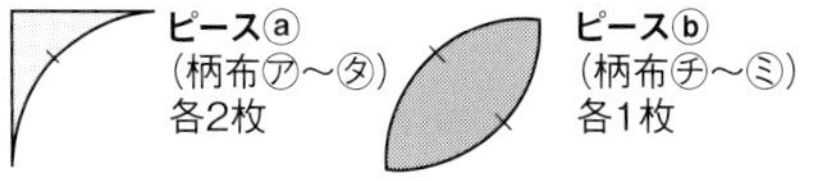

*すべて0.7cmの縫い代をつけて裁つ

図1

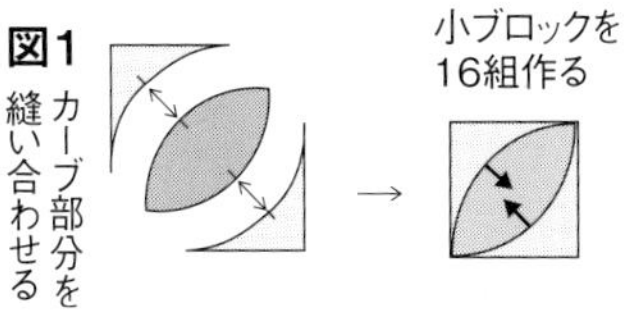

図2

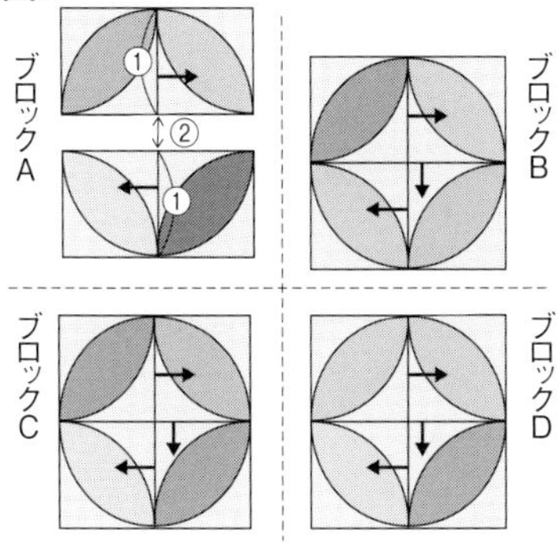

作品22ページ　みつばち

型紙B面

●出来上がり寸法
19.4×19.4cm（縫い代込み）

材料
木綿地
柄布㋐…21×18cm（ピースⓑ、ⓒ）
柄布㋑、㋒…各適宜（ピースⓐ）
柄布㋓…適宜（ピースⓓ）

作り方のポイント
アップリケのしかたは48ページ**3**-**2**〜**5**、図案の写しかたは52ページ**4**-**1**を参照。

作り方
1 中央のブロックの隣り合うピースⓐの柄布㋑、㋒を縫い、縫い代は色の濃い布側に倒す。1〜3列めを縫い、縫い代は矢印の方向に倒す（図1）。
2 **1**とピースⓑ、ⓒを番号順に縫い合わせ（図2）、縫い代はすべて**1**側に倒す。
3 **2**にアップリケ図案を写し、ピースⓓをアップリケする。

寸法図

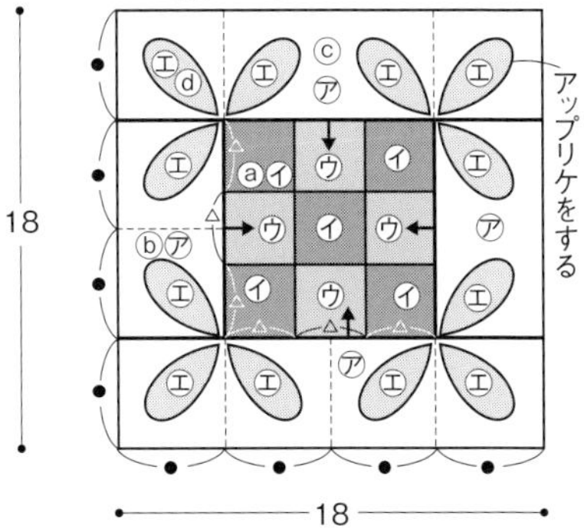

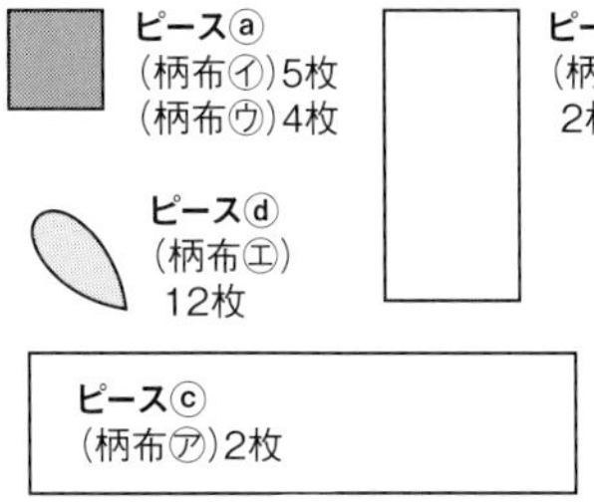

*ピースⓓは0.3cm、そのほかは0.7cmの縫い代をつけて裁つ

図1

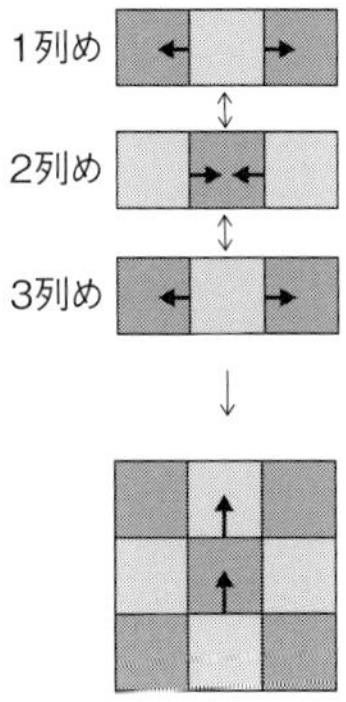

図2

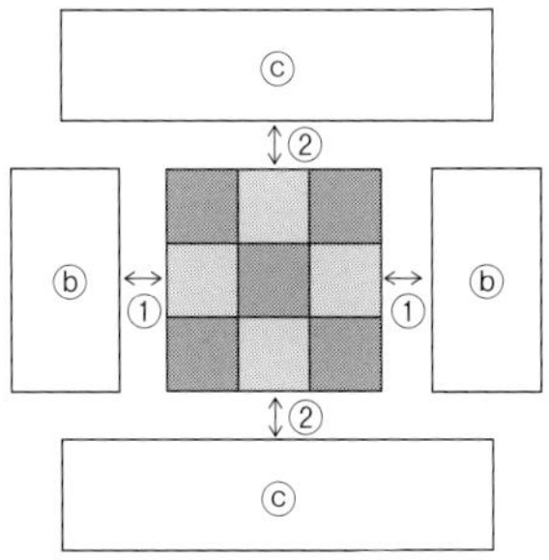

作品22ページ

ダブルウエディングリング

型紙B面

●出来上がり寸法
19.4×19.4cm(縫い代込み)

材料

木綿地
柄布㋐…22×22cm
(ピースⓓ、ⓔ、ⓕ)
柄布㋑、㋒…各適宜
(ピースⓐ、ⓑ、ⓒ)
柄布㋓…適宜(ピースⓐ、ⓑ、ⓑ′、ⓒ)
柄布㋔…適宜(ピースⓐ、ⓒ)
柄布㋕(ピースⓐ)
柄布㋖、㋗…各適宜
(ピースⓐ、ⓑ′、ⓒ)
柄布㋘…適宜(ピースⓑ、ⓑ′)
柄布㋙、㋚、㋝、㋟、㋢、㋣
…各適宜(ピースⓒ)
柄布㋛、㋠…各適宜
(ピースⓑ、ⓑ′、ⓒ)
柄布㋜、㋡…各適宜(ピースⓑ、ⓒ)
柄布㋞…適宜(ピースⓑ′、ⓒ)
柄布㋤…適宜(ピースⓑ′)

ピースの描き方

1 9cmの正方形の内側1.7cmの位置に線を描く(①)。A点からC点までの長さ(▲)を半径にした弧(②)と、A点からC′点までの長さ(△)を半径にした弧(③)を描く。
2 A点とB点を結んだ対角線を描き(④)、その対角線と半径▲の弧(②)の交点とC点を直線で結び(⑤)、3等分にしてA点と線で結ぶ(⑥)。
3 残りの弧の半分も同様に孤の交点とD点を直線で結び(⑦)、3等分にして線を描く(⑧)。
4 ②〜⑧と同様にB点を基点にした線を描く。

作り方のポイント

・柄布の配置は実物大型紙を参照。
・カーブの縫い方は53〜54ページ**3**を参照。

寸法図

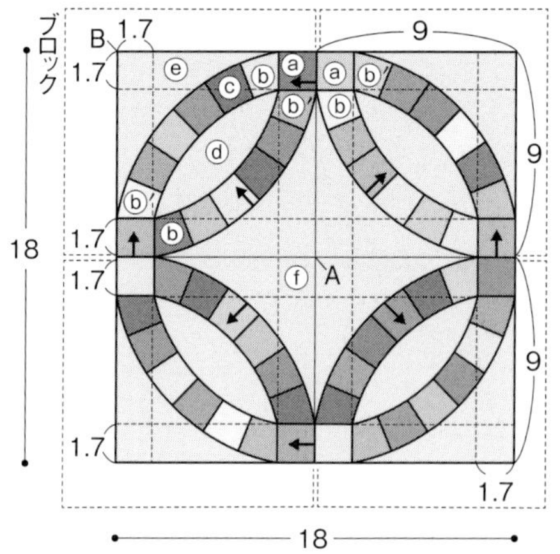

＊すべて0.7cmの縫い代をつけて裁つ
＊ピースⓑ′はピースⓑの型紙を裏返して使用する

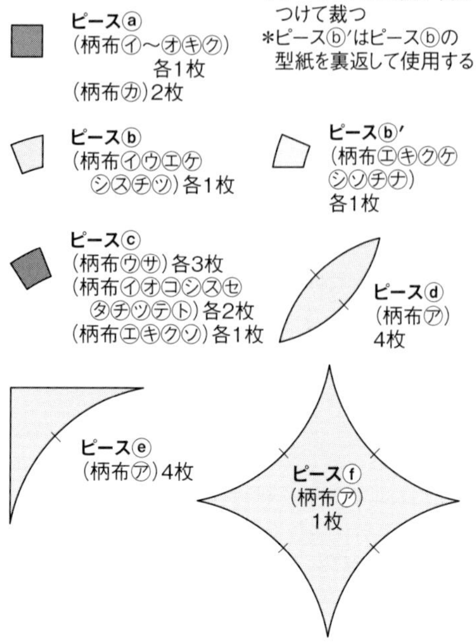

ピースの描き方

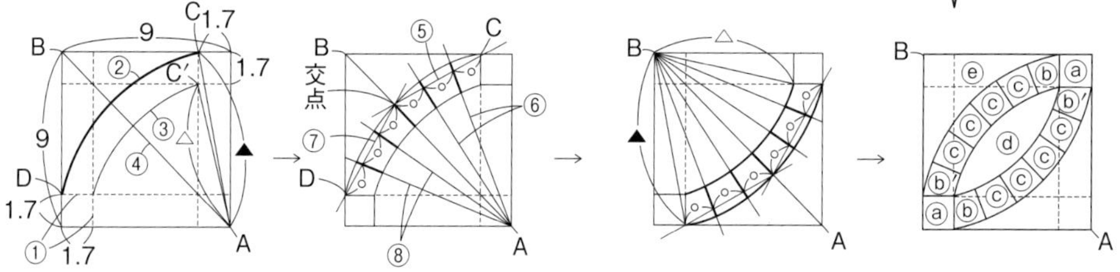

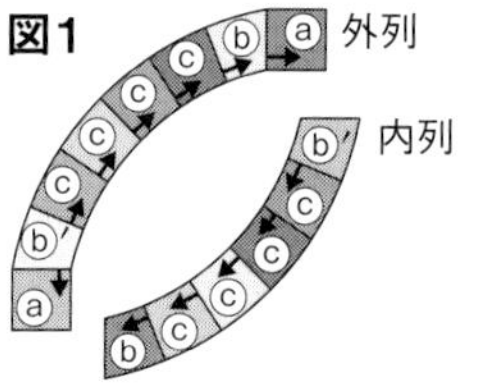

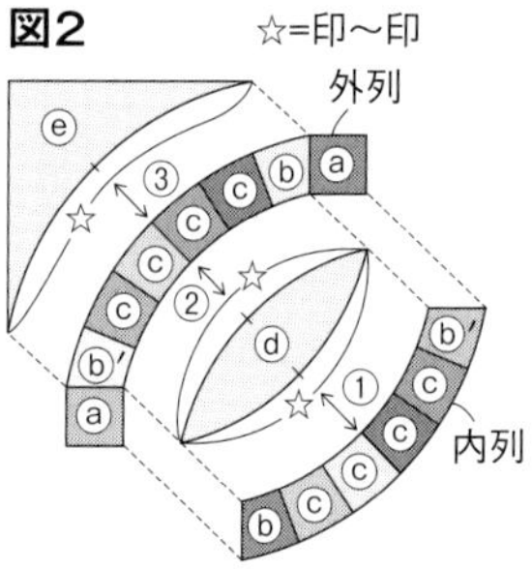

作り方

1 ピースⓐ、ⓑ、ⓑ′、ⓒを縫い合わせ、外列と内列を各4組作る。縫い代は矢印の方向に倒す(図1)。
2 外列、内列とピースⓓ、ⓔを番号順に縫い合わせ、ブロックを作る(図2)。縫い代は図3の矢印の方向に倒す。4組作る。
3 ピースⓕとブロックを番号順に縫い合わせ(図3)、縫い代は寸法図の矢印の方向に倒す。

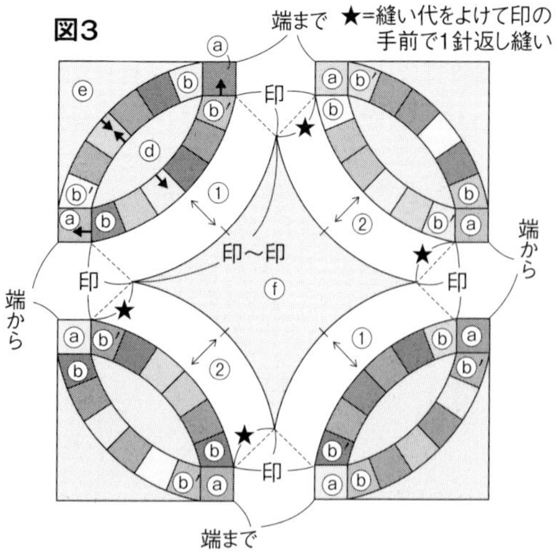

作品23ページ　サウザンドピラミッズ

型紙B面

●出来上がり寸法
19.4×19.4cm（縫い代込み）

材料
木綿地
柄布㋐、㋝、㋞…各適宜（ピースⓑ）
柄布㋑〜㋕、㋘〜㋜、㋟〜㋣、㋦〜㋩…各適宜（ピースⓐ）
柄布㋖、㋤、㋥…各適宜（ピースⓑ′）
柄布㋗…適宜（ピースⓑ、ⓑ′）

作り方
1 隣り合うピースⓐ、ⓑ、ⓑ′を番号順に縫い合わせ、ブロックA〜Dを作る。縫い代は列ごとに矢印の方向に一方向に倒す。
2 ブロックA〜Dを縫い合わせ、縫い代は上側に倒す。

寸法図

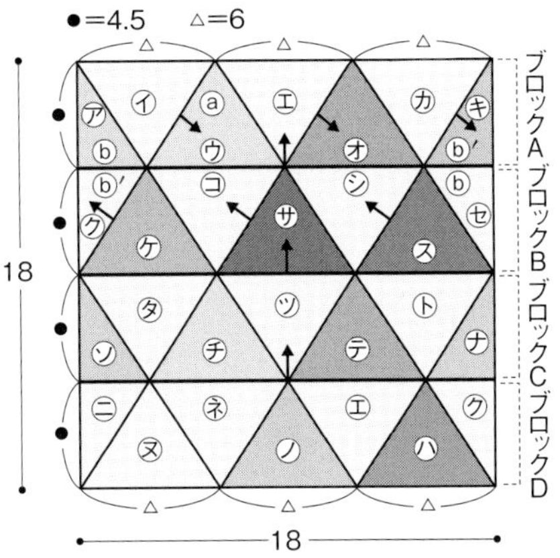

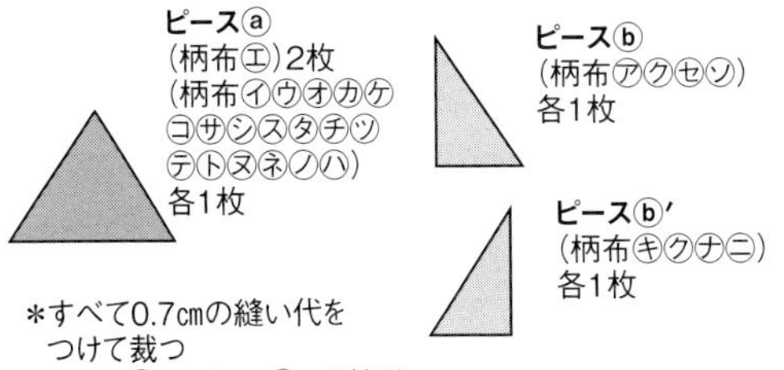

＊すべて0.7cmの縫い代をつけて裁つ
＊ピースⓑ′はピースⓑの型紙を裏返して使用する

番号順に縫い合わせる

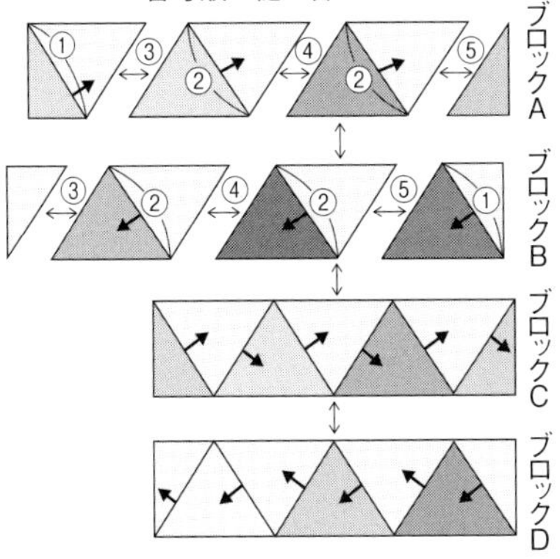

作品25ページ　海の嵐

型紙B面

●出来上がり寸法
19.4×19.4cm（縫い代込み）

材料
木綿地
柄布㋐…適宜（ピースⓑ、ⓔ、ⓔ′、ⓖ）
柄布㋑、㋒、㋔…各適宜（ピースⓐ、ⓒ）
柄布㋓、㋕、㋗、㋙…各適宜（ピースⓒ）
柄布㋖…適宜（ピースⓒ、ⓕ）
柄布㋘…適宜（ピースⓒ、ⓗ）
柄布㋚〜㋝…各適宜（ピースⓓ）
柄布㋞〜㋠…各適宜（ピースⓗ）

作り方
1 ピースⓐ、ⓑ、ⓒを番号順に縫い、小ブロックaを4組作る（図1）。縫い代は矢印の方向に倒す（以下同様にする）。
2 1と同様にピースⓕ、ⓖ、ⓗを縫い、小ブロックbを作る（図1）。
3 ピースⓓ、ⓔ、ⓔ′を番号順に縫い、小ブロックcを4組作る（図2）。
4 隣り合う小ブロックa、b、cを縫い合わせてブロックA〜Cを作り（図3）、次にブロックA〜Cを縫い合わせる。

寸法図

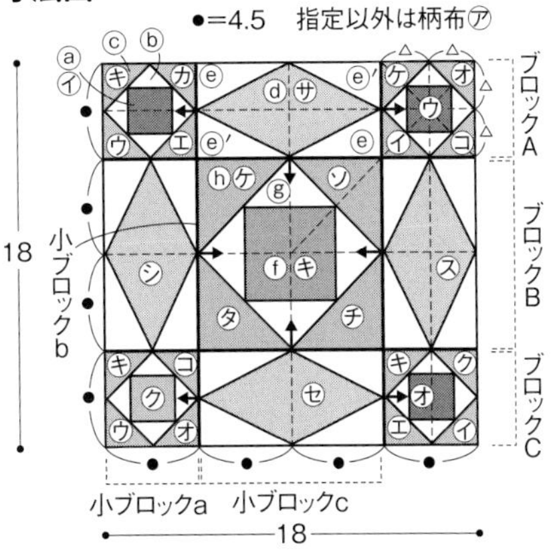

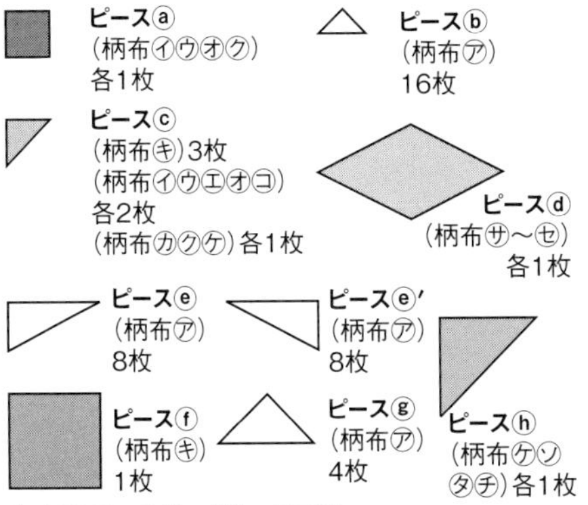

＊すべて0.7cmの縫い代をつけて裁つ
＊ピースⓔ′はピースⓔの型紙を裏返して使用する

図1
小ブロックa

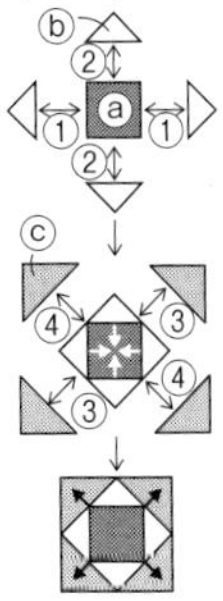

図2
小ブロックc

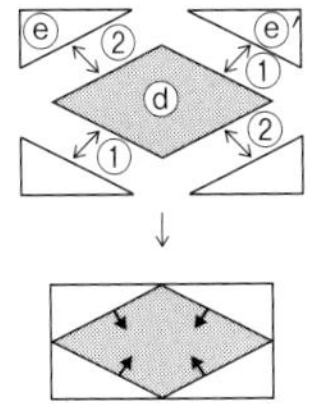

図3

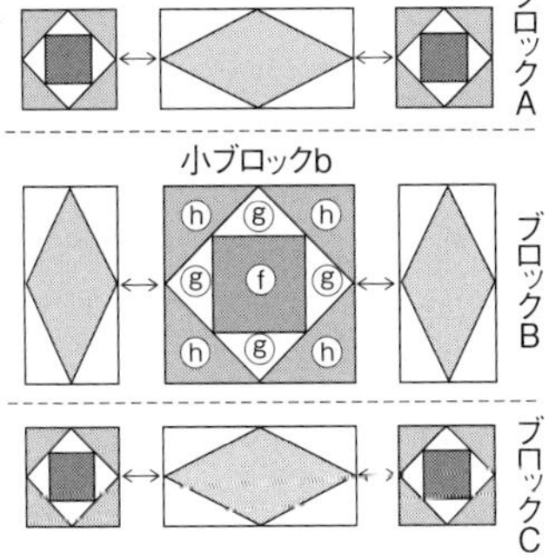

作品26ページ

4枚のタペストリー

パターンの作り方
ブーケ68ページ、イングリッシュアイビー72ページ、おばあちゃんの扇73ページ、生命の木74ページ

●出来上がり寸法
56.4×56.4cm

材料

木綿地
柄布㋐…75×45cm（ラティスA・B、ボーダー）
柄布㋑…67×67cm（裏布）
柄布㋒…55×45cm（バイアス布）
キルト綿…67×67cm
そのほかに、パターン4枚

作り方

1 58～59ページ❶～❷を参照し、左右に隣り合うパターンとラティスAを縫い合わせ、次に1列め、2列めとラティスBを縫い合わせる。縫い代はラティス側に倒す（図1）。
2 周囲にボーダーを番号順に縫い合わせ、キルトトップを作る。縫い代はボーダー側に倒す（図2）。
3 61ページ❹を参照し、キルティングラインを描く。パターンのモチーフ内は0.4cm内側、そのほかは寸法図を参照して描く。ボーダーは斜め1.5cm正方のキルティングライン、パターンの背景（モチーフ以外）は1.5cm正方のキルティングラインを描く。
4 62～63ページ❺～❻を参照し、キルトトップ、キルト綿、裏布を3層に重ねてしつけをかけ、キルティングをする。
5 **4**の外周りの上下、左右の順にバイアス布を中表に縫い、縫い代をくるんで裏布側に倒してたてまつりでまつる（図3）。

寸法図

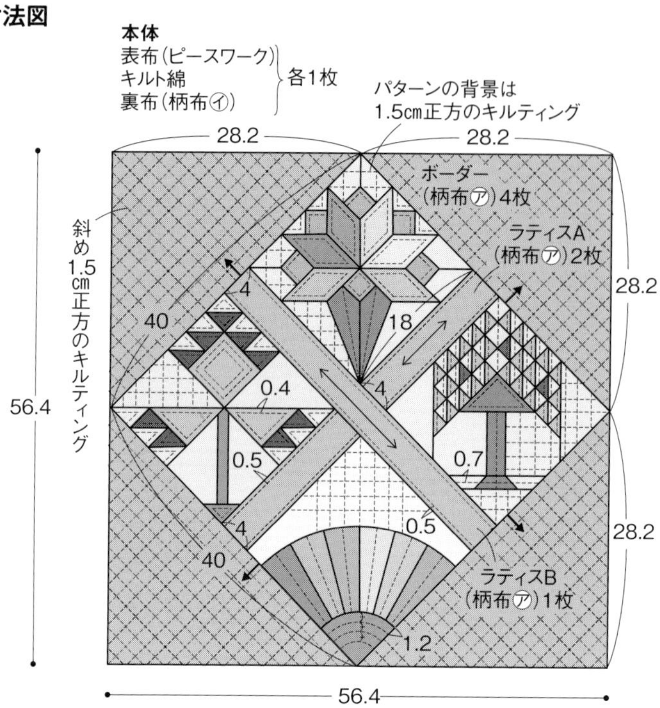

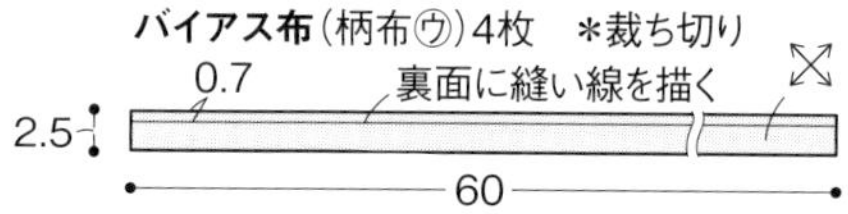

＊キルト綿・裏布は67×67cmに裁つ
＊バイアス布は裁ち切り
＊ボーダーの外周となる辺は1cm、そのほかは0.7cmの縫い代をつけて裁つ

図3

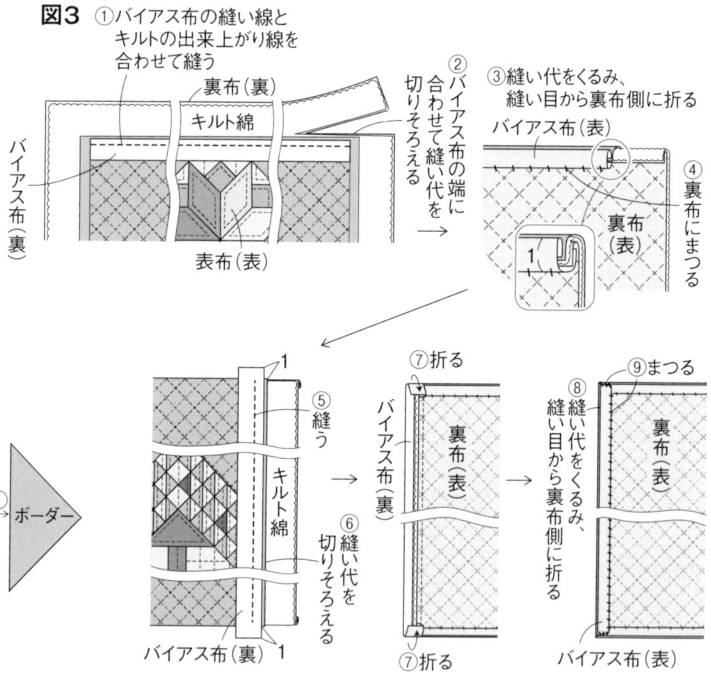

図1

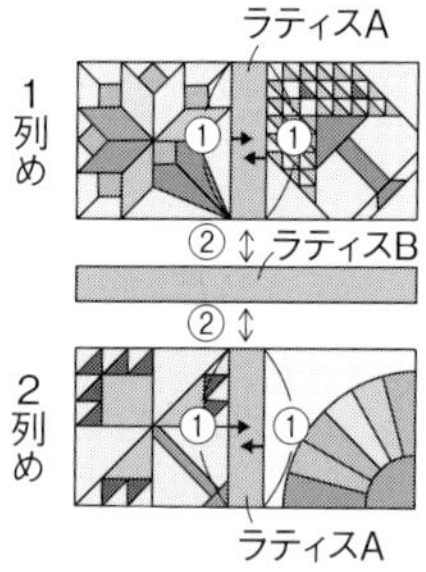

図2

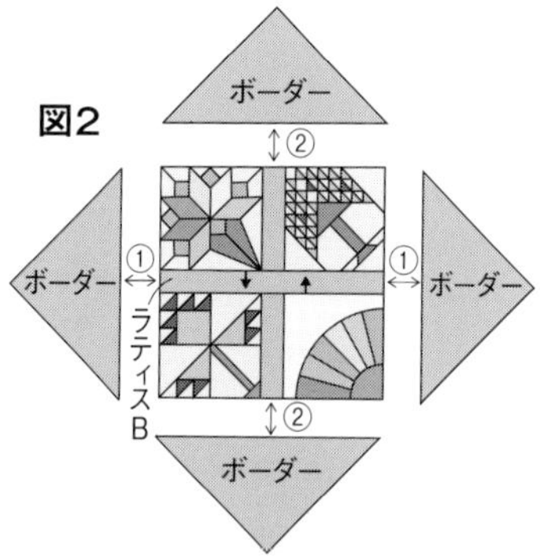

作品27ページ

9枚のタペストリー

パターンの作り方
ローマンストライプ65ページ、モンキーレンチ66ページ、三目並べ67ページ、煙突掃除人68ページ、糸巻き・アルバムスター69ページ、ヤコブのはしご70ページ、熊の足跡73ページ、みつばち75ページ

●出来上がり寸法
75.4×75.4cm

材料
木綿地
柄布㋐…35×64cm(ラティスA・B、ボーダーA)
柄布㋑…35×78cm(ボーダーB)
柄布㋒…84×84cm(裏布)
柄布㋓…63×58cm(バイアス布)
キルト綿…84×84cm
そのほかに、パターン9枚

作り方
1 58〜59ページ**1**〜**2**を参照し、左右に隣り合うパターンとラティスAを縫い合わせる。縫い代はラティス側に倒す(以下同様にする)。1〜3列めとラティスBを縫い合わせる(図1)。
2 ボーダーAとボーダーBを縫い、縫い代はボーダーA側に倒す。4組作る(図2①)。60ページ**3**を参照してボーダーを番号順に縫い、縫い代を矢印の方向に倒してキルトトップを作る(図2②③)。
3 61ページ**4**を参照し、キルティングラインを描く。パターンのモチーフ内は0.4cm内側、そのほかは寸法図を参照して描く。パターンの背景(モチーフ以外)は斜め1.5cm正方のキルティングラインを描く。ボーダーBは3.5cm正方、その中は柄に合わせてキルティングラインを描く。
4 62〜63ページ**5**〜**6**を参照し、キルトトップ、キルト綿、裏布を3層に重ねてしつけをかけ、キルティングをする。
5 63〜64ページ**7**を参照し、周りをバイアス布でくるむ。

寸法図

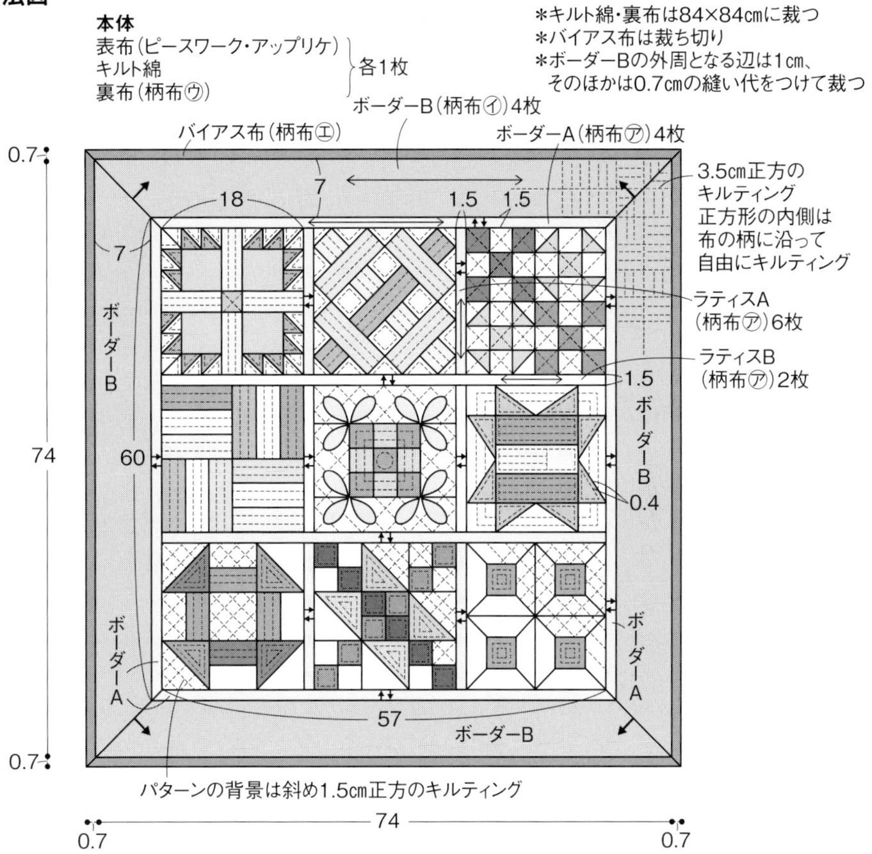

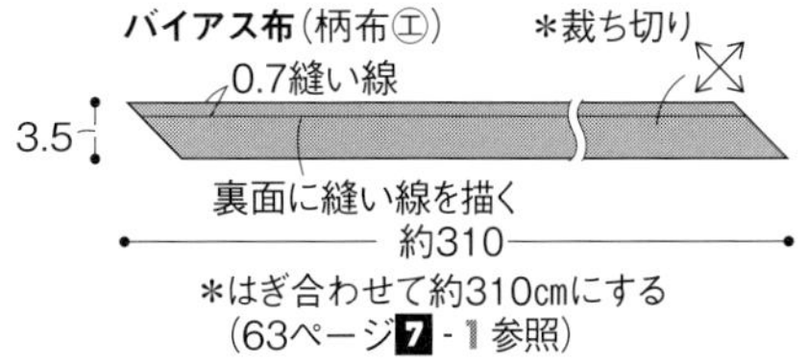

図1

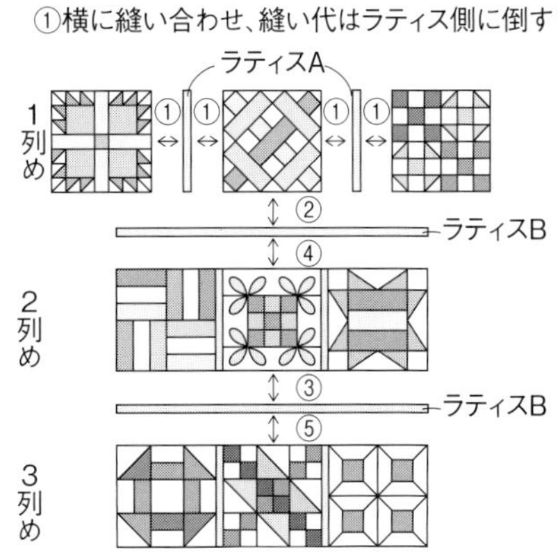

図2

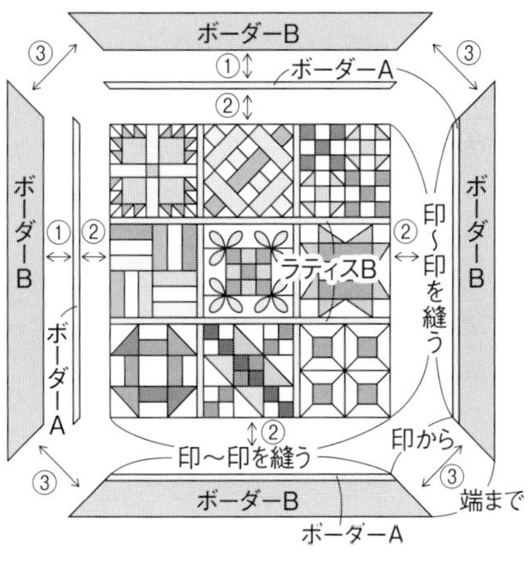

作品28ページ

12枚のタペストリー

パターンの作り方

モンキーレンチ66ページ、ブーケ68ページ、アルバムスター69ページ、カレイドスコープ70ページ、ダブルアイリッシュチェーン72ページ、おばあちゃんの扇73ページ、生命の木74ページ、オレンジピール・みつばち75ページ、ダブルウエディングリング76ページ、サウザンドピラミッズ・海の嵐77ページ

●出来上がり寸法

71.4×89.4cm

材料

木綿地

柄布㋐…39×74cm（ボーダーA・B）

柄布㋑…80×98cm（裏布）

柄布㋒…70×60cm（バイアス布）

キルト綿…80×98cm

そのほかに、パターン12枚

寸法図

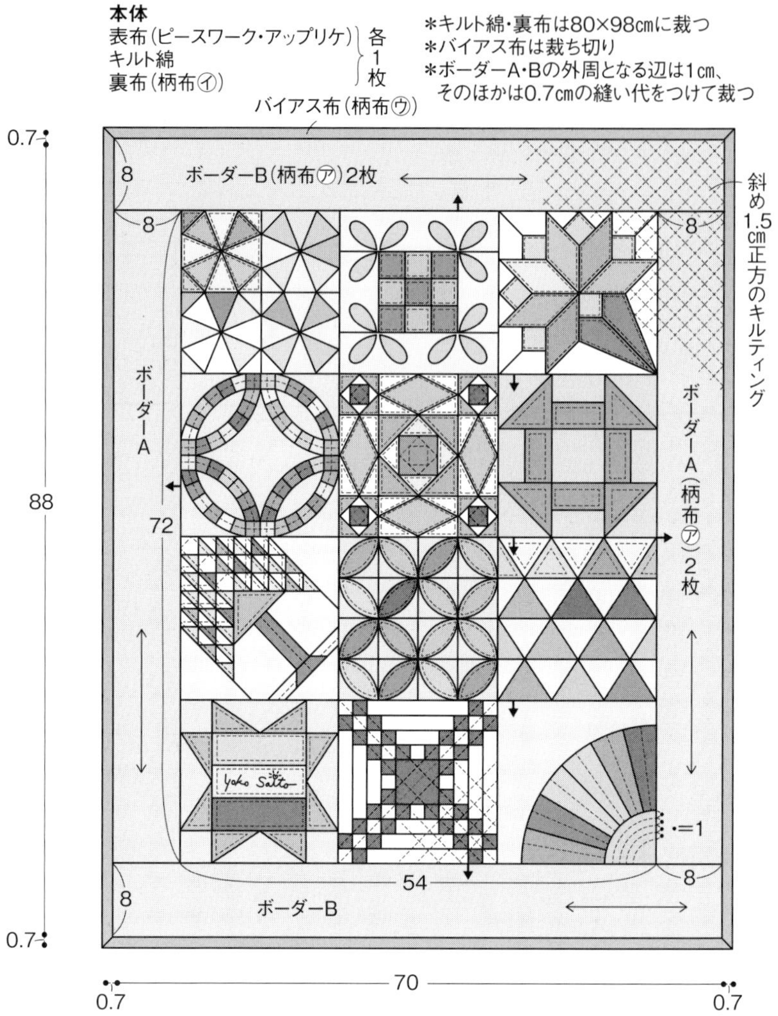

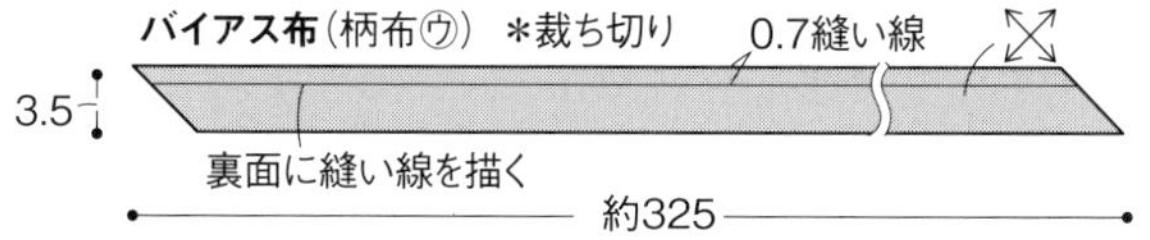

＊はぎ合わせて約325cmにする（63ページ❼-1参照）

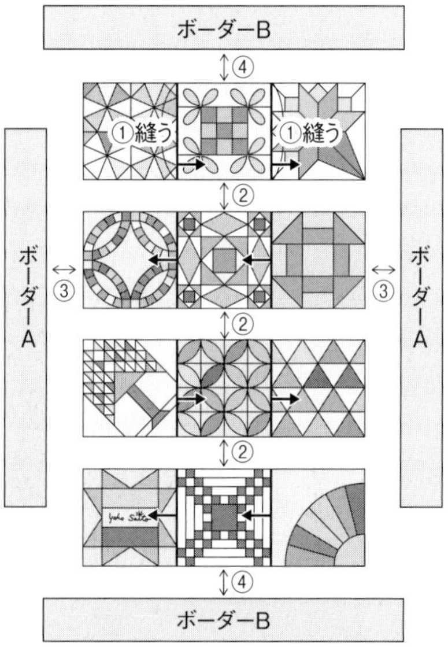

作り方

1 58～60ページ❶～❸を参照し、パターン、ボーダーA・Bを番号順に縫い合わせ、キルトトップを作る（①～④）。縫い代は矢印の方向に倒す。

2 61ページ❹を参照し、キルティングラインを描く。パターンのモチーフ内は0.4cm内側、そのほかは寸法図を参照して描く。パターンの背景（モチーフ以外）とボーダーは斜め1.5cm正方のキルティングラインを描く。

3 62～63ページ❺～❻を参照し、キルトトップ、キルト綿、裏布を3層に重ねてしつけをかけ、キルティングをする。

4 63～64ページ❼を参照し、周りをバイアス布でくるむ。

作品30ページ

鍋つかみ（ブーケ／生命の木）

型紙A面
パターンの作り方
ブーケ68ページ、生命の木74ページ

●出来上がり寸法（ループを除く）
19.4×19.4㎝

ブーケの材料

木綿地
柄布㋐…30×25㎝（ピースⓐ、ⓐ′、ⓒ、ⓕ、ⓕ′）
柄布㋑…20×10㎝（ピースⓑ）
柄布㋒…15×15㎝（ピースⓔ、ⓔ′）
柄布㋓～㋗…各15×10㎝（ピースⓓ）
柄布㋙…60×60㎝（バイアス布、ループ）
チェック…22×22㎝（裏布）
キルト綿…22×22㎝（本体）

生命の木の材料

木綿地
柄布㋐…40×30㎝（ピースⓐ、ⓑ、ⓓ、ⓓ′、ⓕ、ⓖ、ⓗ）
柄布㋑…30×15㎝（ピースⓐ）
柄布㋒…30×15㎝（ピースⓐ、ⓖ）
柄布㋓…15×5㎝（ピースⓐ）
柄布㋔…20×5㎝（ピースⓐ）
柄布㋕…15×10㎝（ピースⓒ、ⓔ）
柄布㋖…60×60㎝（バイアス布、ループ）
チェック…22×22㎝（裏布）
キルト綿…22×22㎝（本体）

作り方のポイント

生命の木の柄布の配置とキルティングラインは実物大型紙を参照。

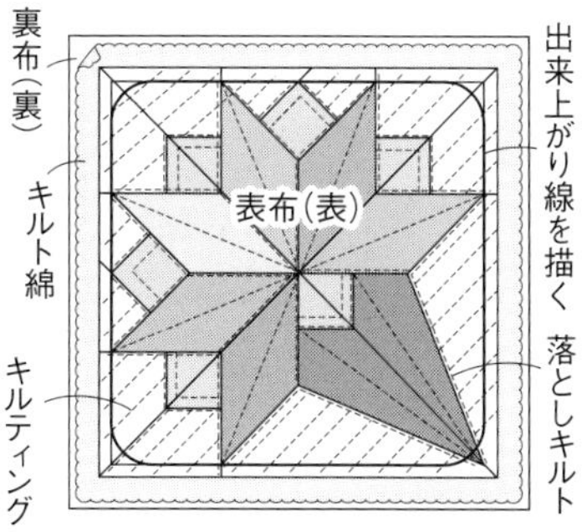

1 ピースワークをしてブーケ、生命の木のパターンを作り、表面の周囲に出来上がり線を描く。角はカーブに描く。次に61～63ページ❹～❻を参照し、フープのかわりに文鎮で押さえてキルティング、落としキルトをする。

寸法図

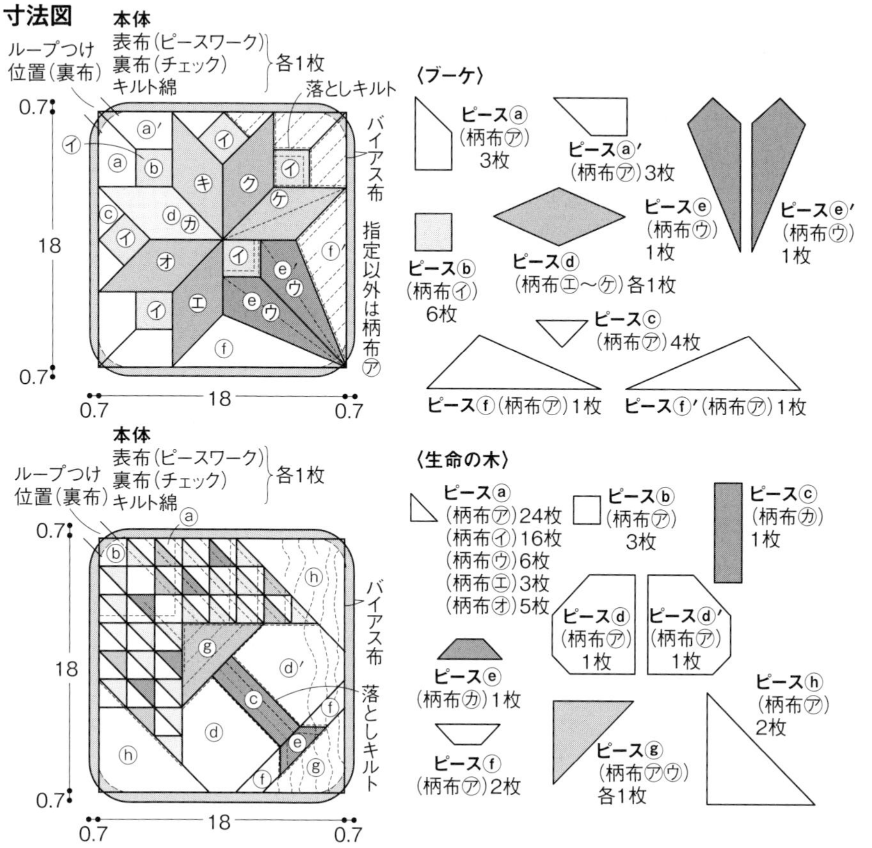

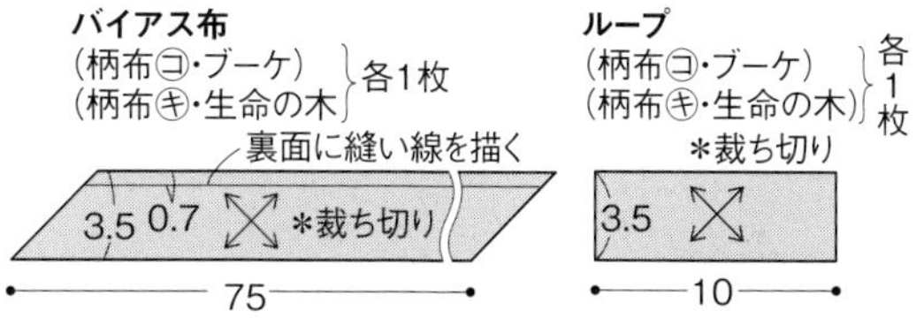

*バイアス布、ループは裁ち切り
*ピースはすべて0.7㎝の縫い代をつけて裁つ
*ブーケのピースⓐ′はピースⓐ、ピースⓔ′はピースⓔ、ピースⓕ′はピースⓕの、生命の木のピースⓓ′はピースⓓの型紙を裏返して使用する

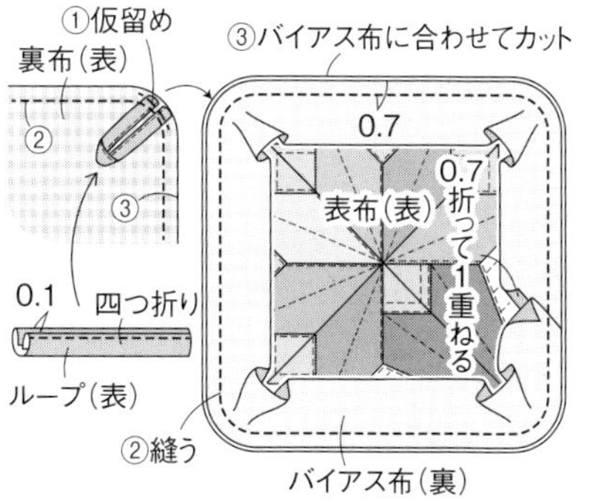

2 ループを外表に四つ折りにしてステッチをかけ、二つ折りにして**1**のループつけ位置の裏布側に仮留めする（①）。**1**の表面周囲にバイアス布を中表に合わせて縫う（②）。バイアス布の端は0.7㎝裏面に折ってもう一方の端を1㎝重ねて縫う。次に、周囲をバイアス布の布端に合わせてカットする（③）。

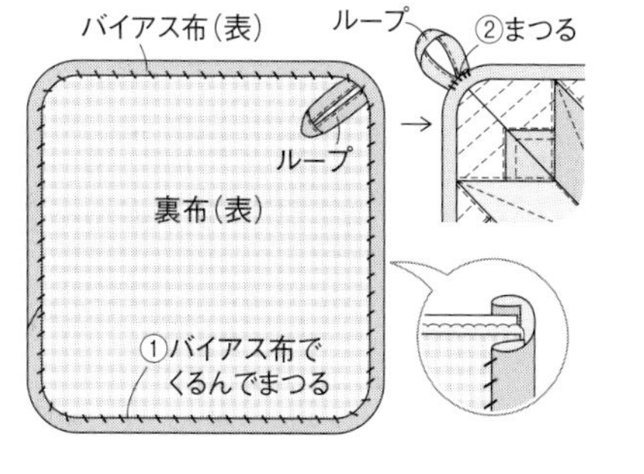

3 バイアス布を表に返し、幅を整えながら布端をバイアス布でくるみ、裏布側でまつる（①）。次にループを外側に起こし、ループのきわをバイアス布にまつって留める（②）。出来上がり。

作品31ページ

ピンクッション（カレイドスコープ／ログキャビン）

型紙B面
パターンの作り方
カレイドスコープ70ページ
ログキャビン71ページ

●出来上がり寸法
直径約9cm

カレイドスコープの材料
木綿地
柄布㋐～㋛…各適宜（ピースⓐ、ⓑ）
ストライプ…11×11cm（後ろ側）
ウッドビーズ…直径0.8cm　1個
ボタン…直径1.3cm　1個
化繊綿…適宜

ログキャビンの材料
木綿地
柄布㋐～㋜…各適宜（ピースⓐ～ⓗ）
水玉…11×11cm（後ろ側）
ウッドビーズ…直径1cm　1個
ボタン…直径1.1cm　1個
化繊綿…適宜

作り方

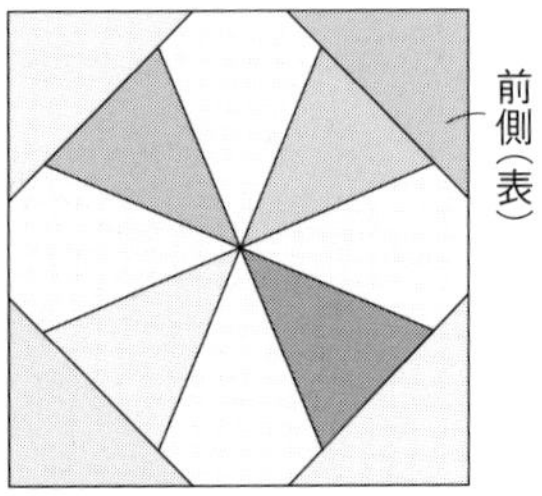

1 前側のピースワークをしてカレイドスコープ、またはログキャビンのパターンを作る。

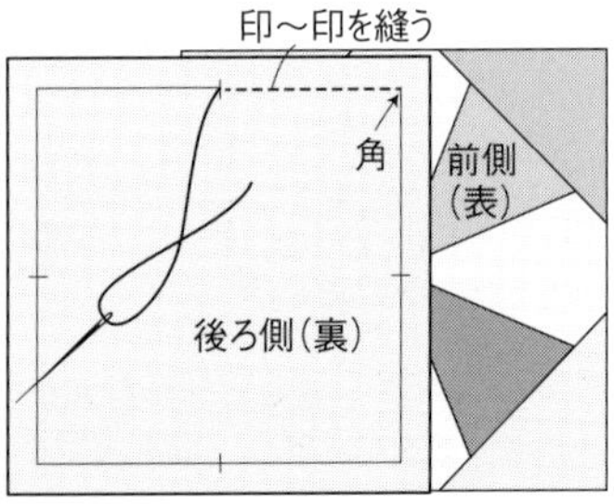

2 前側と後ろ側を中表に合わせ、後ろ側の角を前側の辺の中央の印に図のように合わせ、後ろ側の角の印～中央の印（前側は中央の印～角）を縫う。

寸法図

〈カレイドスコープ〉

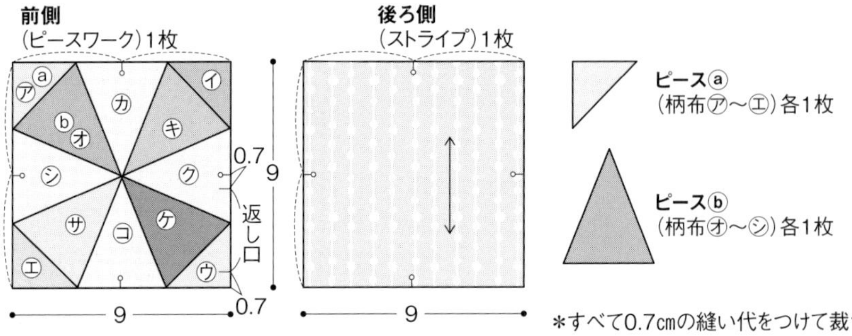

＊すべて0.7cmの縫い代をつけて裁つ

〈ログキャビン〉

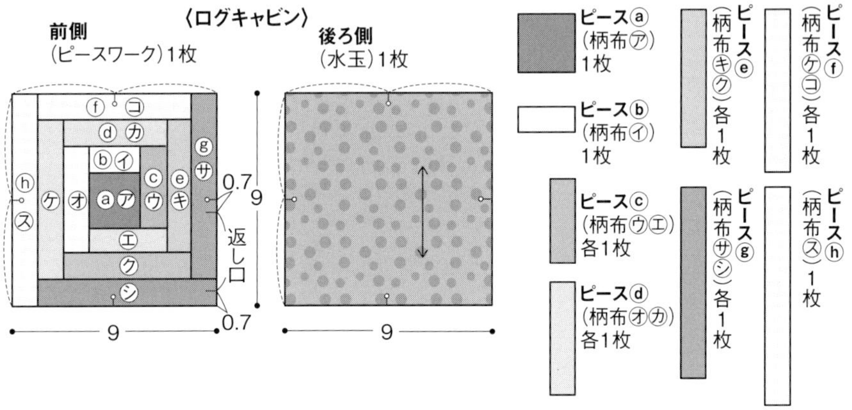

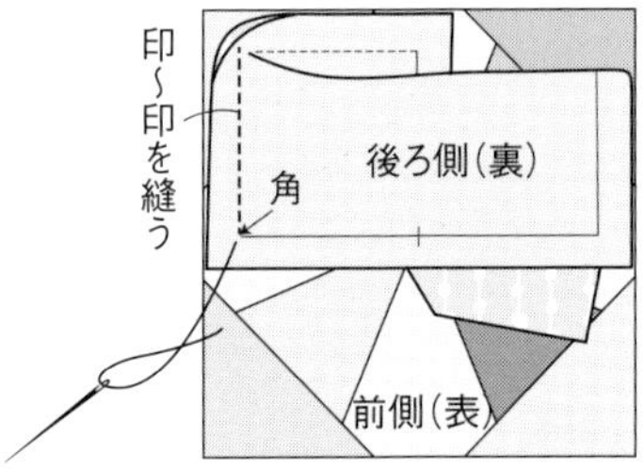

3 続けて後ろ側の中央の印（前側は角）～後ろ側の角の印（前側は中央の印）を縫う。

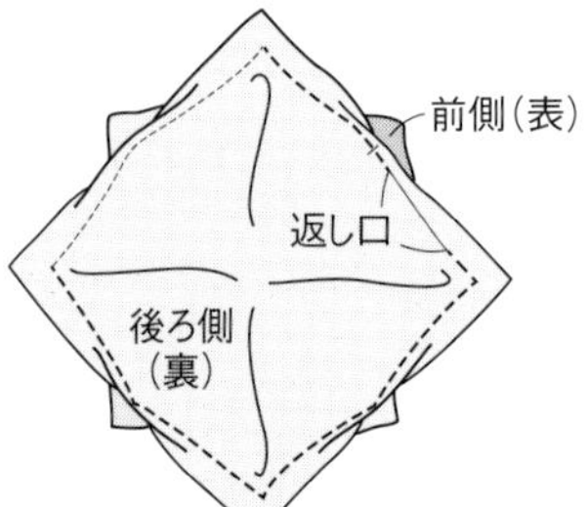

4 同じ要領で、一方の角ともう一方の辺の中央の印を合わせながら、返し口を残して周囲をぐるりと縫う。

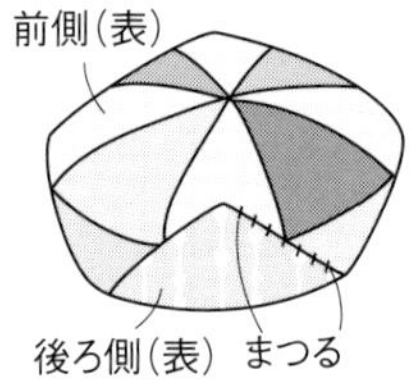

5 返し口から表に返し、化繊綿を詰めて形を整え、返し口をまつる。

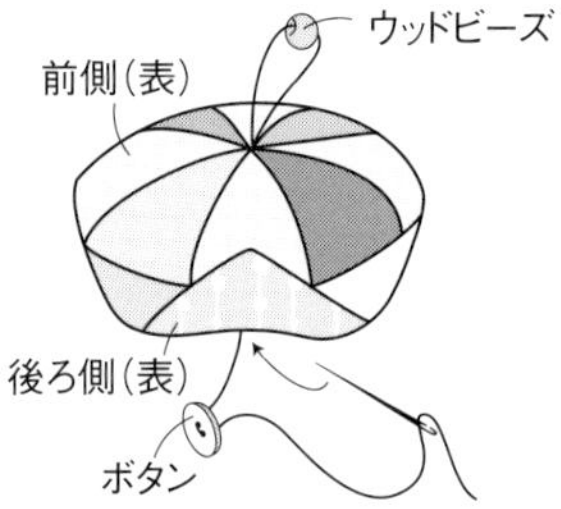

6 後ろ側の中心から針を入れて前側の中心に出す。ウッドビーズに糸を通して前側の中心に針を入れ、後ろ側の中心から針を出してボタンに糸を通す。糸をさらに2～3回往復させて糸をしっかりと引き締め、中心をくぼませて留める。出来上がり。

作品32ページ

おばあちゃんの扇のクッション

型紙B面
パターンの作り方　73ページ

●出来上がり寸法（タッセルを除く）
38×38㎝

材料

木綿地
柄布24種…各7×12㎝（ピースⓐ）
ベージュ柄布４種…各22×22㎝（ピースⓒ）
緑チェック…17×17㎝（ピースⓑ）
黄土色柄布…20×16㎝（ラティスA）
緑柄布…4×4㎝（ラティスB）
ドット柄…85×30㎝（後ろ側上・下）
オフホワイト…40×40㎝（当て布）
両面接着キルト綿…40×40㎝（前側）
並太程度の毛糸　グレー…1200㎝
ヌードクッション…40×40㎝　1個

寸法図

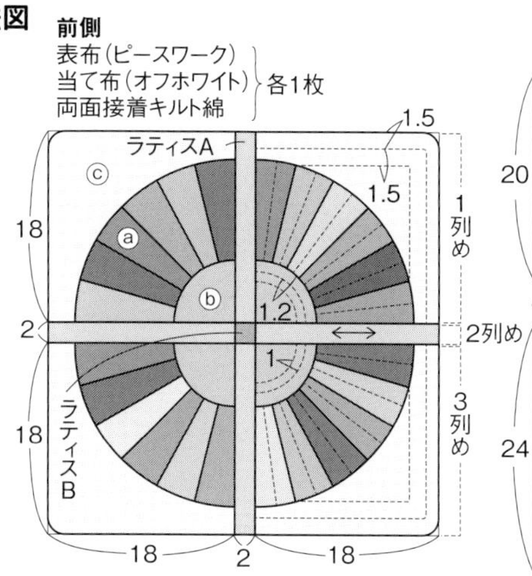

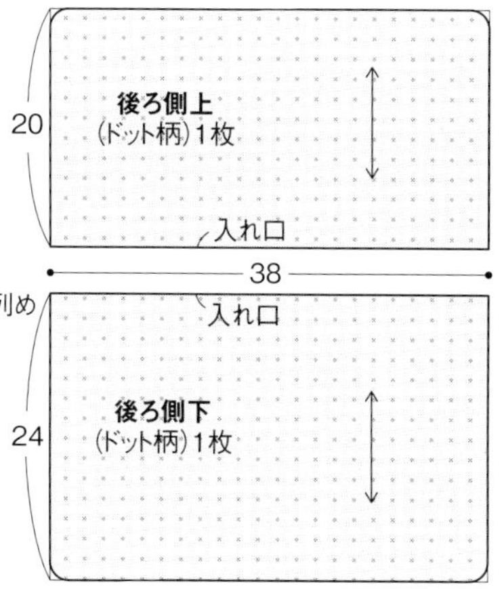

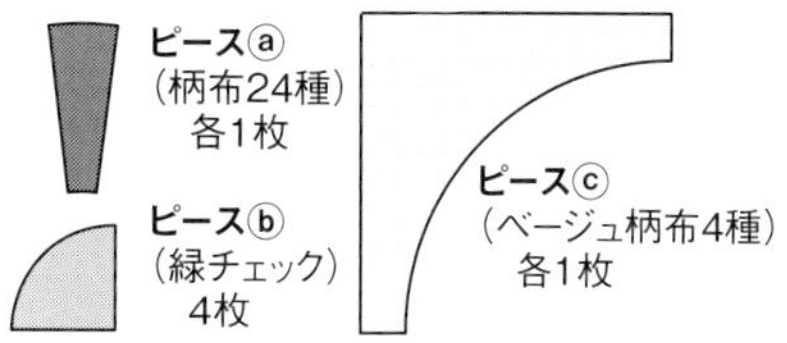

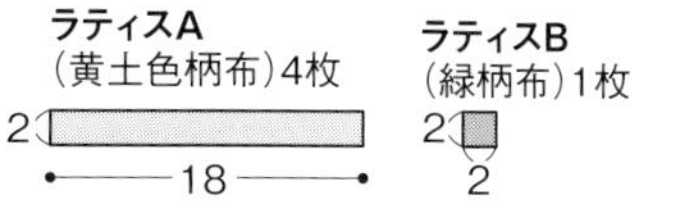

＊ピースⓒのカーブ位置、ピースⓐ、ⓑは0.7㎝、後ろ側上・下の入れ口は2.5㎝、そのほかは1㎝の縫い代をつけて裁つ

作り方

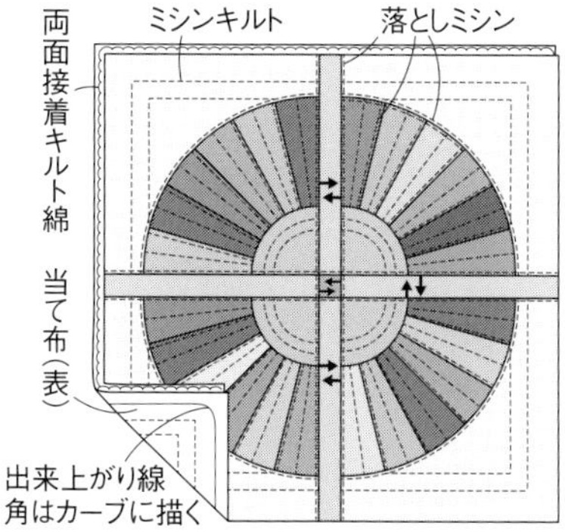

1 ピースワークをしておばあちゃんの扇のパターンを4枚作る。左右に隣り合うパターンとラティスA・Bを縫い合わせて1～3列めを作り、次に1～3列めを縫い合わせてトップを作る。縫い代は矢印の方向（ラティス側）に倒す。次に当て布、両面接着キルト綿、トップの順に重ねてアイロンで貼り、ミシンでキルティングをし、落としミシンをする。当て布側に出来上がり線を描く。角はカーブに描く。

2 図の要領で毛糸のタッセルを4つ作り、**1**の前側表面の角、4か所に仮留めをする。

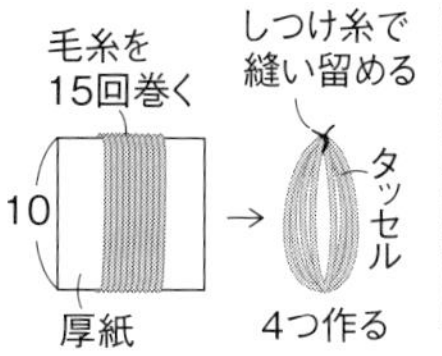

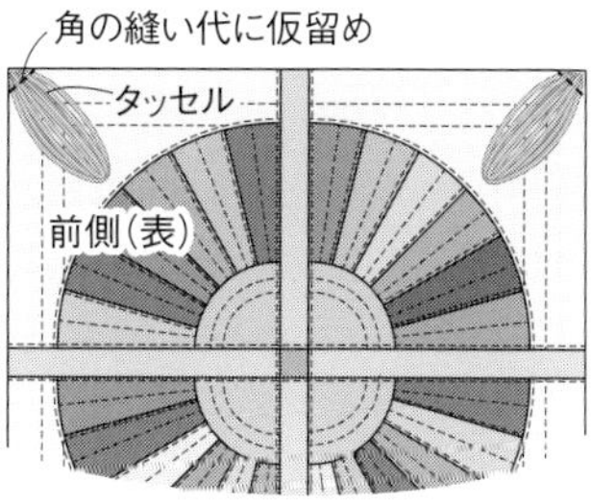

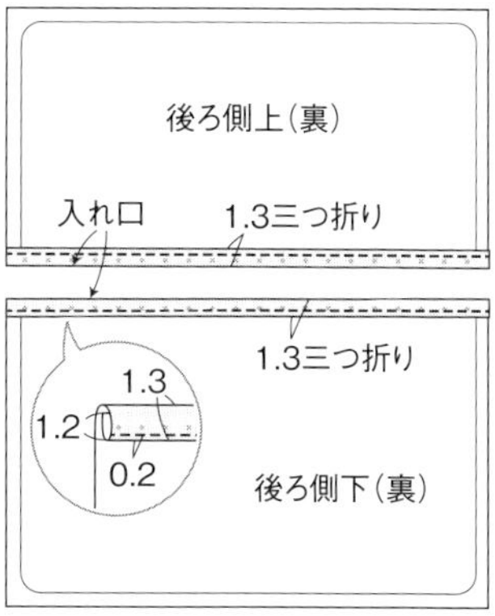

3 後ろ側上と後ろ側下の入れ口の縫い代をそれぞれ三つ折りにしてステッチをかける。

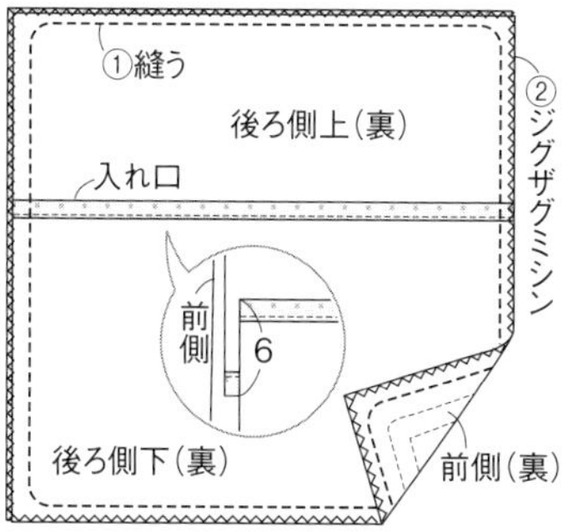

4 後ろ側上、後ろ側下の入れ口を6㎝重ね、前側と中表に合わせて周囲を縫う（①）。縫い代は４枚一緒にジグザグミシン（またはロックミシン）で始末する（②）。

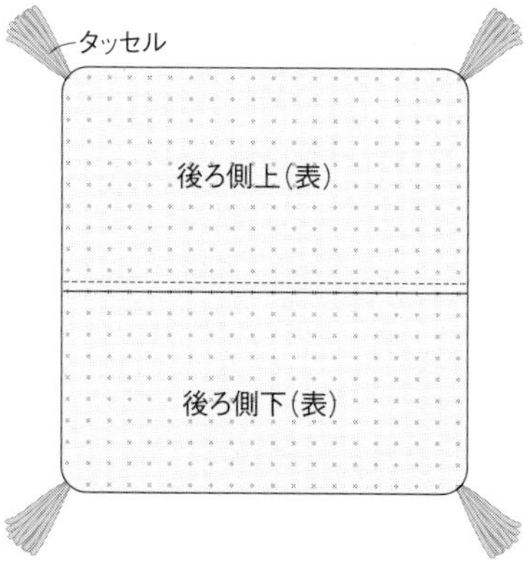

5 入れ口から表に返してアイロンで形を整え、タッセルの輪の部分を切って長さをそろえる。入れ口からヌードクッションを入れて出来上がり。

作品31ページ

サウザンドピラミッズのポーチ

型紙B面

パターンの作り方　77ページ

●出来上がり寸法
口幅約16cm　底幅約22.5cm　丈約14cm
底のまち幅5cm

材料

木綿地
柄布40種…各適宜(ピース)
薄茶色ストライプ…7×32cm(底布)
ベージュチェック…35×32cm
(裏本体、底用バイアス布、口わき布)
水玉、こげ茶チェック
…各20×20cm(口用バイアス布)
キルト綿…35×35cm
ファスナー　オレンジ色…16cm　1本
テープ　こげ茶色…1.6cm幅　6cm(タブ)

作り方のポイント

柄布の配置とキルティングラインは、実物大型紙を参照。

寸法図

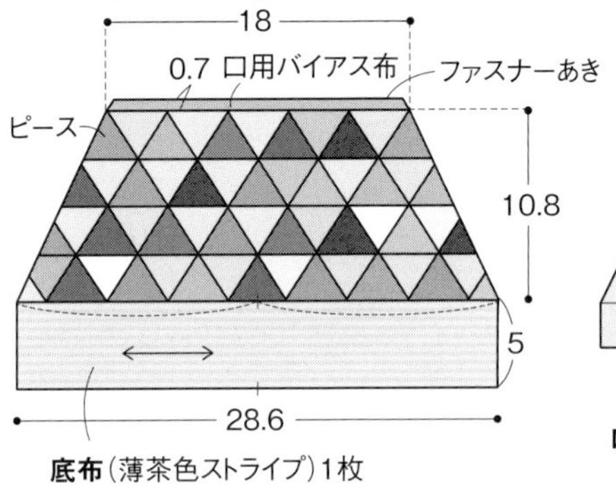

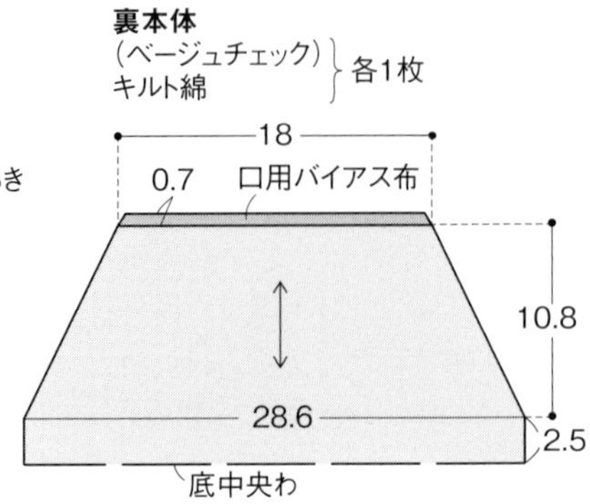

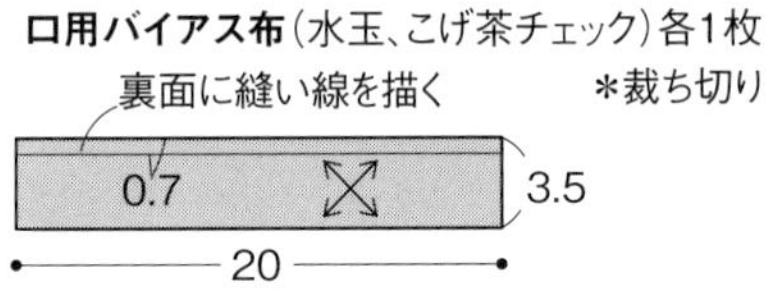

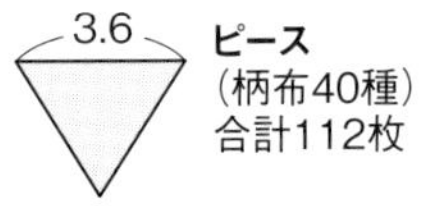

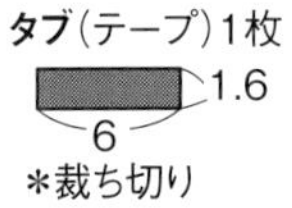

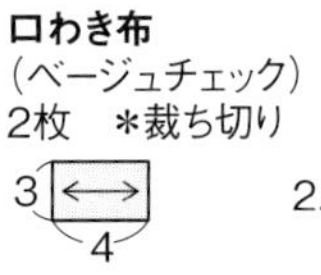

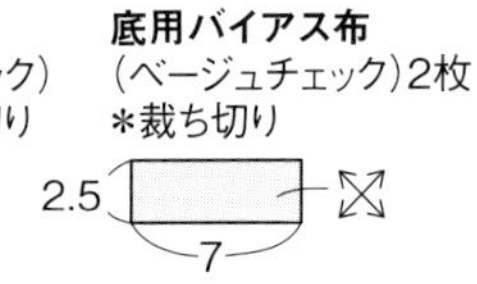

＊タブ、口用・底用バイアス布、口わき布は裁ち切り
＊ピース、底布は0.7cm、裏布、キルト綿は2cmの縫い代をつけて裁つ

1 本体を作る

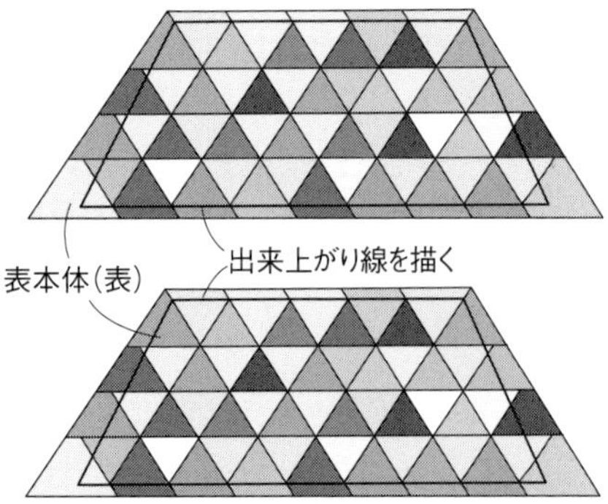

1 ピースを56枚縫い合わせ、表面に図のように出来上がり線を描く。2枚作る。

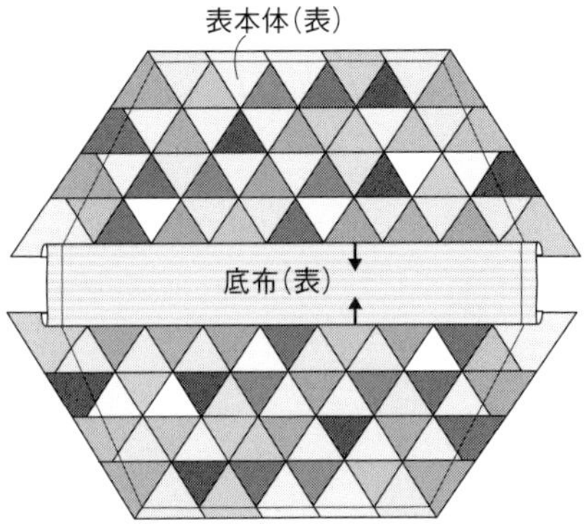

2 底布の上下に**1**を縫い合わせる。縫い代は底布側に倒す。

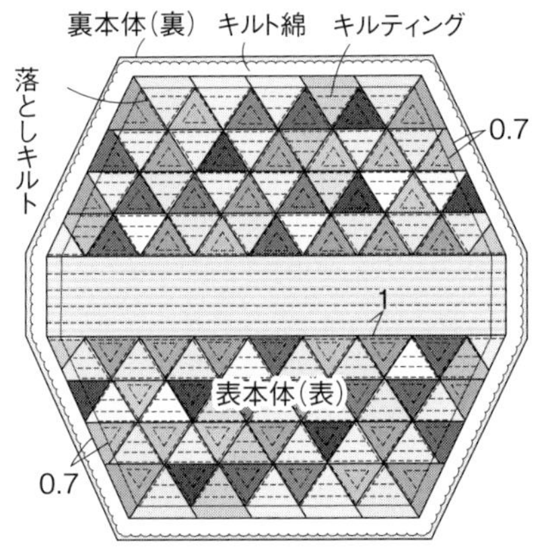

3 61～63ページ4～6を参照し、裏本体、キルト綿、**2**の順に重ねてしつけをかける。フープのかわりに文鎮で押さえて図のようにキルティングをし、落としキルトをする。表本体は両わきの縫い代を0.7cmにカットする。

2 ファスナーをつける

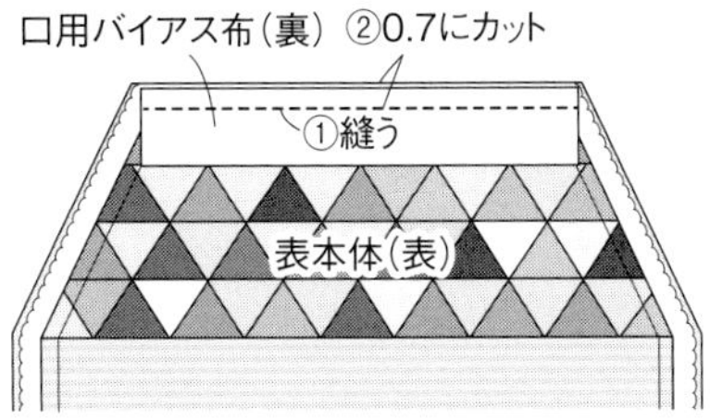

1 本体の上端に口用バイアス布を中表に重ね、バイアス布の縫い線を表本体の出来上がり線に合わせて縫う(①)。本体の縫い代はバイアス布に合わせてカットする(②)。

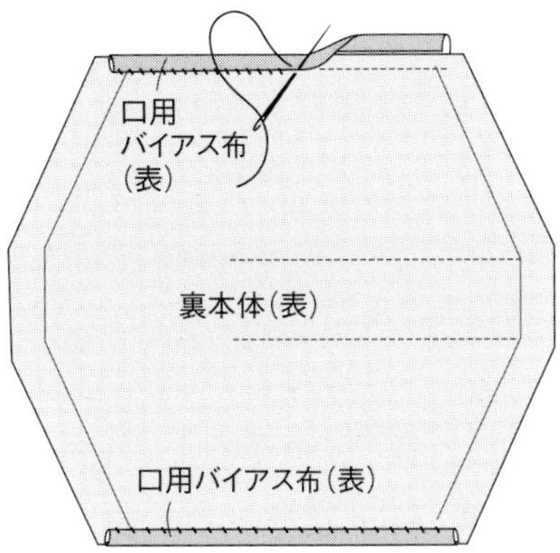

2 バイアス布で縫い代をくるみ、裏本体側にまつる。もう一方も同様にバイアス布で縫い代を始末する。

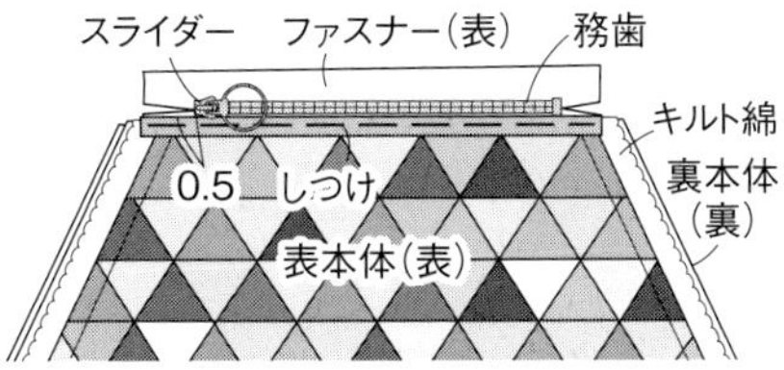

3 とじたファスナーの表面に、図のように本体のバイアス布からファスナーの務《む》歯《し》が出るように重ね、しつけをかける。このときファスナー端のスライダーを、わきの出来上がり線より0.5cm内側に合わせる。

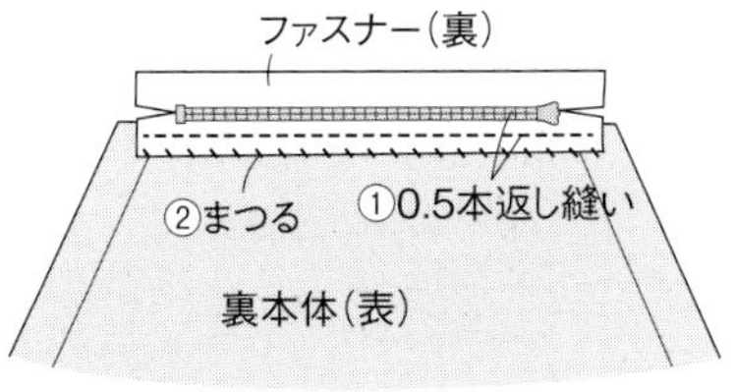

4 裏本体側から、表に針目が出ないように本返し縫いでファスナーを縫い留める(①)。ファスナーテープの端を裏本体にまつる(②)。

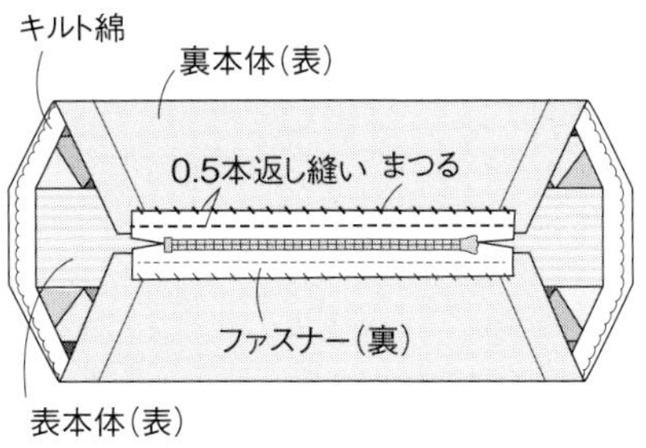

5 本体のもう一方のバイアス布位置に **3**、**4** と同じ要領でファスナーの反対側を縫い留める。しつけ糸を抜く。

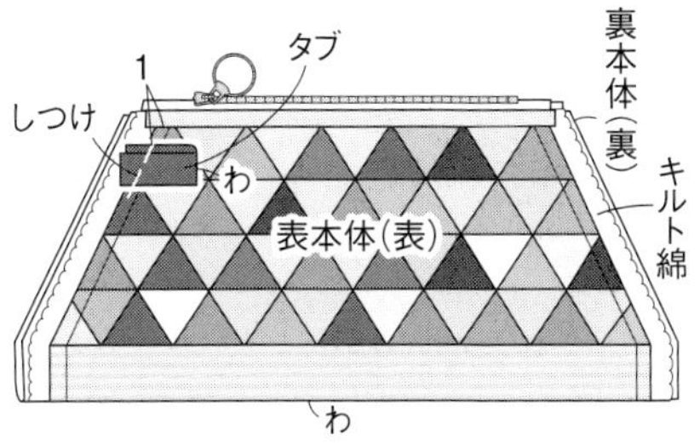

6 本体を表に返し、タブ(テープを二つ折りにする)を片方のわき縫い代にしつけで仮留めする。

3 わきを縫う

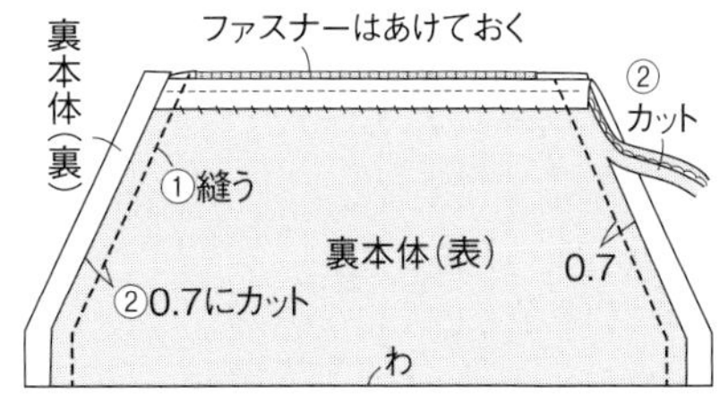

1 ファスナーを開き、本体のわきを中表に合わせて縫う(①)。次に裏本体1枚を残して残りのわき縫い代を0.7cmにカットする(②)。

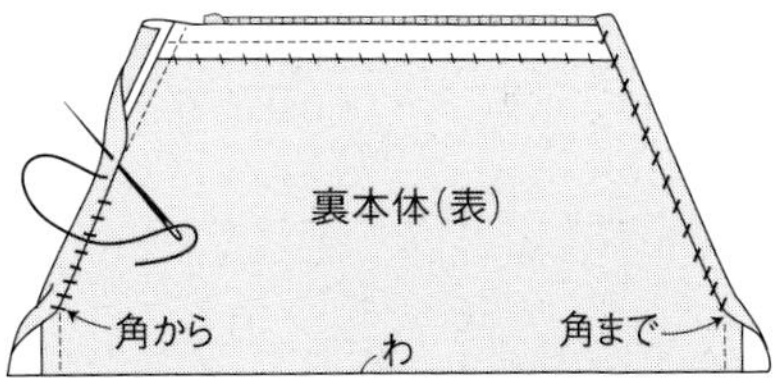

2 わき縫い代を、残した裏本体の縫い代でくるんでまつる。このとき、底側の角から下はまつらない。

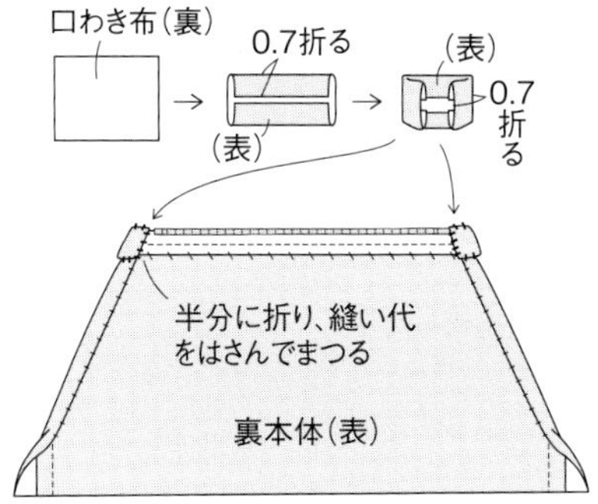

3 口わき布を図のようにたたみ、わき縫い代の上端をくるんでまつりつける。

4 底のまちを縫う

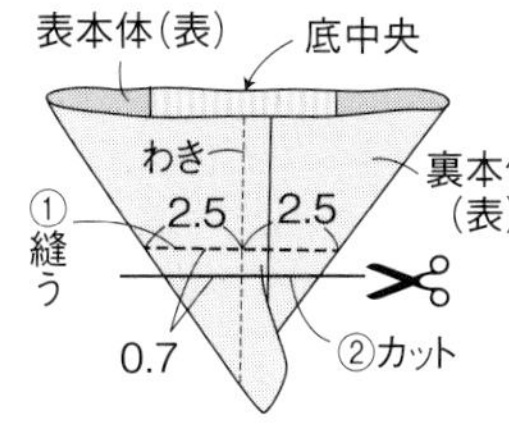

1 底の両角を図のように三角につまんで縫い(①)、縫い代を0.7cmにカットする(②)。

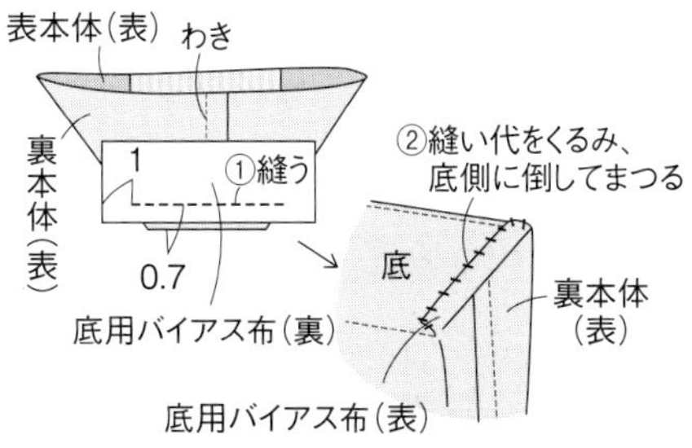

2 **1** の縫い目のわき縫い目側に、底用バイアス布を中表に重ね、**1** の縫い目に重ねて縫う(①)。次にバイアス布の両端を折り込み、バイアス布で縫い代をくるんで底側に倒して裏本体にまつる(②)。

3 表に返し、形を整えて出来上がり。

作品33ページ

ドラムポーチ

型紙B面
パターンの作り方　53～54ページ

●出来上がり寸法
直径13cm　まち幅3.5cm

材料
木綿地
柄布48種…各5×10cm(ピースⓐ、ⓑ、ⓒ)
ベージュチェック…25×25cm(上まち、下まち)
青しま柄…4×18cm(ループ)
黄緑チェック…45×55cm(裏布、まち縫い代用布、本体用バイアス布)
キルト綿…20×40cm(本体)
両面接着キルト綿…30×15cm(上まち、下まち)
薄手接着芯…30×15cm(上まち、下まち)
ファスナー…長さ15cm　1本

用具
ボール紙…15×15cm(本体印つけ用型紙)

作り方のポイント
・キルティングラインは実物大型紙を参照。
・本体印つけ用型紙は、実物大型紙の出来上がり線と合い印を写して作る。

寸法図

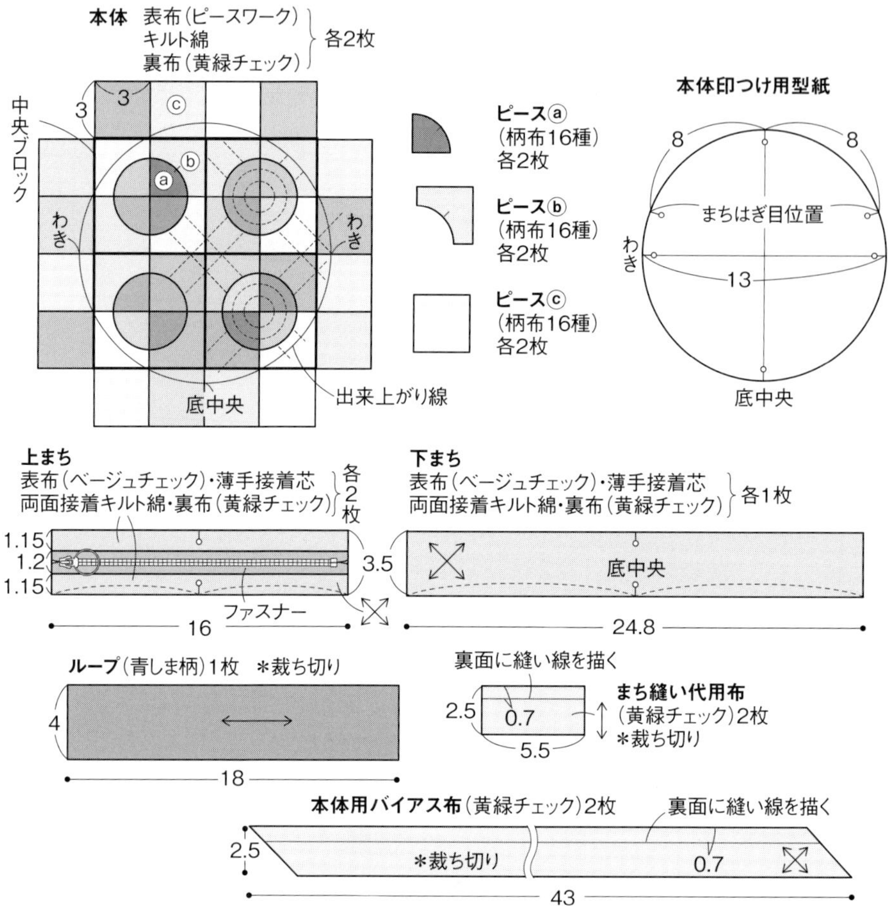

*本体のキルト綿・裏布は20×20cmに裁つ
*ループ、まち縫い代用布、薄手接着芯、本体用バイアス布は裁ち切り
*ピースは0.7cm、そのほかは1cmの縫い代をつけて裁つ

1　本体を作る

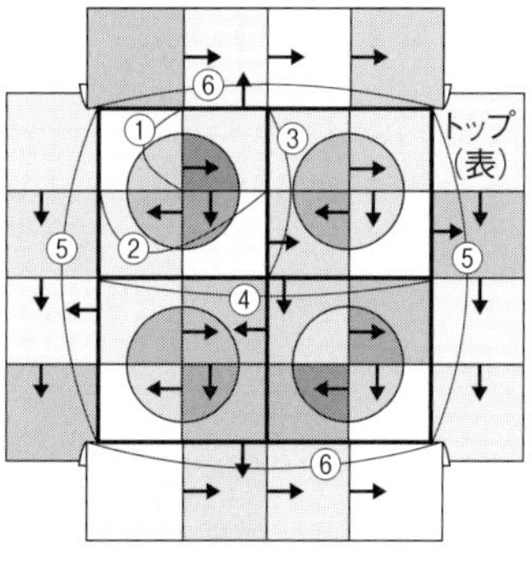

1 ピースⓐとⓑを縫い合わせて小ブロックを16組作り、図の配置で①～④の順に縫い合わせて中央ブロックを作る。ピースⓒを4枚ずつ縫い合わせ、⑤～⑥の順に中央ブロックに縫い合わせてトップを作る。縫い代は矢印の方向に倒す。2枚作る。

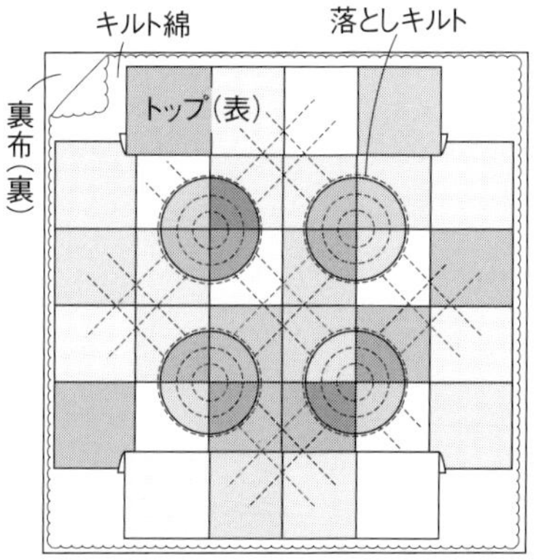

2 61～63ページ**4**～**6**を参照し、フープのかわりに文鎮で押さえてキルティングをし、落としキルトする。

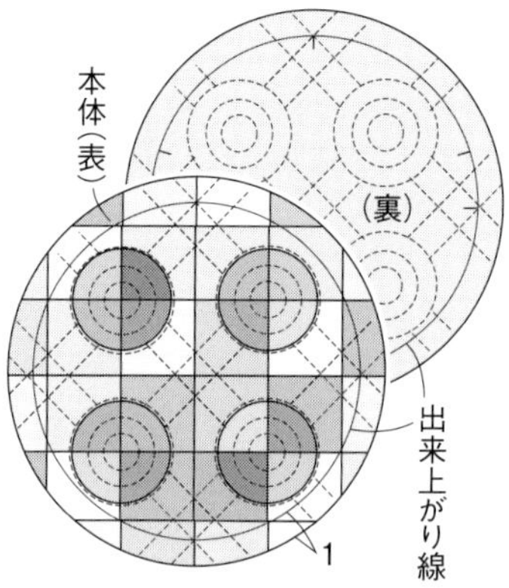

3 本体印つけ用の型紙を使って出来上がり線の印、合い印を描き、1cmの縫い代をつけてカットする。

2 まちを作る

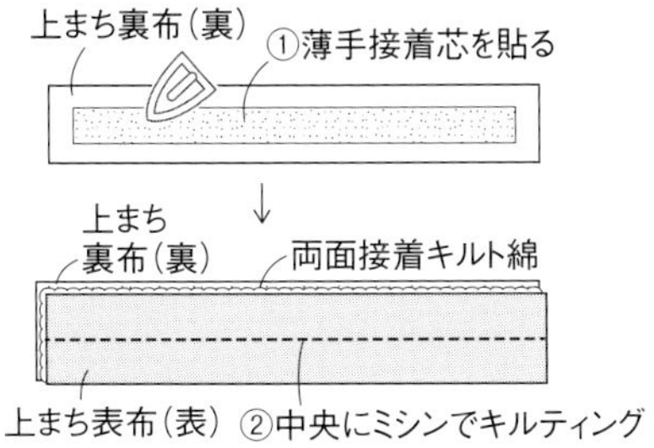

1 上まち裏布の裏面に裁ち切りの薄手接着芯を貼る(①)。裏布、両面接着キルト綿、表布の順に重ねてアイロンで接着し、ミシンでキルティングをする(②)。2枚作る。

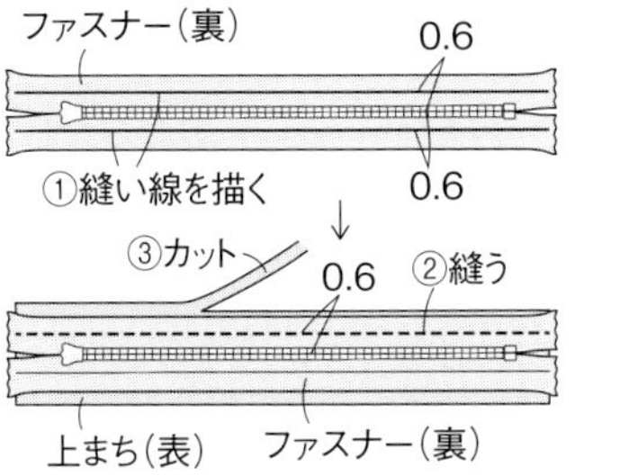

2 ファスナーの裏面に縫い線を描き(①)、1にファスナーを中表に合わせて縫う(②)。次に上まちの縫い代をファスナーテープより狭くなるようにカットする(③)。

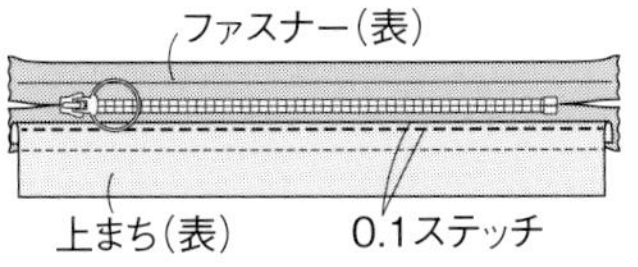

3 縫い代を上まち側に倒し、表側から折り目のきわにステッチをかける。

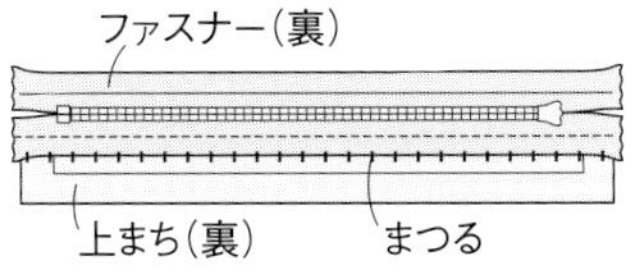

4 裏に返してファスナーテープの端を裏にまつる。

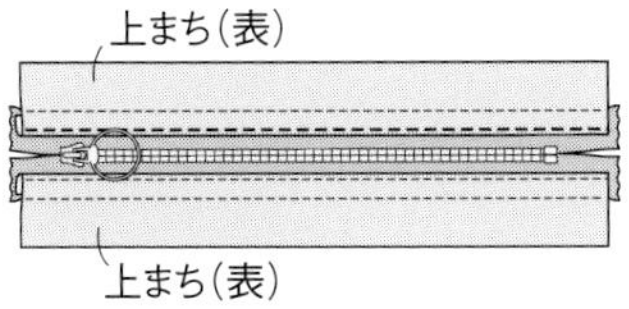

5 ファスナーの反対側に、もう1枚の上まちを1～4と同じ要領で縫い合わせる。

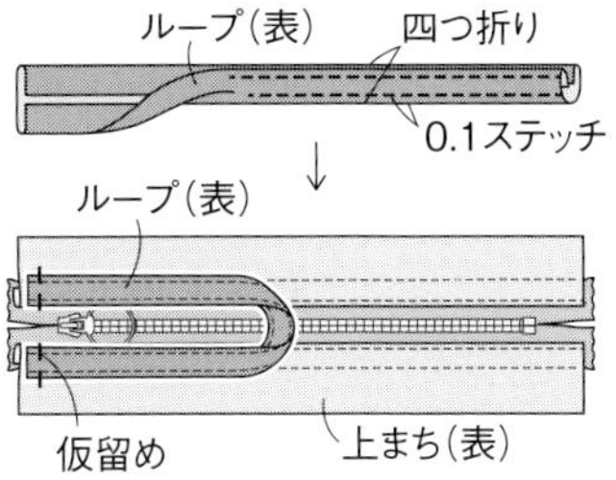

6 ループを外表に四つ折りにして両端にステッチをかける。ファスナーをつけた上まちの端にループを仮留めする。

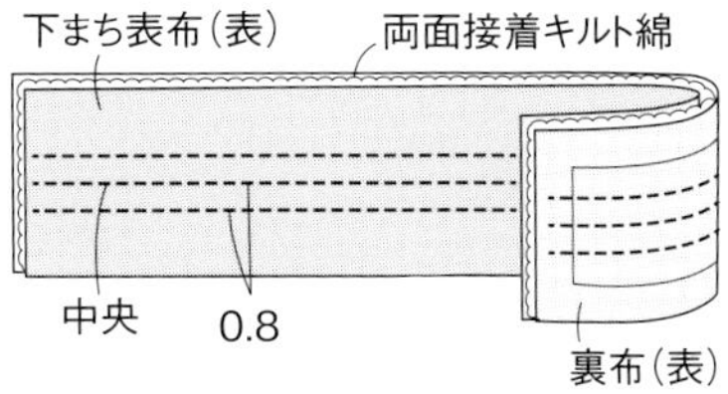

7 1と同じ要領で下まち裏布の裏面に裁ち切りの薄手接着芯を貼り、両面接着キルト綿、表布を3層に重ねてミシンでキルティングをする。

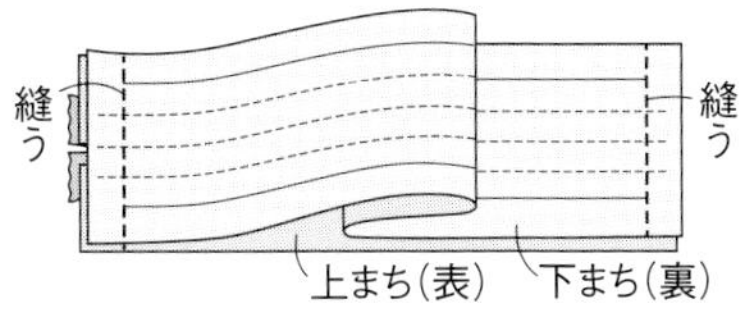

8 上まちと下まちを中表に合わせて両端を縫う。

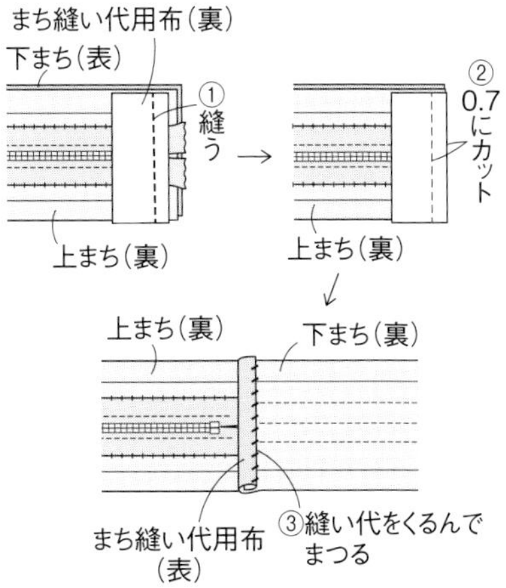

9 8の上まち側にまち縫い代用布を重ね、8のミシン目に重ねて縫う(①)。次にまちの縫い代を0.7cmにカットし(②)、まち縫い代用布で縫い代をくるんで下まち側に倒してまつる(③)。

3 本体とまちを縫い合わせる

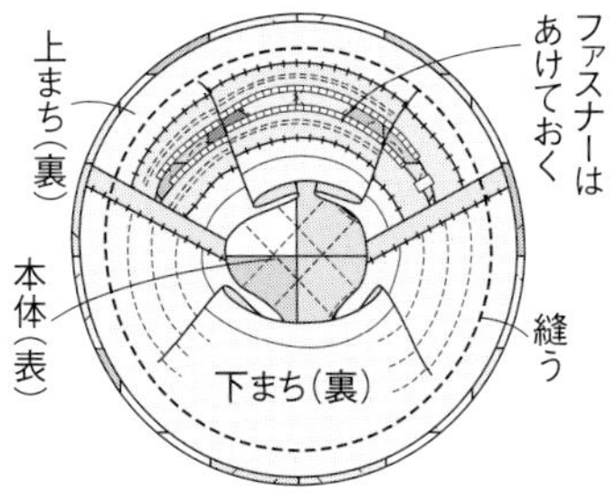

1 本体の周囲にまちを中表に合わせ、合い印を合わせて待ち針で留め、周囲を縫う。

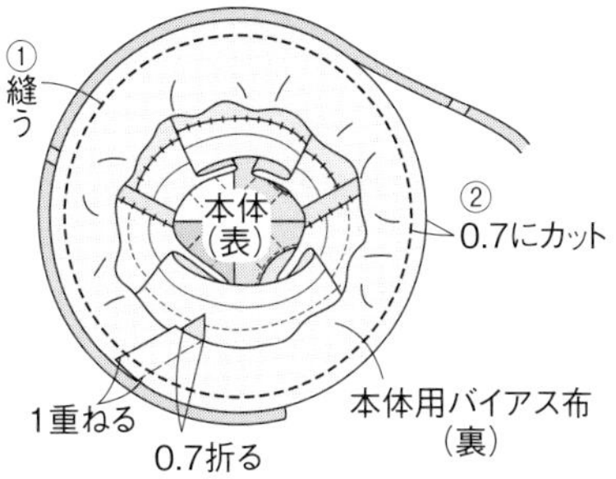

2 まち側に本体用バイアス布を重ね、縫い線を1のミシン目に重ねて縫う(①)。このときバイアス布の端は、0.7cm折って1cm重ねる。本体の縫い代は0.7cmにカットする(②)。

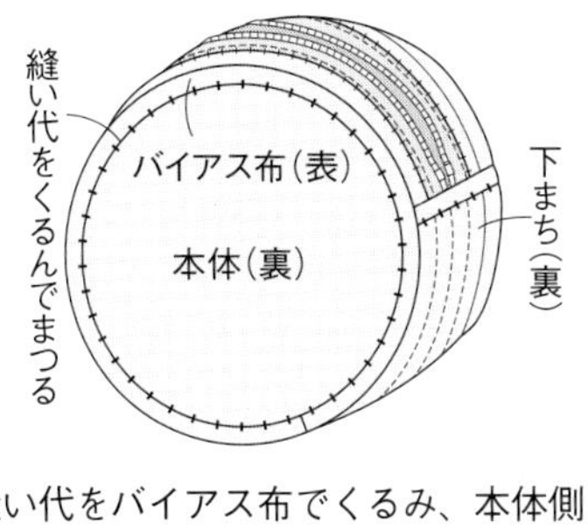

3 縫い代をバイアス布でくるみ、本体側に倒してまつる。

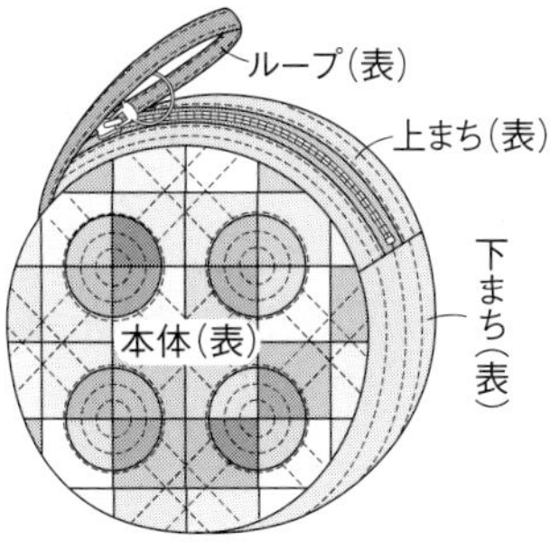

4 まちの反対側も1～3と同様に縫い、表に返して出来上がり。

作品33ページ

トレイ（みつばち／アルバムスター）

型紙A面
パターンの作り方　アルバムスター69ページ、みつばち75ページ

●出来上がり寸法（組み立てた状態）
約14×14cm　深さ6.5cm

材料

みつばち

木綿地
- 柄布㋐、㋑…各10×10cm（ピースⓐ）
- 柄布㋒…5×5cm（ピースⓐ）
- 柄布㋓…20×20cm（ピースⓑ、ⓒ）
- 柄布㋔…15×15cm（ピースⓓ）
- 柄布㋕…15×8cm（ピースⓓ）
- 黄色しま柄…40×20cm（内側側面）
- ベージュ水玉…35×35cm（外側全体）

アルバムスター

木綿地
- 柄布㋐…20×15cm（ピースⓐ、ⓒ）
- 柄布㋑…20×15cm（ピースⓑ、ⓑ′）
- 柄布㋒、㋓、㋔…各12×5cm（ピースⓓ）
- 緑チェック…40×20cm（内側側面）
- ベージュチェック…35×35cm（外側全体）

共通（1点分）

薄手木綿…20×20cm（当て布）
キルト綿…20×20cm（底）
片面接着キルト綿…40×20cm（内側側面）
プラスチック板…厚さ0.3cm
　30×30cm（芯板）
リボン…0.6cm幅　105cm
両面テープ…1cm幅　適宜

寸法図

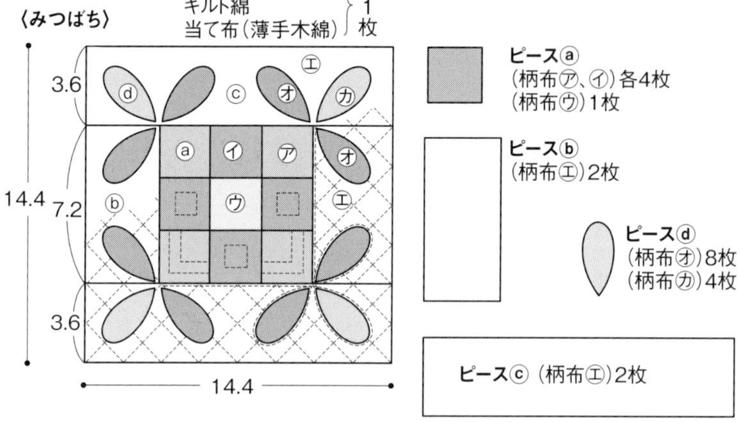

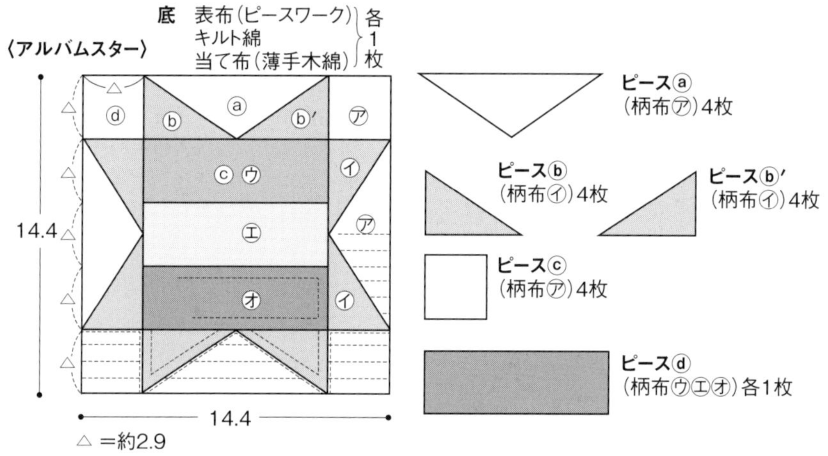

＊ピースは0.7cm、そのほかは1cmの縫い代をつけて裁つ
＊アルバムスターのピースⓑ′はピースⓑの型紙を裏返して使用する

作り方のポイント

・底はキルティングによって少し縮むので、外側全体の布、内側側面の布は出来上がった底の寸法に合わせて裁つ。
・キルティングラインは実物大型紙を参照。

1　底を作る

1 底のパターンのピースワークをしてトップを作り、61ページ**4**、実物大型紙を参照して表面にキルティングラインを描く。

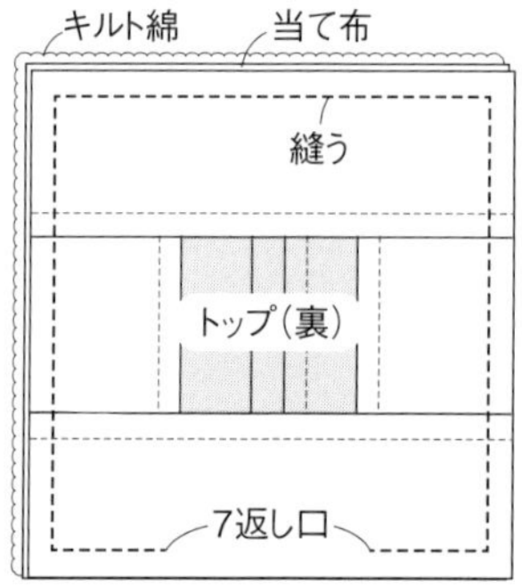

2 トップ、当て布、キルト綿を図のように重ね、返し口を残して周囲を縫う。

3 キルト綿の縫い代を**2**の縫い目のきわでカットする。

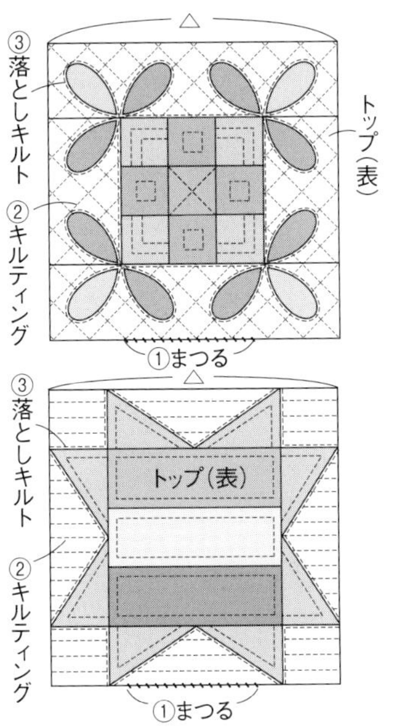

4 トップを表に返して返し口をまつり(①)、形を整えてアイロンをかける。次に62～63ページ**5**、**6**を参照し、しつけをかけてキルティング(②)、落としキルトをする(③)。このとき、フープのかわりに文鎮で押さえてキルティングする。キルティングが終わったら1辺の長さ(△)を測る。

2 外側全体の布、内側側面の布を裁つ

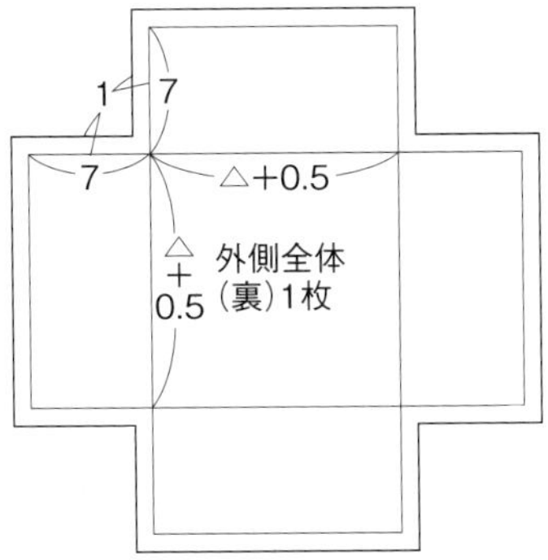

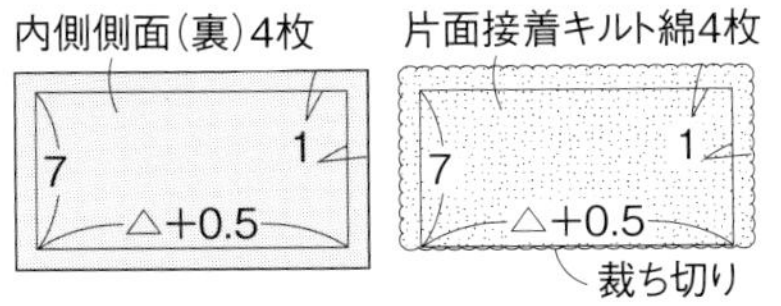

底の1辺の長さ(△)に合わせて図の寸法(周囲または3辺に1cmの縫い代をつける)で外側全体の布1枚、内側側面の布4枚、内側側面用の片面接着キルト綿4枚を裁つ。

3 縫い合わせる

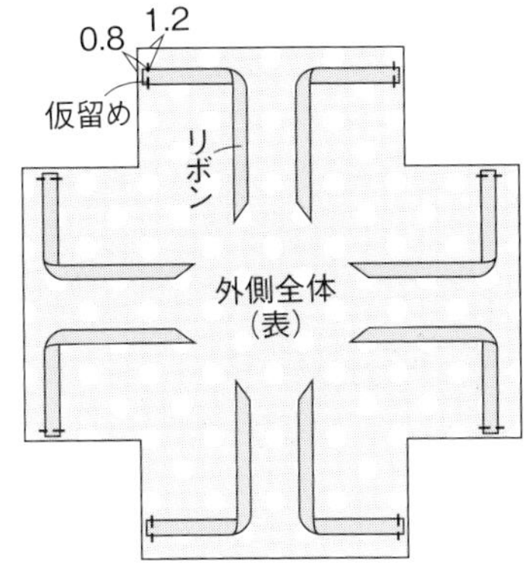

1 13cmにカットしたリボンを8本用意する。リボンの片端は斜めにカットしておく。外側全体表面の各角の縫い代に、リボンを仮留めする。

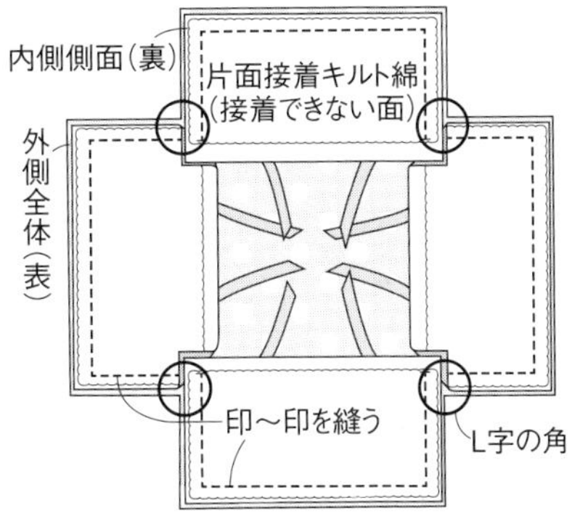

2 外側全体の表面に内側側面の布を中表に合わせ、さらに片面接着キルト綿を重ねて外回りを縫う。このときL字の角はすべての縫い代をよけて、印～印を縫う。

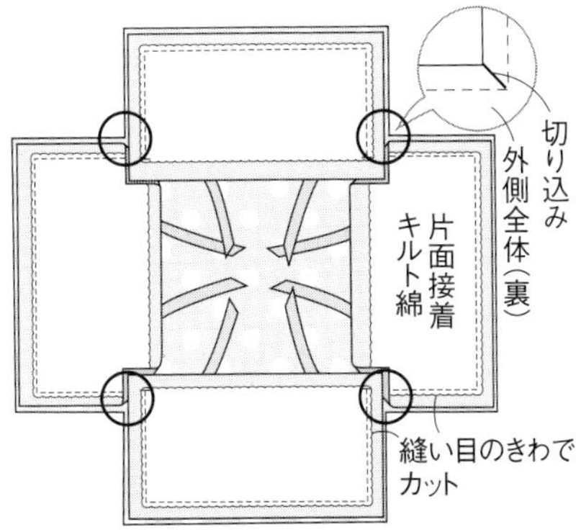

3 片面接着キルト綿の縫い代を縫い目のきわでカットする。外側全体の布のL字の角には、縫い目のきわまで切り込みを入れる。

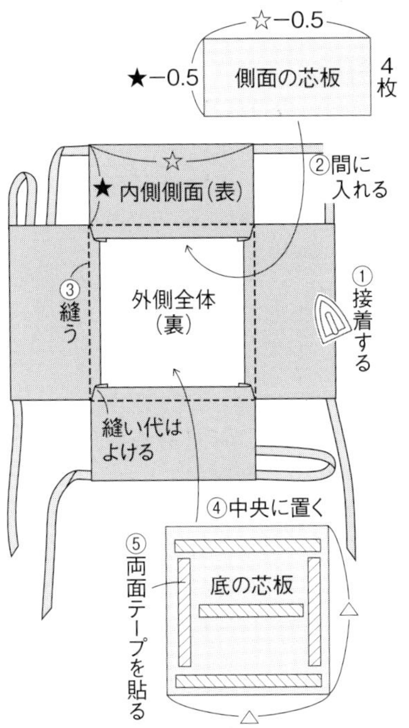

4 **3**の内側側面を表に返して形を整え、アイロンを当てて片面接着キルト綿を内側側面に接着する(①)。側面の寸法(☆、★)を測り、その寸法より0.5cm小さくカットした芯板を、外側全体の側面の布と片面接着キルト綿の間に入れ(②)、内側の4辺を縫う(③)。このときミシンの押さえ金は「ファスナー押さえ(片押さえ)」を使ってミシンをかける。次に外側全体の裏面中央に、**1**-**4**の底と同寸法(△)にカットした芯板を置き(④)、芯板に両面テープを貼る(⑤)。

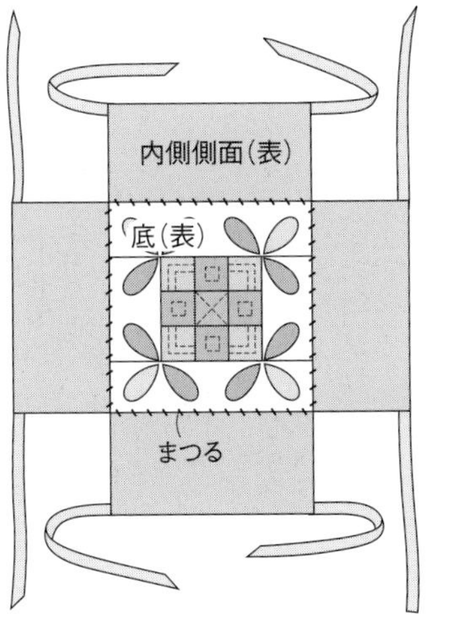

5 **4**の芯板の上に**1**-**4**の底を貼り、周囲を内側側面にまつる。出来上がり。

作品34ページ

ダブルウエディングリングのバッグ

型紙A面

パターンの作り方　76ページ

●出来上がり寸法（持ち手を除く）
口幅31cm　丈36cm　底幅24cm
底のまち幅7cm

材料

木綿地
- 無地…65×40cm（表本体）
- ストライプ…9×26cm（底布）
- 柄布㋐…適宜（ピースⓑ、ⓒ）
- 柄布㋑…適宜（ピースⓐ、ⓓ）
- 柄布㋒…28×6cm（持ち手）
- 柄布㋓…28×6cm（持ち手）
- チェック…90×45cm（裏本体、内ポケット）

中厚接着芯…24×7cm（底布）
薄手接着芯…28×4cm（持ち手芯）

寸法図

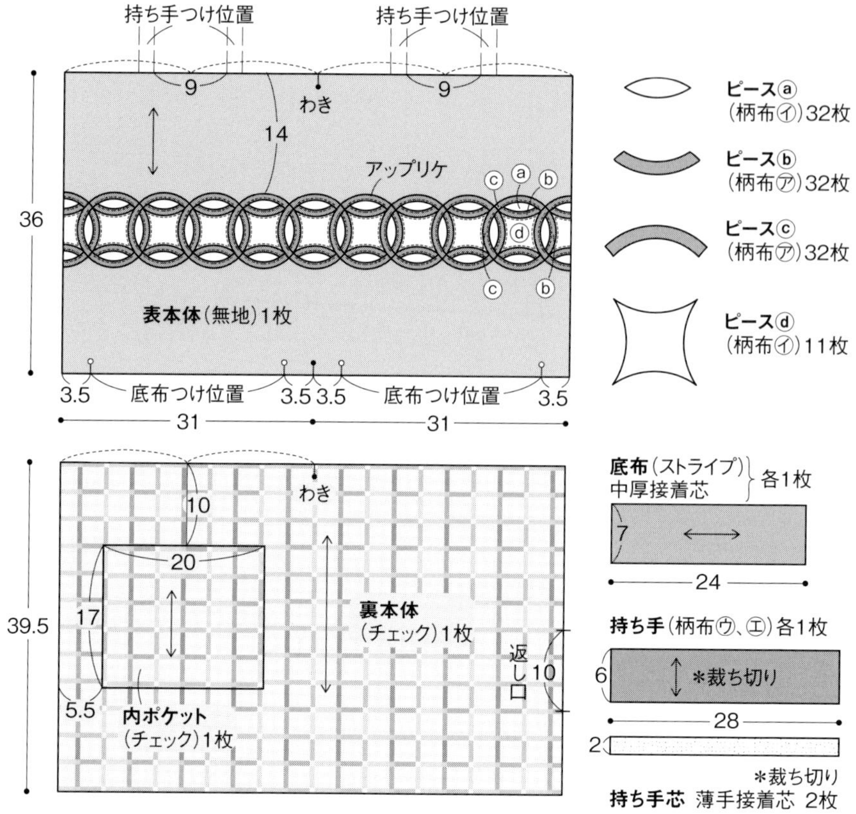

＊底布の中厚接着芯・持ち手・持ち手芯は裁ち切り
＊ピースは0.4cm、表本体と裏本体の口・内ポケット口は2cm、
内ポケットのわきと底は1.5cm、
そのほかは1cmの縫い代をつけて裁つ

1 アップリケをする

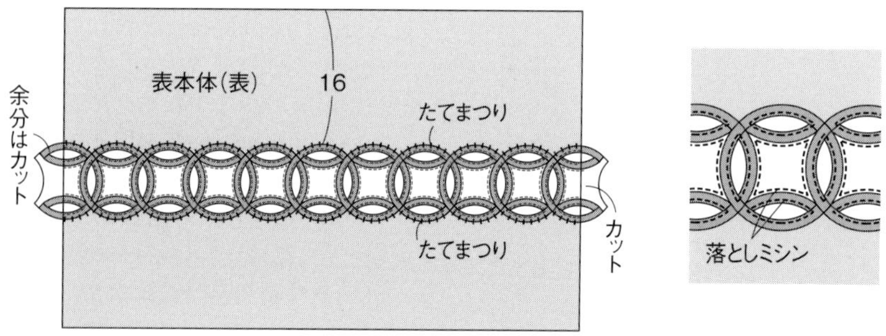

ピースワークをしてパターンを作り（ピースⓑとⓒの縫い代はピースⓐ側に倒す）、表本体表面のアップリケ位置にたてまつりでアップリケをする。次にピースの縫い目に落としミシンをかける。アップリケの両端の余分は、表本体に合わせてカットする。

2 表本体を縫う

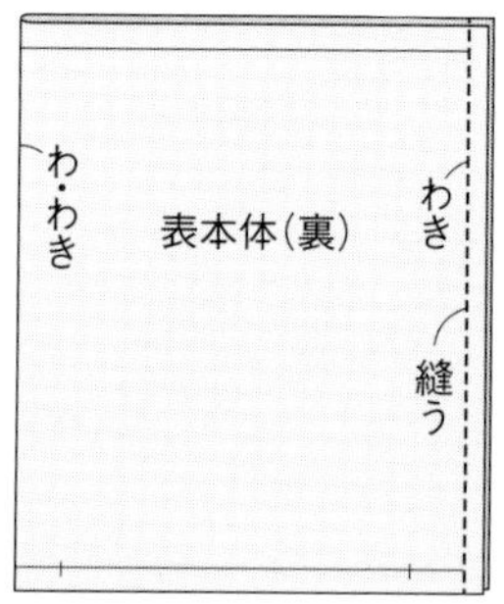

1 表本体を中表に折ってわきを縫う。縫い代は割っておく。

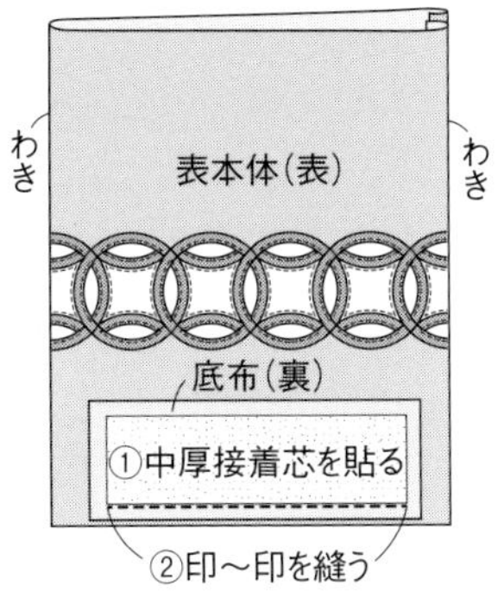

2 底布の裏面に中厚接着芯を貼る(①)。表本体の底布つけ位置に、底布の長辺を中表に合わせて、印〜印を縫う(②)。

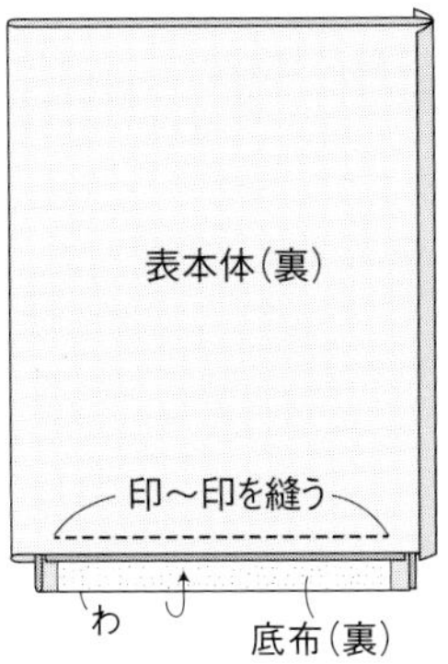

3 表本体の反対側の底にも、底布のもう1辺の長辺を中表に合わせて印〜印を縫う。縫い代は底布側に倒しておく。

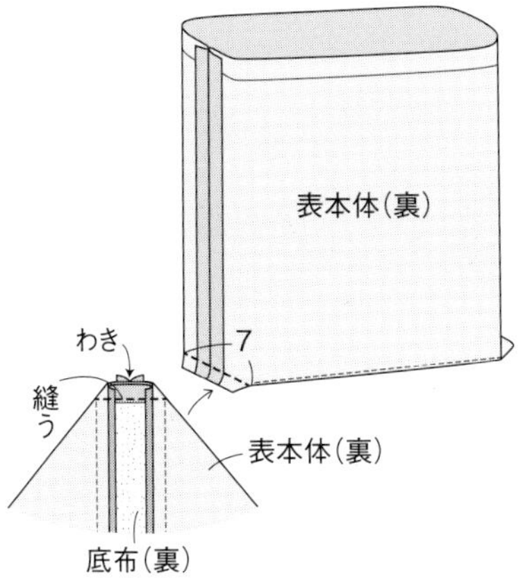

4 本体のわきと底布の短辺を中表に合わせて縫う。反対側のわきも同様に縫い、縫い代は底布側に倒す。

3 持ち手を作って仮留めする

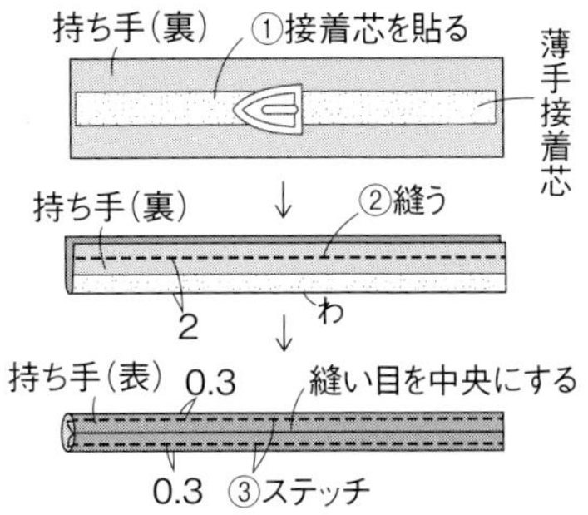

1 持ち手の裏面の中央に薄手接着芯を貼り(①)、中表に折って2cm幅に縫う(②)。次に表に返し、縫い目を中央にしてアイロンで整え、両端にステッチをかける(③)。2本作る。

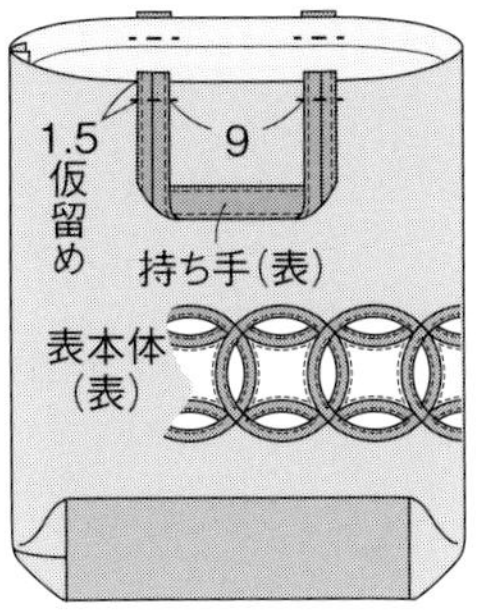

2 表本体表面の口に、図のように持ち手を仮留めする。

4 裏本体を縫う

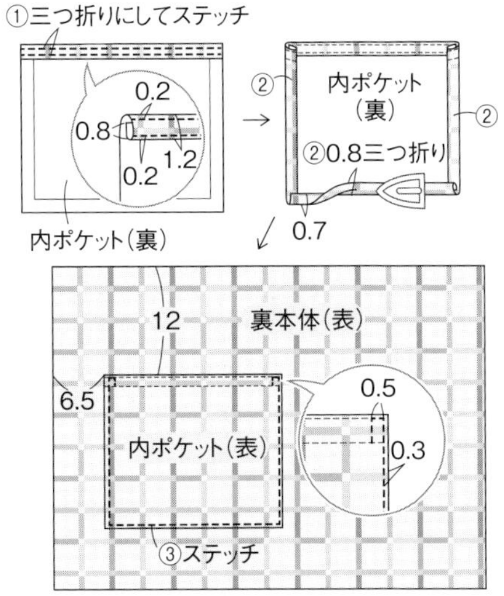

1 内ポケットの4辺を図のように作り(①②)、裏本体表面に重ねてステッチをかける(③)。

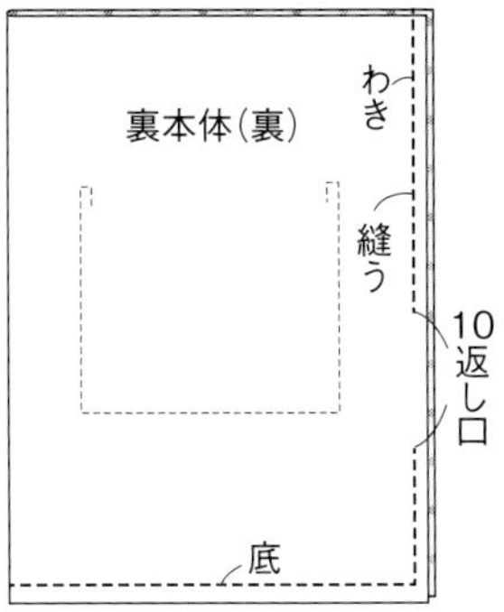

2 裏本体を中表に折り、返し口を残してわき〜底を縫う。縫い代は割る。

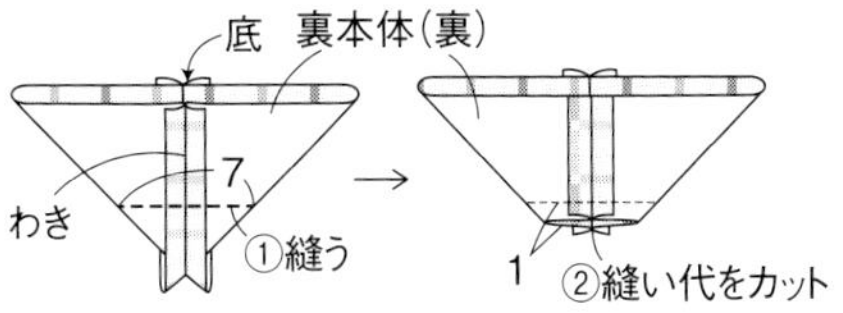

3 裏本体の底の両わきを図のように三角につまんで縫い(①)、縫い代を1cm残してカットする(②)。

5 口を縫う

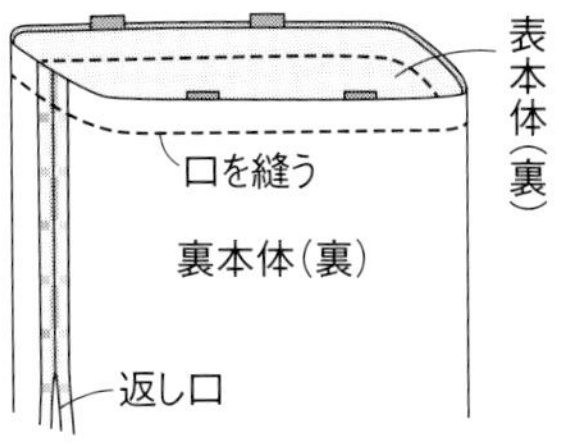

1 表本体と裏本体の口を中表に合わせて縫う。

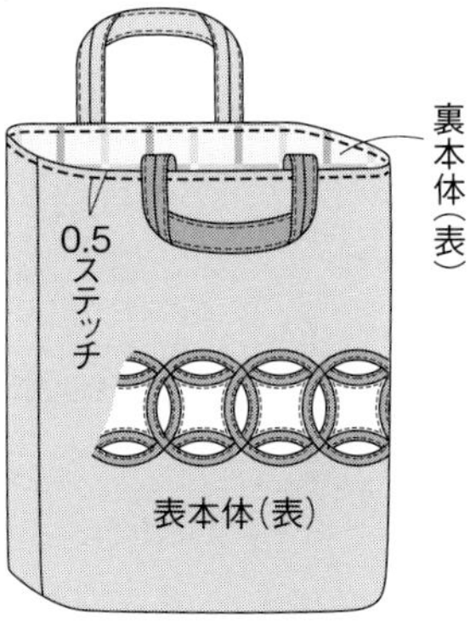

2 裏本体の返し口から表に返し、返し口をコの字とじでとじる。表本体の内側に裏本体を収めて形を整え、口にステッチをかける。出来上がり。

作品35ページ

オレンジピールのサコッシュ

型紙B面
パターンの作り方　75ページ

●出来上がり寸法(肩ひもを除く)
口幅20cm　丈25cm　底のまち幅6cm

材料
木綿地
キルティング地　黄色
…55×110cm(本体、肩ひも)
柄布㋐～㋓…各8×8cm(ピースⓐ)
柄布㋔～㋗…各4×8cm(ピースⓑ)
ストライプ…15×26cm(内ポケット)
両折れタイプのバイアステープ　黄色
…0.8cm幅　20cm(底まち、肩ひもの縫い代の始末)

寸法図

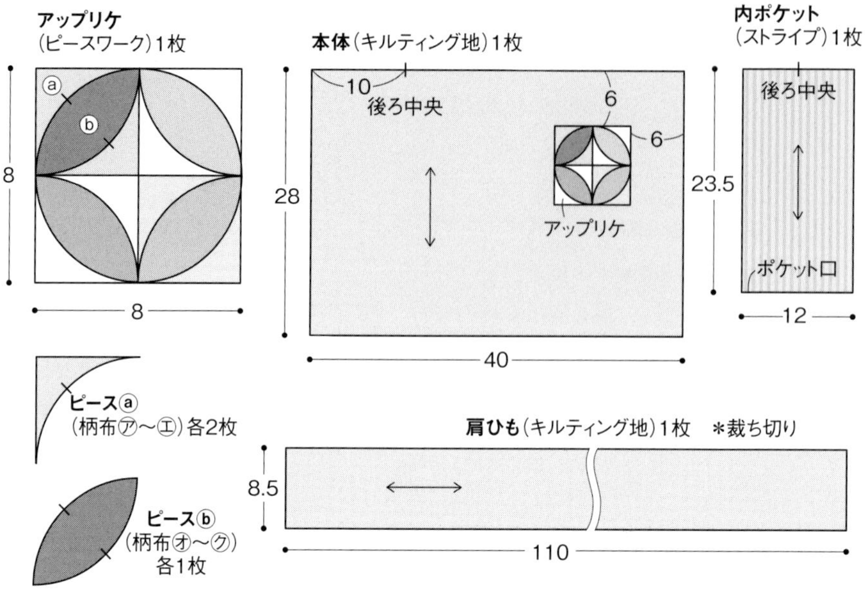

＊肩ひもは裁ち切り
＊アップリケのピースⓐ・ⓑは0.7cm、本体の上端は4cm、
内ポケットの上端は1cm、そのほかは1.5cmの縫い代をつけて裁つ

1　アップリケをする

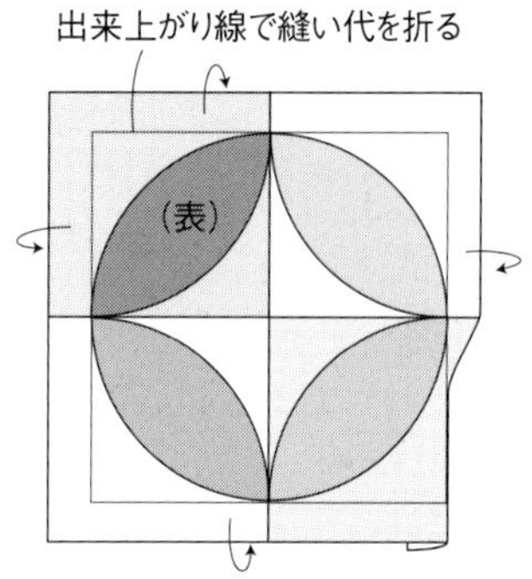

1 ピースワークをしてアップリケのパターンを作り、周囲の縫い代を裏面に折る。

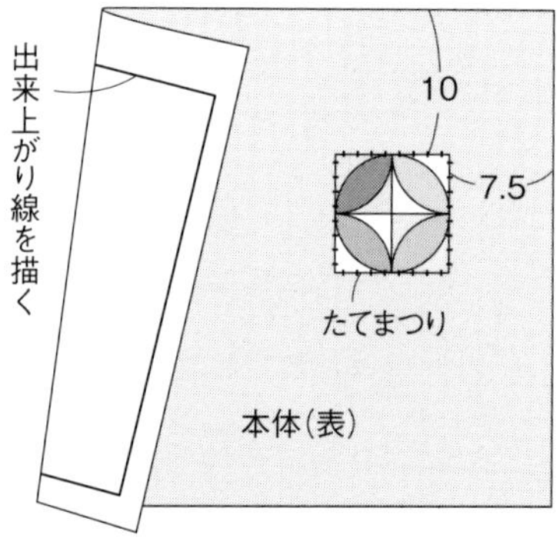

2 本体裏面には出来上がり線を描いておく。本体表面のアップリケ位置に**1**のパターンをたてまつりでアップリケする。

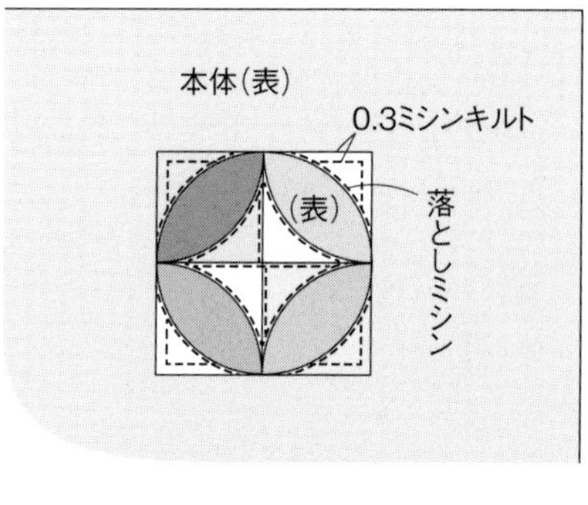

3 パターンの外回りは0.3cm内側にミシンでキルティングをし、ピースの縫い目に落としミシンをかける。

2　わき～底を縫う

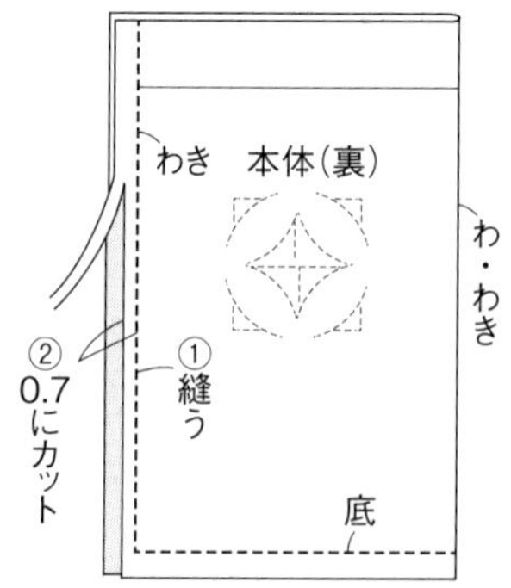

1 本体を中表に折り、わき～底を縫う(①)。次に1枚だけわき縫い代を0.7cmにカットする(②)。

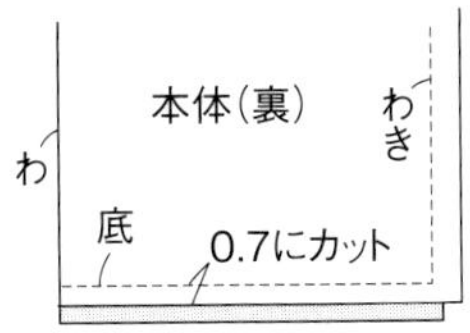

2 **1**をひっくり返し、**1**でわき縫い代をカットしていない面の底の縫い代を0.7㎝にカットする。

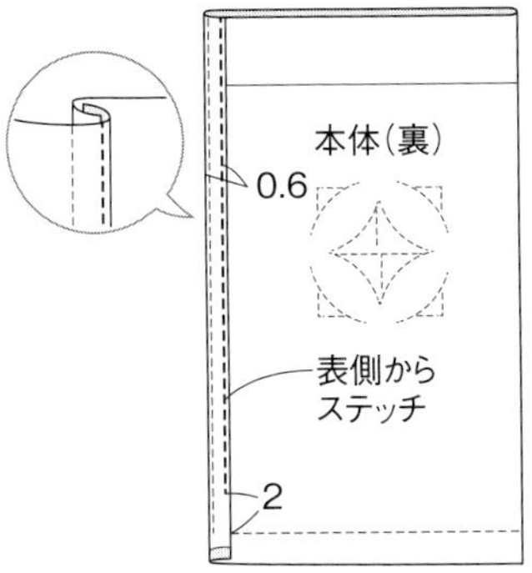

3 わきの狭いほうの縫い代を、広いほうの縫い代でくるみ、片側に倒してしつけをかける。表側から底の2㎝手前までステッチをかける。

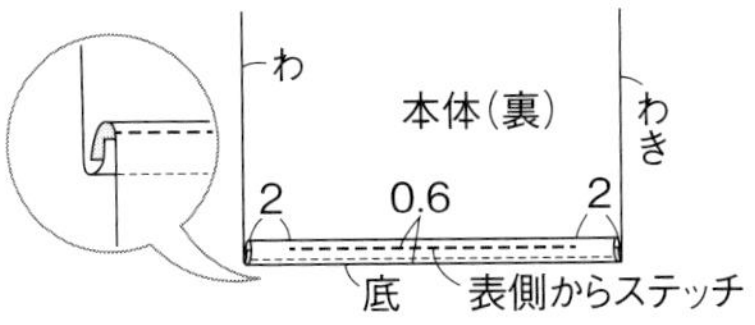

4 **3**をひっくり返し、底の縫い代を**3**と同様に、狭いほうの縫い代を広いほうの縫い代でくるみ、片側に倒してしつけをかけて、表側から両端を2㎝残してステッチをかける。

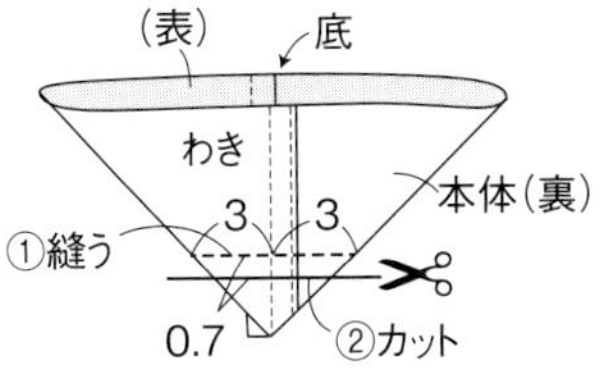

5 底の角を図のように三角につまんでまちを縫う(①)。次に縫い代を0.7㎝残してカットする(②)。もう一方の角も同様にする。

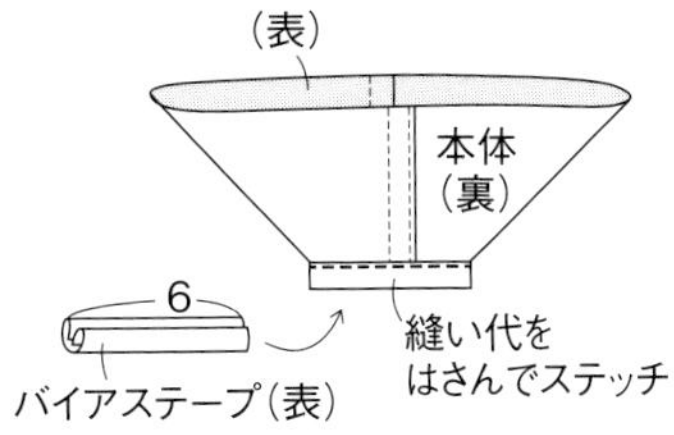

6 6㎝にカットしたバイアステープで**5**の底まちの縫い代をはさんでステッチをかける。もう一方も同様にする。

3 内ポケットを作ってつける

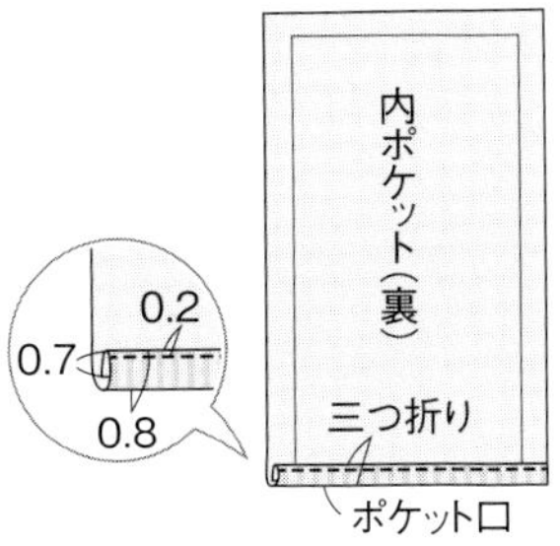

1 内ポケットの下端の縫い代を三つ折りにしてステッチをかける。ここがポケット口になる。

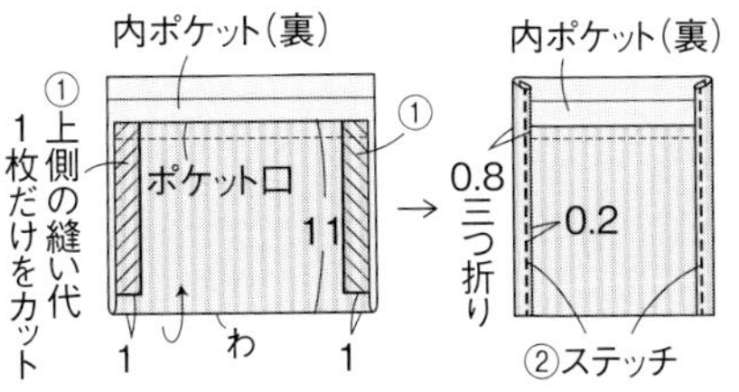

2 内ポケットを外表に11㎝折り上げる。わきの上側の縫い代1枚だけをわ側から1㎝残してカットする(①)。次に下側のわき縫い代を、ポケット口と同じ要領で三つ折りにしてステッチをかける(②)。

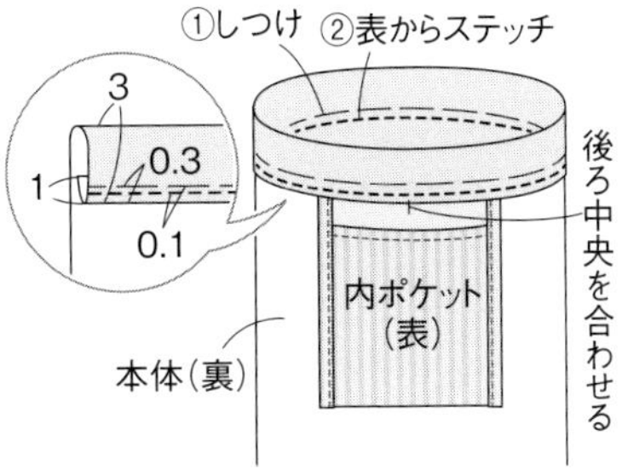

3 本体上端の縫い代をアイロンで三つ折りにし、後ろ側になる本体(アップリケのついていないほう)の縫い代に、内ポケットの上端の縫い代を図のようにはさんでぐるりとしつけをかける(①)。次に本体の表面からしつけのきわにステッチをかける(②)。しつけ糸を抜く。

4 肩ひもを作ってつける

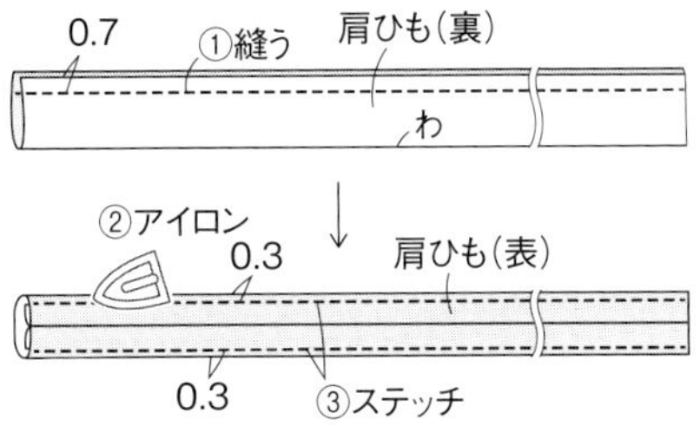

1 肩ひもを中表に折って長辺を0.7㎝の縫い代で縫い(①)、表に返して①の縫い目を中央にしてアイロンで整え(②)、ステッチをかける(③)。

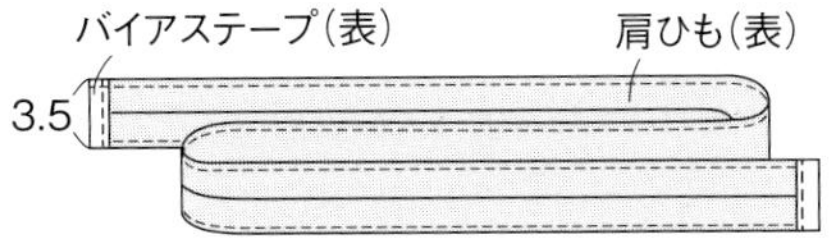

2 肩ひも両端の裁ち端を、**2**-**6**と同様に4㎝にカットしたバイアステープで始末する。

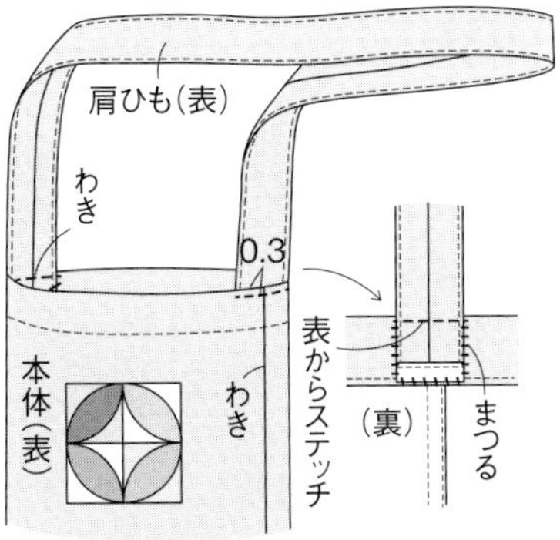

3 肩ひもを本体両わきの内側に図のようにまつり、口の部分は表側からミシンでステッチをかけて留める。出来上がり。

作品36ページ

ダブルアイリッシュチェーンのリュック

型紙B面
パターンの作り方　72ページ

●出来上がり寸法(肩ひもを除く)
口幅28㎝　底幅32㎝　丈33㎝
底のまち幅10㎝

材料
木綿地
キルティング地　グレー…90×42㎝(表布)
グレー柄布…110×42㎝(裏布、内ポケット)
濃グレー柄布…40×10㎝(ピースⓐ、ⓔ)
薄グレー柄布…60×15㎝(ピースⓐ、ⓑ、ⓒ、ⓓ)
キルト綿…10×40㎝(肩ひも)
テープ…
3㎝幅　170㎝(口当てテープ、下側のひも、ループ)
3.8㎝幅　190㎝　(肩ひも)
調節器具…内径2.5㎝　2個

寸法図

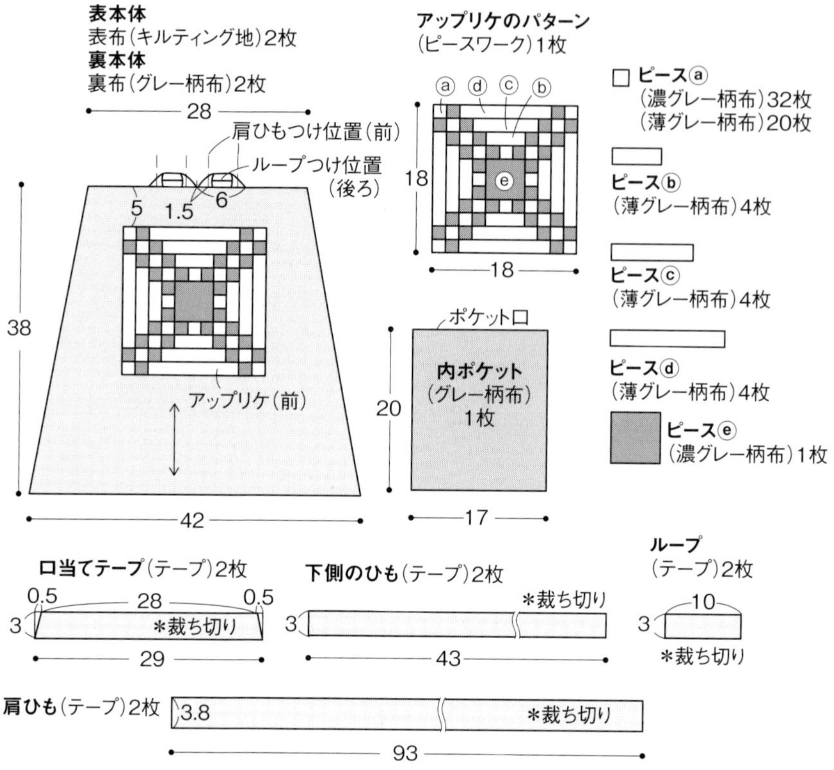

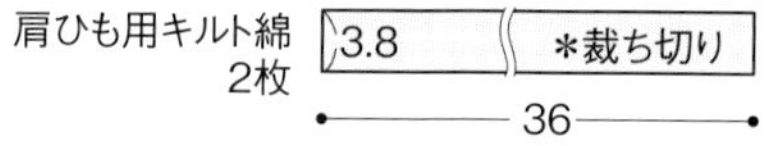

*口当てテープ・下側のひも・ループ・肩ひも・肩ひも用キルト綿・裏本体の口は裁ち切り
*内ポケットのポケット口は2.5㎝、残りの3辺は1.5㎝、ピースは0.7㎝、そのほかは1㎝の縫い代をつけて裁つ

1　表本体を縫う

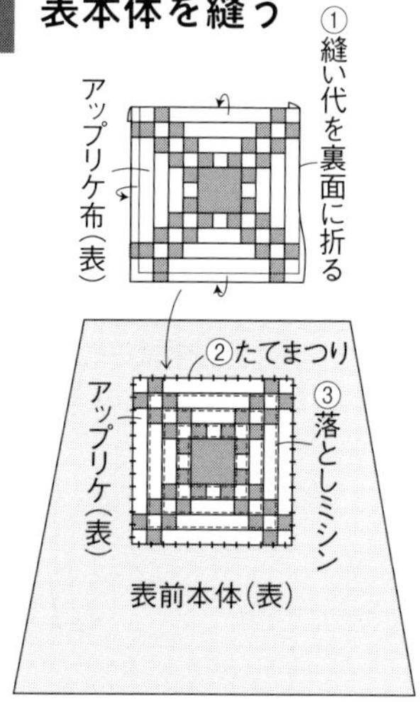

1 ピースワークをしてアップリケのパターンを作り、縫い代を出来上がり線で裏面に折る(①)。次に表前本体表面のアップリケ位置に、たてまつりで縫い留める(②)。ピースの縫い目には、図のように落としミシンをかける(③)。これが表前本体になる。

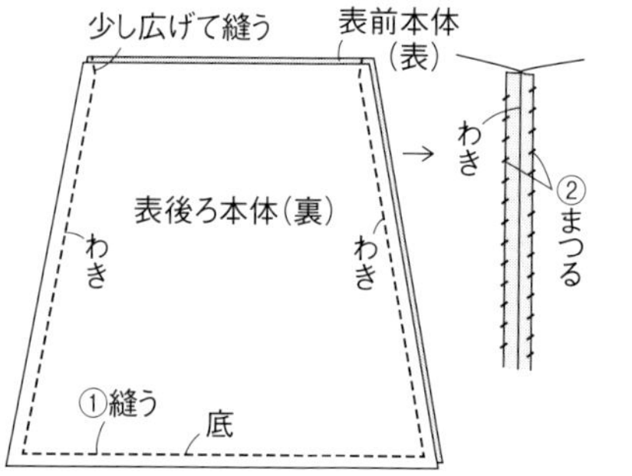

2 2枚の表本体を中表に合わせ、両わきと底を縫う(①)。このとき口側の角の縫い代部分は少し広げて縫う。次に縫い代を割り、縫い代端をまつる(②)。

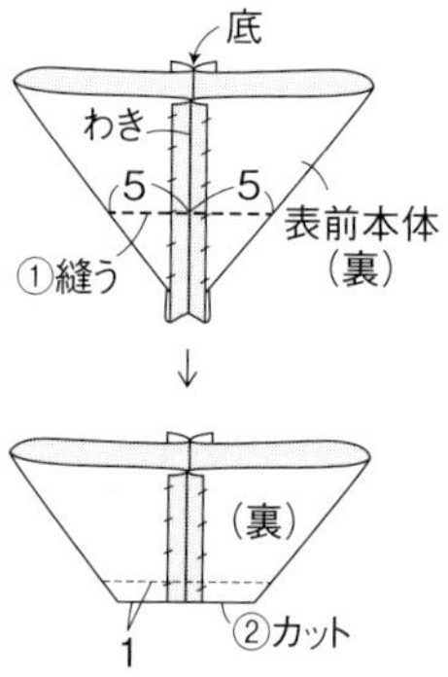

3 表本体の底の角を、図のように三角につまんで縫い、まちを作る(①)。縫い代は1㎝残してカットする(②)。もう一方の角も同様にまちを作る。

2 裏本体を縫う

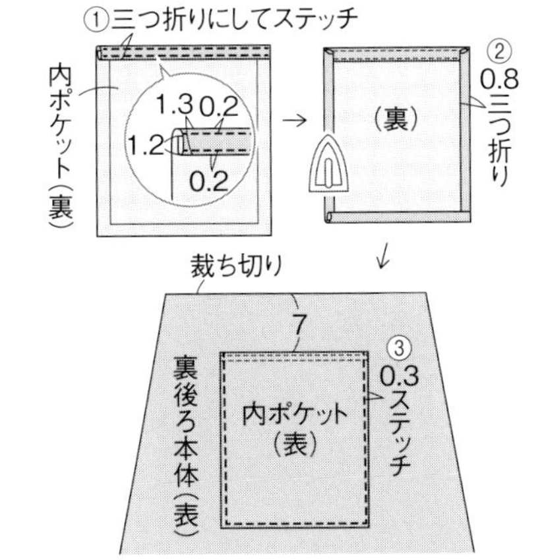

1 内ポケット口の縫い代を三つ折りにしてステッチをかける(①)。残り3辺の縫い代を三つ折りにし(②)、裏本体の表面にステッチで縫い留める(③)。これを裏後ろ本体にする。

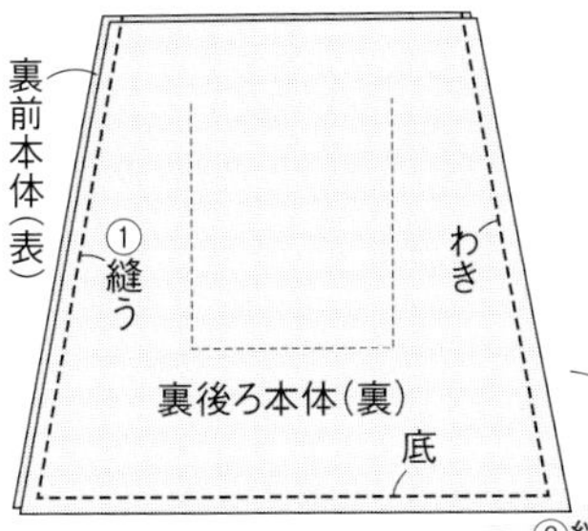

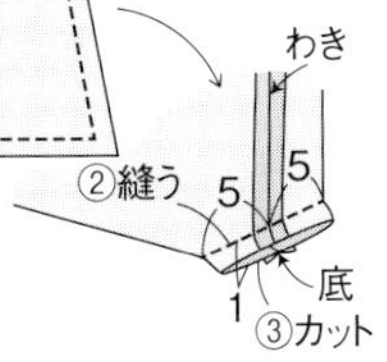

2 2枚の裏本体を中表に合わせ、両わきと底を縫い(①)、縫い代を割る。次に底の両角を表本体と同様に縫い(②)、縫い代を1cm残してカットする(③)。

3 表本体と裏本体を中とじする

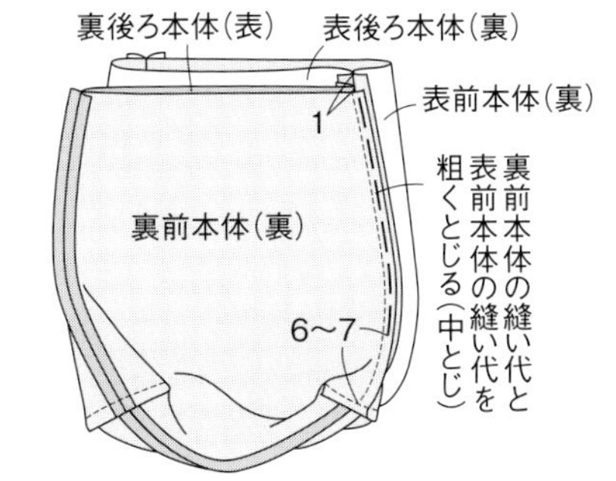

1 表・裏本体の後ろ側どうしを外表に合わせ、両わきとも裏前本体のわき縫い代を表前本体のわき縫い代に粗く縫い留める。

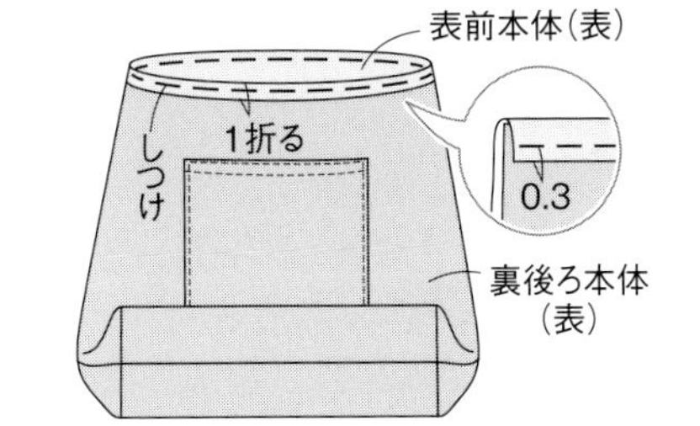

2 裏本体を表に返し、表本体と裏本体を外表に整える。表本体の口の縫い代を裏面に折り、裏本体の布端をはさんでしつけで留める。

4 下側のひもをつけ、肩ひもを作る

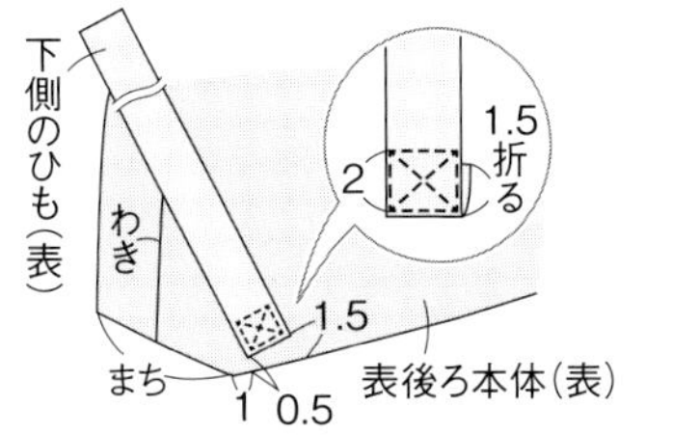

1 表後ろ本体表面の下側の両角に、長さ43cmにカットした下側のひも用テープを図のように縫い留める。

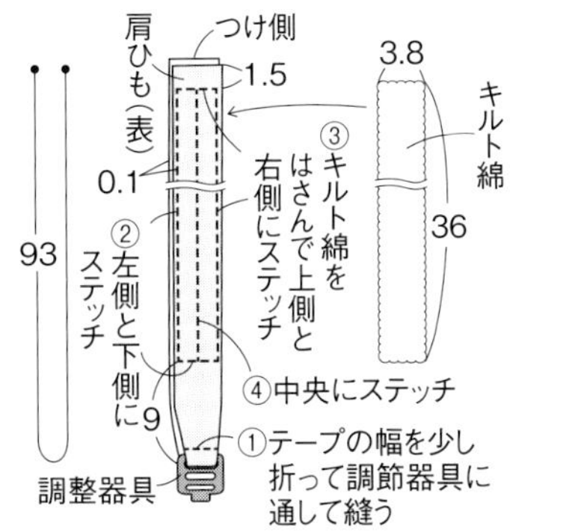

2 長さ93cmにカットした肩ひも用テープを①~④の順に縫う。キルト綿をはさんで③でステッチをかけるときは2枚のテープの間に目打ちでキルト綿を押し込みながらミシンをかける。2本作る。

5 本体の口を縫う

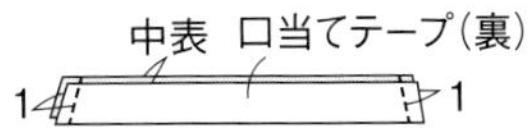

1 口当てテープ2枚を中表に合わせて、両わきを縫う。縫い代は割って表に返す。

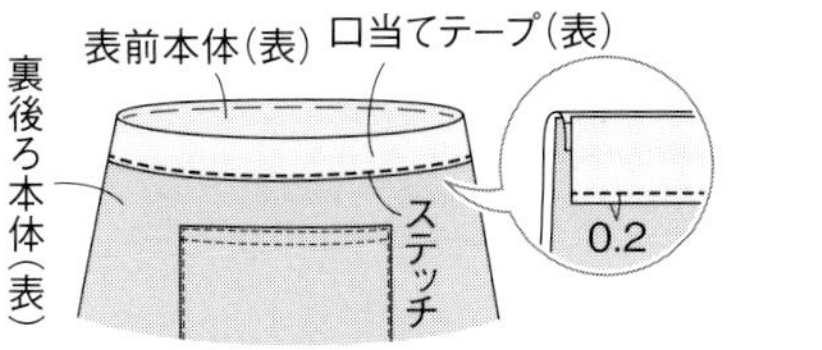

2 本体の口の裏本体側に口当てテープを合わせ、テープの下端だけにステッチをかける。表に返す。

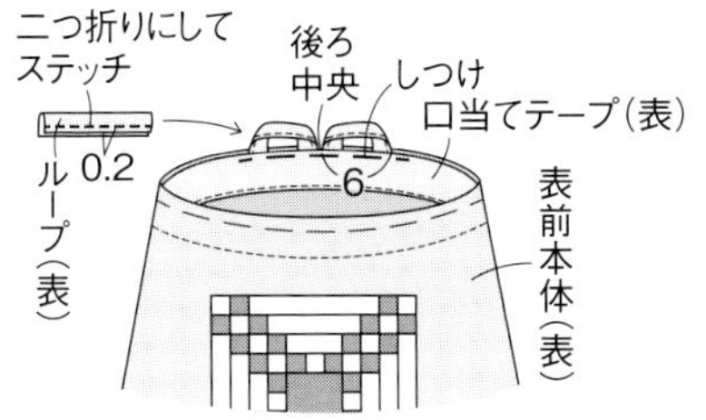

3 ループを2本作り、口の後ろ側中央の、本体と口当てテープの間にそれぞれはさんでしつけで仮留めする。

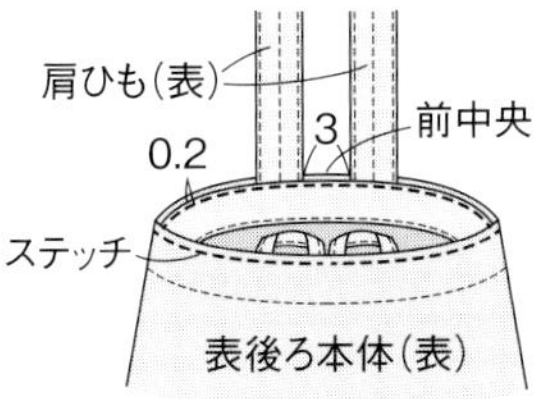

4 口の前側の、本体と口当てテープの間に、肩ひものつけ側を1.5cmはさんでしつけで仮留めしてから、口当てテープの上端にステッチをかける。口のしつけ糸は抜く。

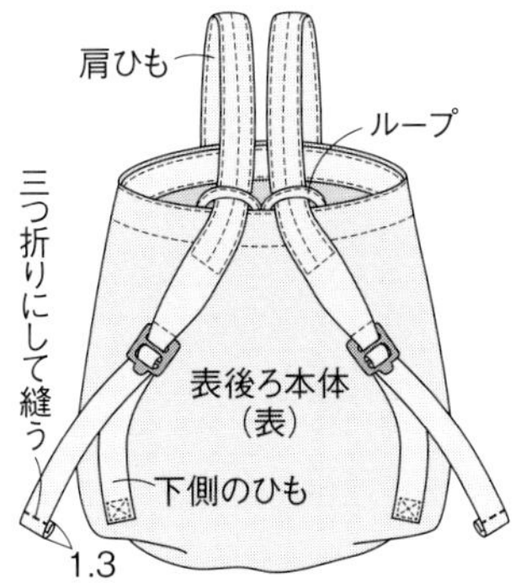

5 前本体の肩ひもをループに通して後ろ側に回す。肩ひもの調節器具に下側のひもを通し、下側のひもの先を三つ折りにして縫う。出来上がり。

作品37ページ

海の嵐のショルダーバッグ

型紙A面
パターンの作り方　77ページ

●出来上がり寸法（肩ひも、持ち手を除く）
口幅40.5cm　丈34.5cm
底のまち幅10cm

材料
木綿地
柄布25種…各適宜（ピースⓐ〜ⓔ、ⓔ′、ⓕ〜ⓗ）
紺しま柄…75×85cm（口布、底表布、肩ひも、口用バイアス布）
紺チェック…15×25cm（持ち手）
ベージュチェック…100×45cm
（本体裏布、底裏布、底用バイアス布）
両面接着キルト綿…100×45cm
（本体、底、肩ひも、持ち手）
厚手接着芯…10×30cm（底）
薄手接着芯…10×55cm（肩ひも、持ち手）

1 本体を作る

ピースワークをしてブロックA・B・Cを作り、それを寸法図のように縫い合わせ、さらに口布も縫い合わせてトップ（本体表布）を作る。次にトップと本体裏布を外表に合わせ、その間に両面接着キルト綿をはさんでアイロンで接着する。口布には1cm幅にミシンでキルティングをし、ピースの縫い目には図のように落としミシンをかける。

寸法図

本体
表布（ピースワーク）
裏布（ベージュチェック）
両面接着キルト綿
各1枚

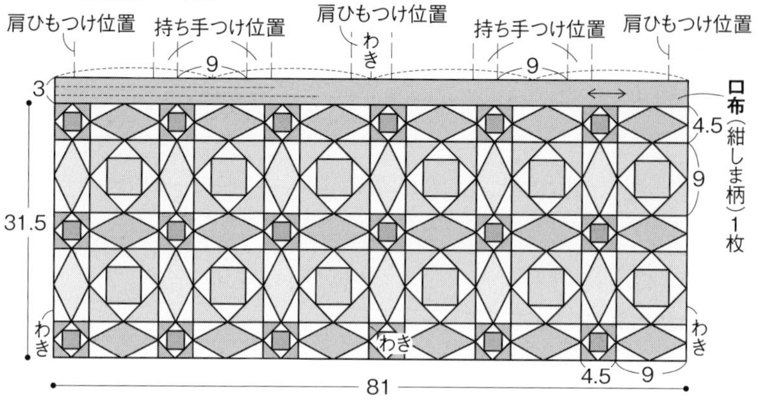

底
表布（紺しま柄）
裏布（ベージュチェック）
両面接着キルト綿
厚手接着芯
各1枚

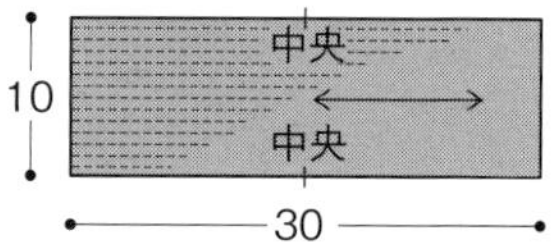

肩ひも
表布（紺しま柄）2枚
両面接着キルト綿
薄手接着芯
各1枚

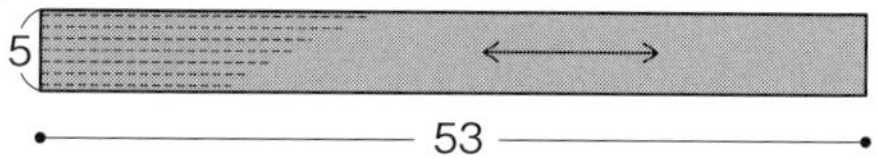

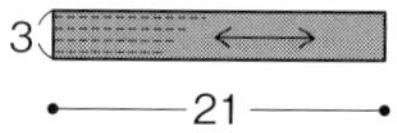

持ち手
（紺チェック）4枚
両面接着キルト綿
薄手接着芯
各2枚

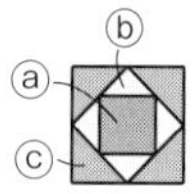

ブロックA　18枚
ピースⓐ（柄布）18枚
ピースⓑ（柄布）
ピースⓒ（柄布）
各72枚

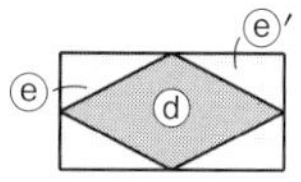

ブロックB　30枚
ピースⓓ（柄布）30枚
ピースⓔ（柄布）
ピースⓔ′（柄布）
各60枚

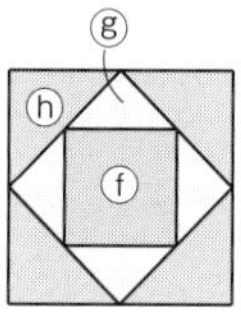

ブロックC　12枚
ピースⓕ（柄布）12枚
ピースⓖ（柄布）
ピースⓗ（柄布）
各48枚

口用バイアス布（紺しま柄）1枚

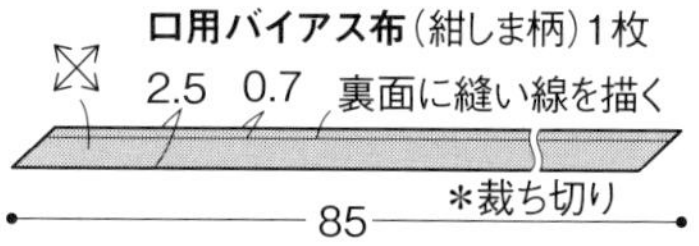

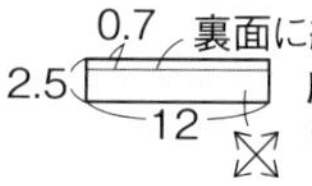

底用バイアス布
（ベージュチェック）1枚
*裁ち切り

*底の厚手接着芯、持ち手と肩ひもの薄手接着芯、口用バイアス布、底用のバイアス布は裁ち切り
*本体裏布は上下に1.5cm、わきに2cm、持ち手と肩ひもは1cm、そのほかは0.7cmの縫い代をつけて裁つ
*ピースⓔ′はピースⓔの型紙を裏返して使用する

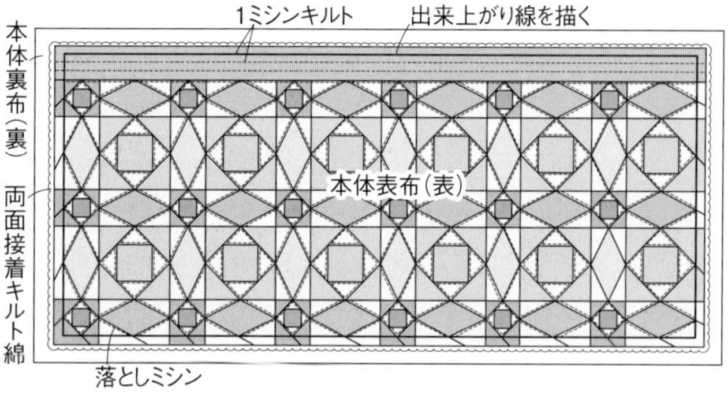

2 底を作ってつける

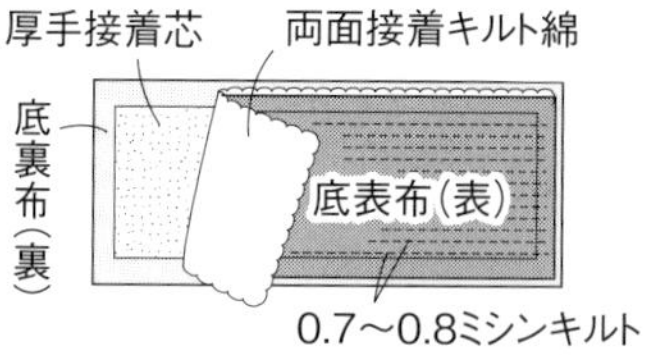

1底裏布の裏面に裁ち切りの厚手接着芯を貼っておく。底表布と裏布を外表に合わせ、間に両面接着キルト綿をはさんでアイロンで貼り、ミシンでキルティングをする。

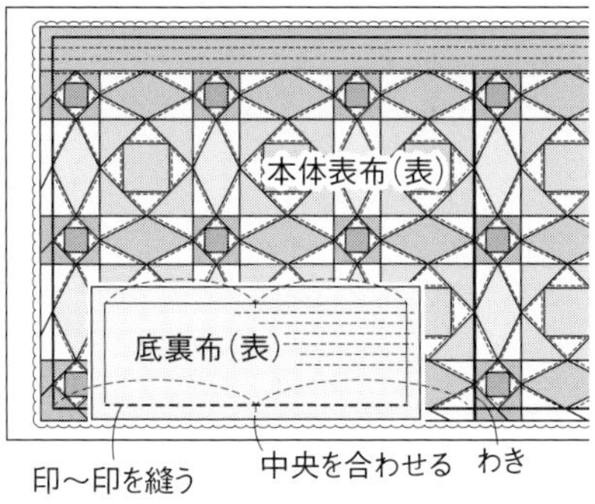

2底裏布の表面に出来上がり線を描き、本体の底側に、底の長辺を図のように中表に合わせて、印〜印を縫う。

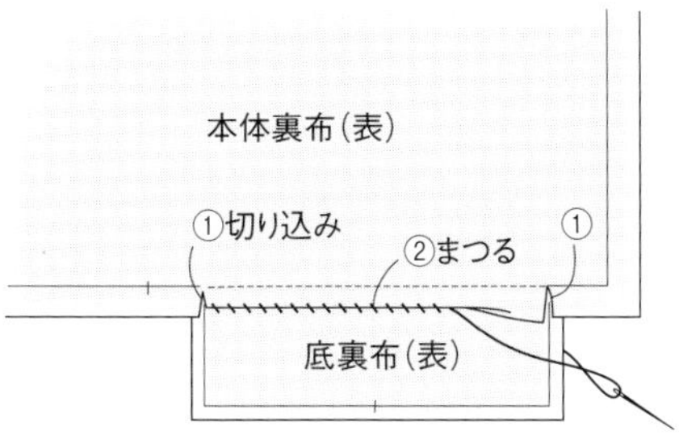

3底を表に返し、**2**の縫い止まり位置の本体の縫い代に切り込みを入れる(①)。次に本体裏布の縫い代で**2**の縫い代をくるんで底側に倒してまつる(②)。

3 わきを縫う

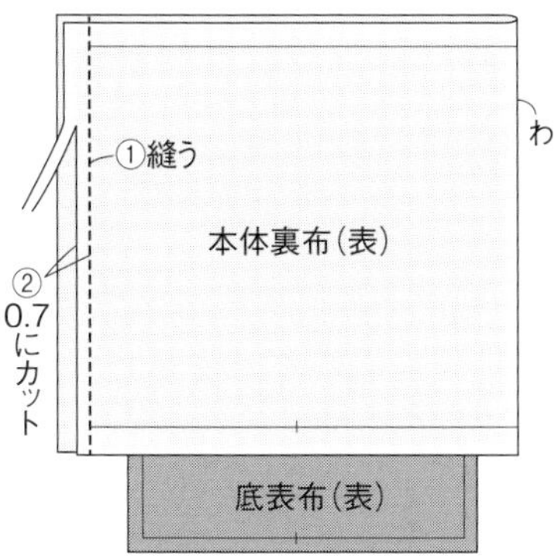

1本体を中表に折ってわきを縫い(①)、片方の本体裏布1枚のみを残して、縫い代を0.7cmにカットする(②)。

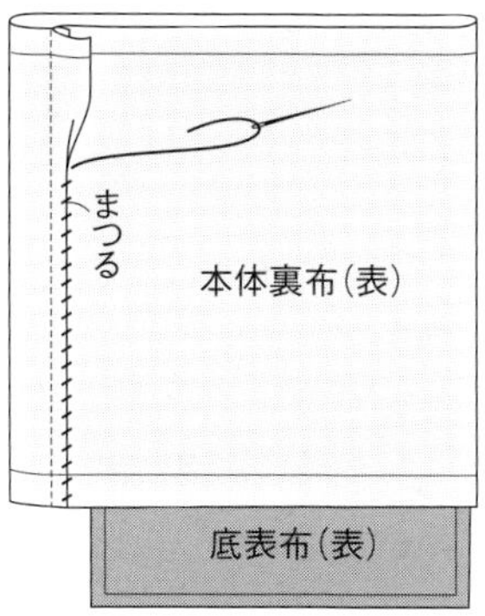

2 **1**で残した本体裏布のわき縫い代で、カットした縫い代をくるみ、図のように片側に倒して本体裏布にまつる。

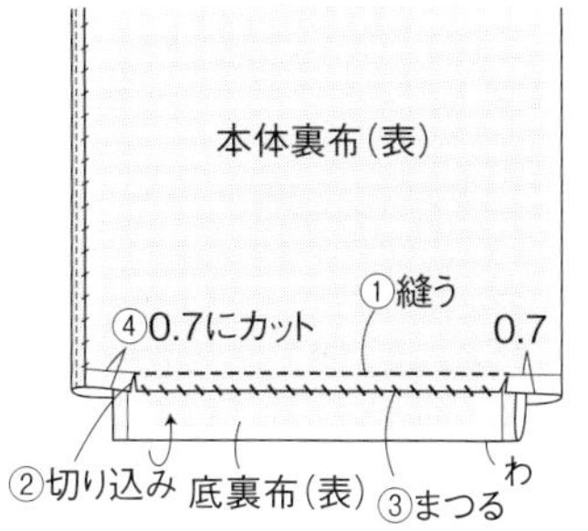

3底を中表に折って、反対側の本体の底側に**2**-**2**、**3**と同じ要領で縫い合わせる(①〜③)。本体裏布の底のわき側の縫い代は0.7cmにカットしておく(④)。

4 底の角を縫う

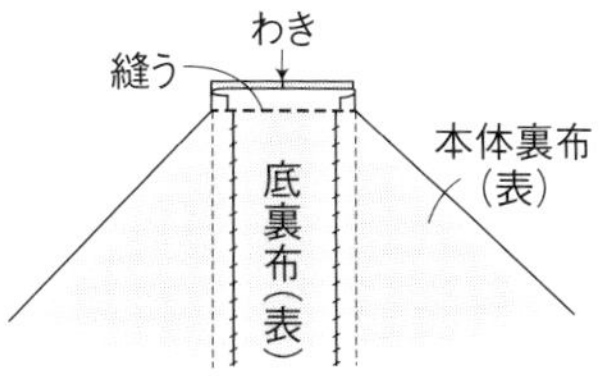

1底の短辺と本体わきの底側を中表に合わせて縫う。

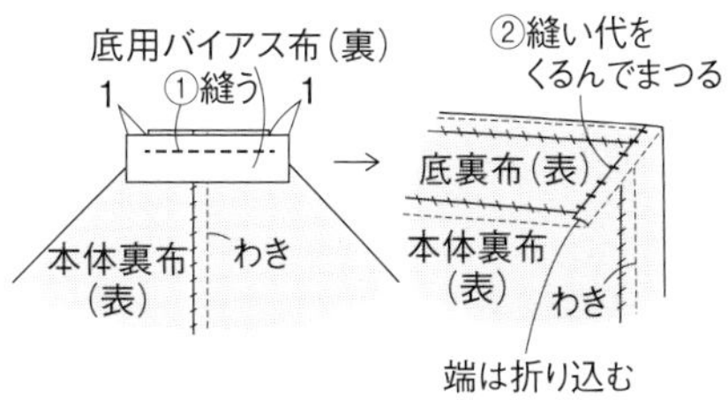

2 **1**の本体側に底用バイアス布を中表に合わせ、**1**の縫い目に重ねて縫う(①)。次にバイアス布で縫い代をくるみ、バイアス布の両端は折り込んで縫い代を底側に倒してまつる(②)。

5 持ち手、肩ひもを作ってつける

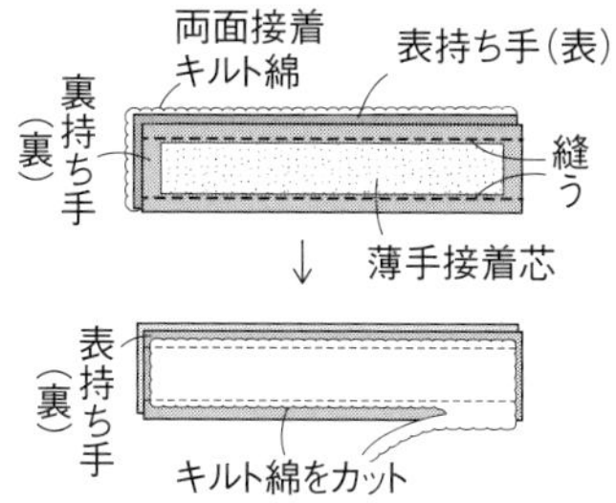

1 1枚の持ち手の裏面に裁ち切りの薄手接着芯を貼る。これを裏持ち手に、もう1枚を表持ち手にする。表・裏持ち手を中表に合わせ、両面接着キルト綿を持ち手表布の裏面に重ねて長辺を縫う。次に両面接着キルト綿の縫い代を縫い目のきわでカットする。

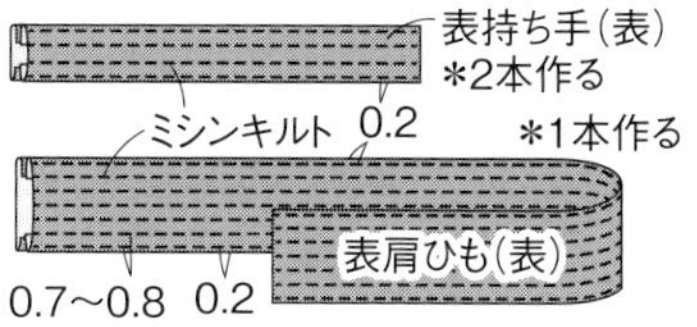

2持ち手を表に返して形を整え、アイロンを当てて両面接着キルト綿を接着してからミシンキルトをする。持ち手は2本作る。肩ひもも持ち手と同様に1本作る。

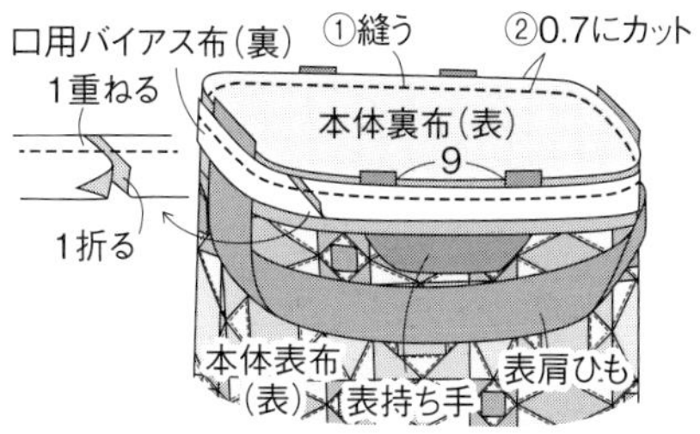

3本体表布の口のつけ位置に、持ち手と肩ひもを仮留めし、口用バイアス布を中表に重ねる。本体の出来上がり線にバイアス布の縫い線を合わせて縫い(①)、本体の縫い代をバイアス布の布端に合わせてカットする(②)。

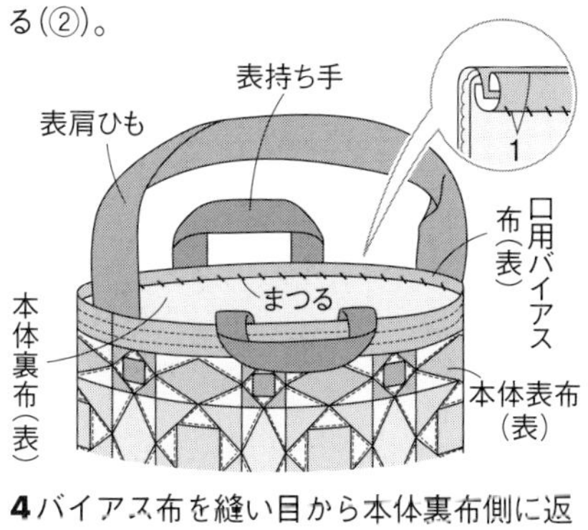

4バイアス布を縫い目から本体裏布側に返し、縫い代をくるんでまつる。出来上がり。

作品38ページ

モンキーレンチのスマホケース

型紙A面

パターンの作り方　66ページ

●出来上がり寸法（肩ひもを除く）
幅12cm　丈21cm

材料

木綿地
柄布㋐…45×30cm（ピースⓐ、ⓑ、ⓒ、ⓓ、ⓔ、後ろ本体表布）
柄布㋑…15×30cm（ピースⓐ、ⓑ）
柄布㋒…55×25cm（裏布、口用バイアス布）
赤…10×60cm（肩ひも）
こげ茶色…8×8cm（タブ）
キルト綿…30×25cm（本体）
両面接着キルト綿…8×4cm（タブ）
面ファスナー…1.5cm幅　2cm

作り方のポイント

キルティングラインは実物大型紙を参照。

寸法図

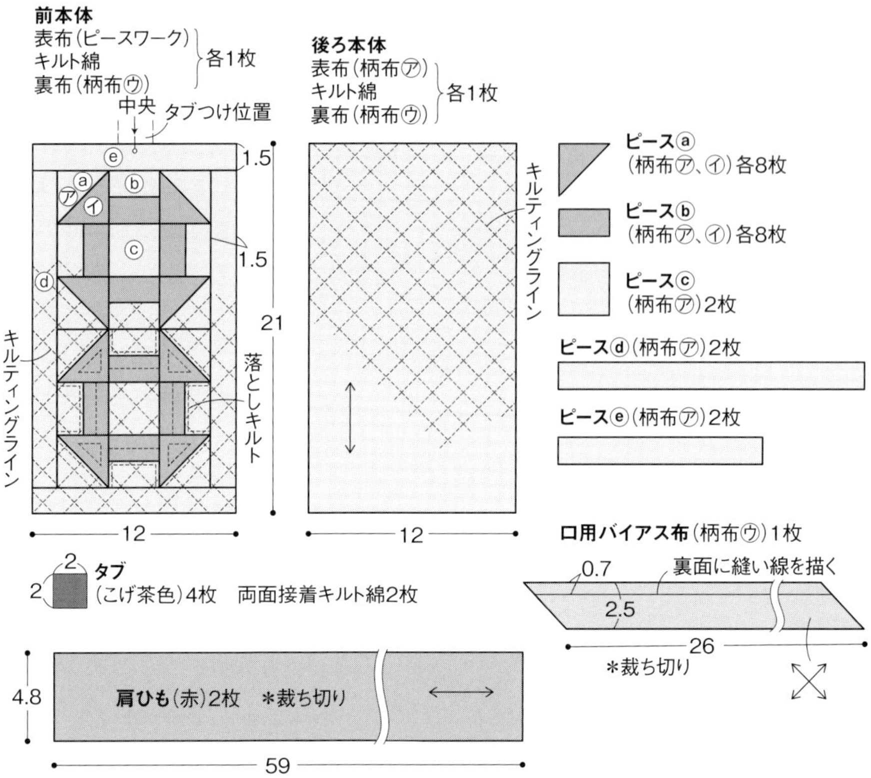

＊肩ひも・口用バイアス布は裁ち切り
＊ピース・タブ・両面接着キルト綿・後ろ本体表布は0.7cm、そのほかは1.5cmの縫い代をつけて裁つ

1　本体を作る

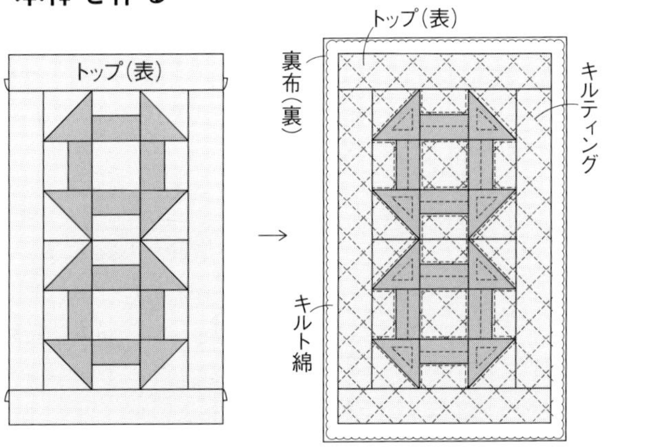

1 前本体のピースワークをしてトップを作り、61～63ページ**4**～**6**を参照し、フープのかわりに文鎮で押さえてキルティングをし、落としキルトをする。裏布表面には出来上がり線を描いておく。

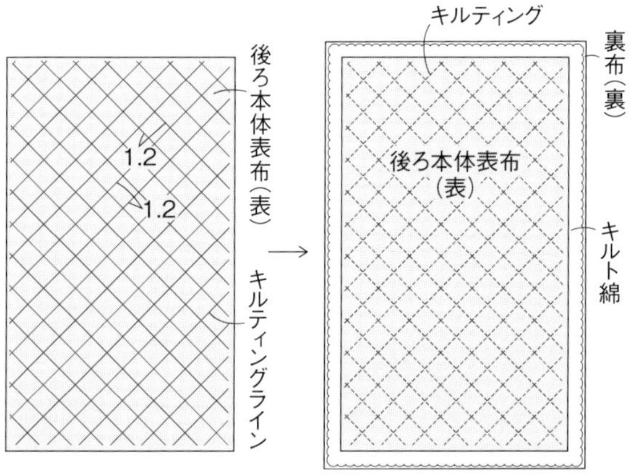

2 1と同様に後ろ本体もキルティングし、裏布表面には出来上がり線を描いておく。

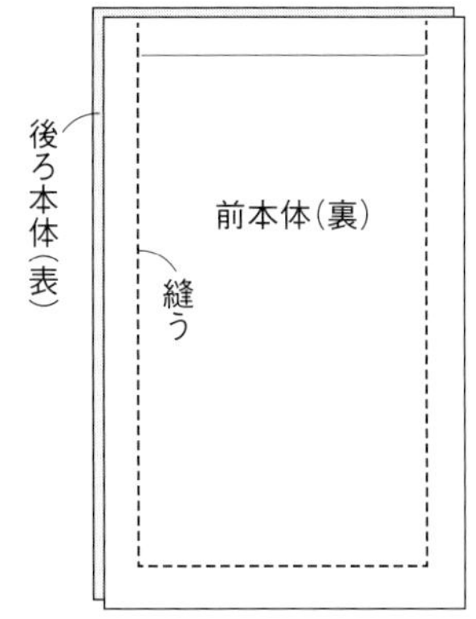

3 前本体と後ろ本体を中表に合わせ、口以外の3辺を縫う。

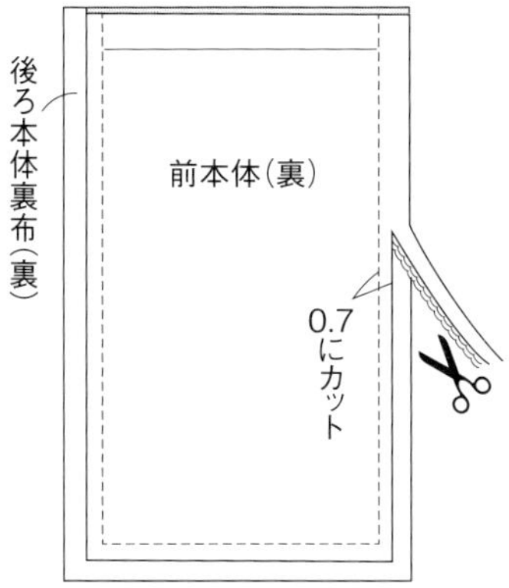

4 後ろ本体の裏布のみ残して、3辺の縫い代を0.7cmにカットする。

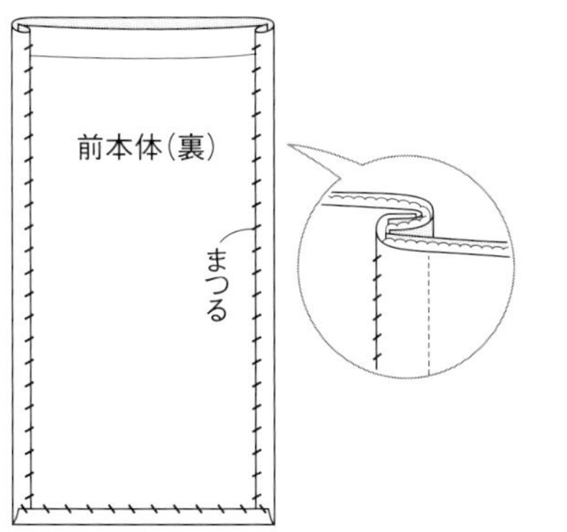

5 3辺の縫い代を後ろ本体の裏布でくるみ、前本体側に倒してまつる。

2 肩ひも、タブを作って口を縫う

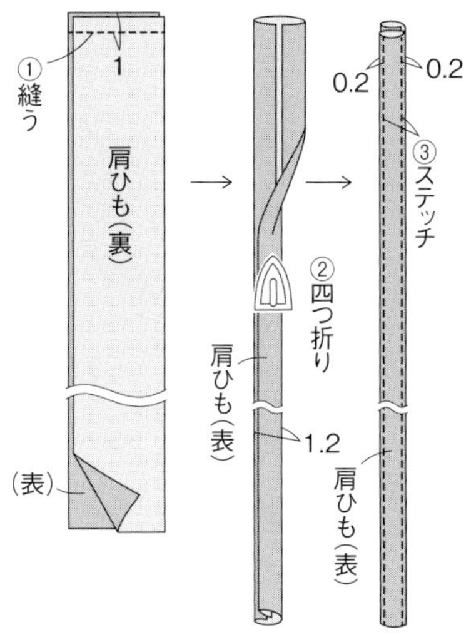

1 肩ひも2枚を中表に合わせて縫い(①)、縫い代を割る。1枚にした肩ひもを外表に四つ折りにして1.2cm幅にアイロンで整え(②)、両端にステッチをかける(③)。

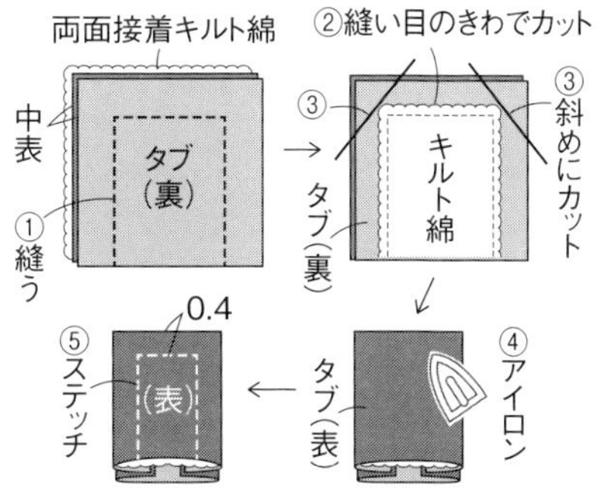

2 タブ2枚を中表に合わせ、さらに両面接着キルト綿を重ねて3辺を縫う(①)。キルト綿の縫い代を縫い目のきわでカットし(②)、角の縫い代も斜めにカットする(③)。次に表に返して形を整え、アイロンをかけてキルト綿を接着させ(④)、ステッチをかける(⑤)。2枚作る。

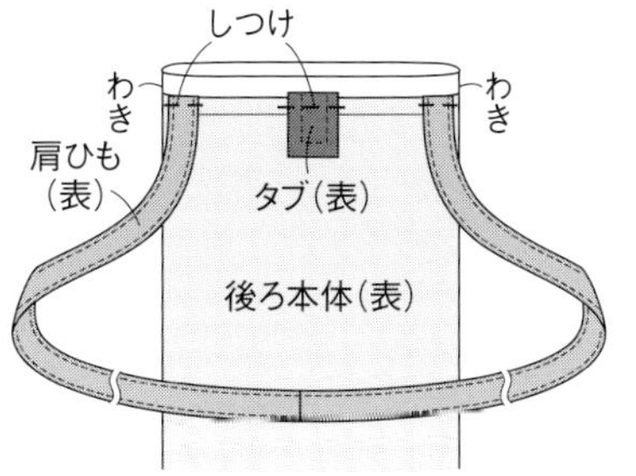

3 前・後ろ本体表面の口の中央にタブを、後ろ本体表面の両わきに肩ひもの両端をしつけで留める。

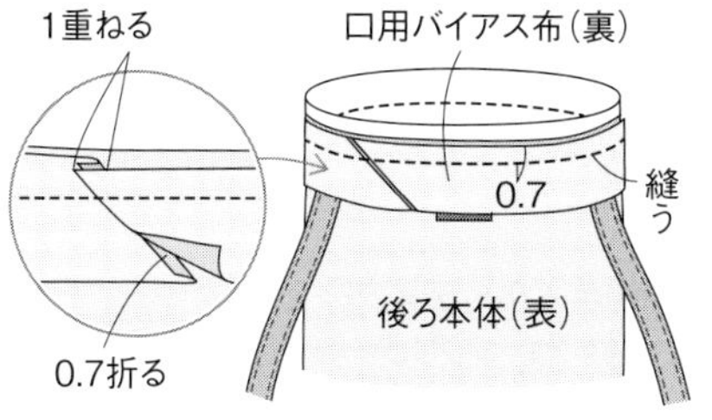

4 本体表面の上端に口用バイアス布を中表に重ね、出来上がり線と縫い線を合わせて縫う。バイアス布の端は0.7cm折って1cm重ねる。

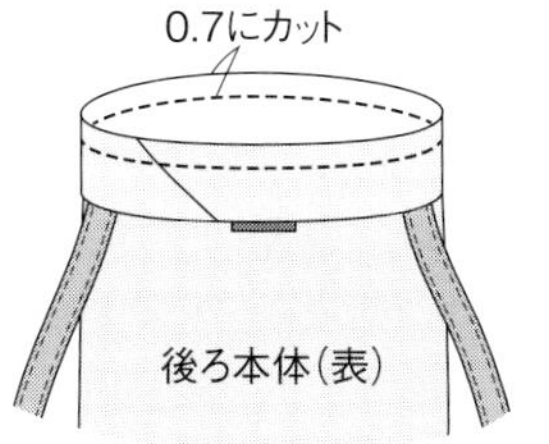

5 本体の口の縫い代をバイアス布に合わせてカットする。

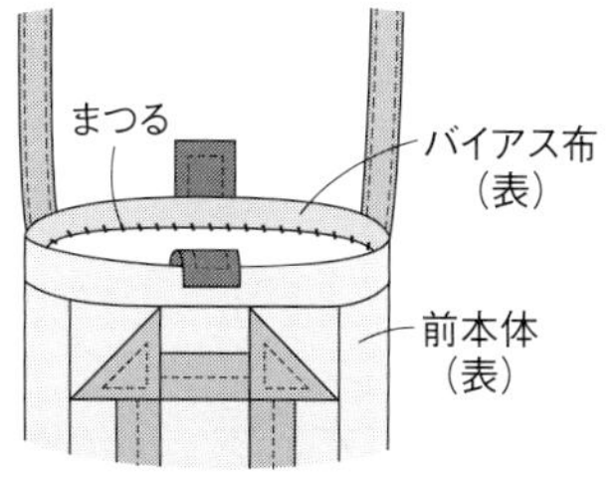

6 口の縫い代をバイアス布でくるみ、縫い目から裏布側に倒してまつる。

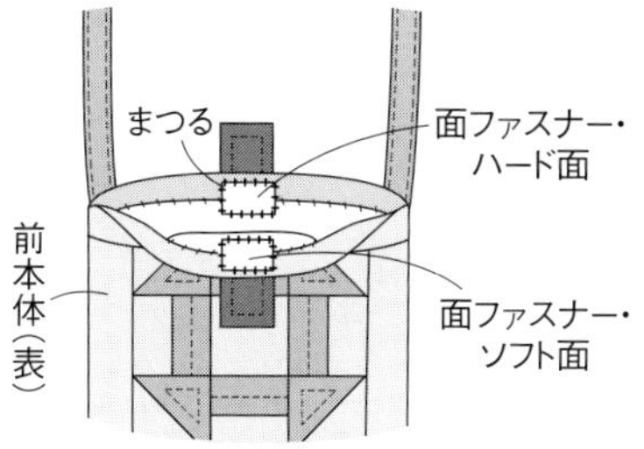

7 口の内側中央に面ファスナーをまつりつける。前側にソフト面を、後ろ側にハード面をまつる。出来上がり。

作品38ページ

パンドラの箱のペンケース

型紙A面
パターンの作り方　50〜51ページ

●出来上がり寸法
幅6.6cm　丈17.8cm

材料

木綿地
明色　柄布㋐〜㋕…各適宜（ピース）
中間色　柄布㋖〜㋝…各適宜（ピース）
暗色　柄布㋝〜㋤…各適宜（ピース）
柄布㋥…適宜（暗色ピース、表底）
チェック柄…35×21cm
（裏本体、表まち、裏まち、裏底）
両面接着キルト綿…21×18cm（表本体）
フリースタイルファスナー
グレー×からし色…長さ48cm　1本
スライダー　からし色…1個
そのほかに中厚接着芯6.6×6.6cm（裏底）、
両面接着シート6.6×6.6 cm（裏底）

用具

シリコンペーパー（当て布として使用）

寸法図

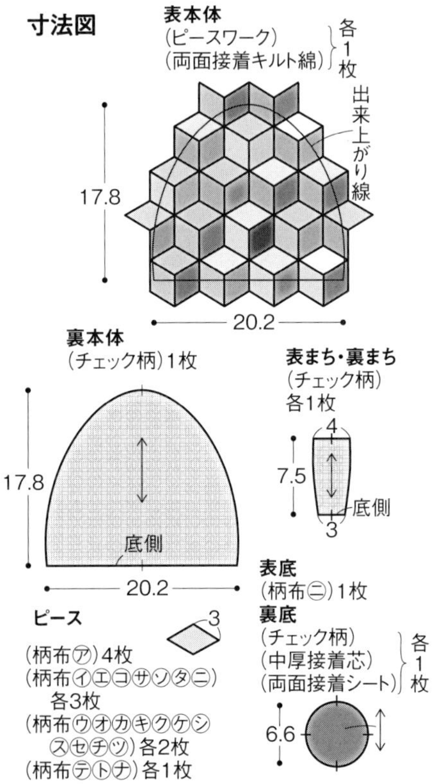

＊両面接着キルト綿、中厚接着芯、
両面接着シートは裁ち切り。
裏本体と裏まちの底側は2cm、
そのほかは0.7cmの縫い代をつけて裁つ

作り方

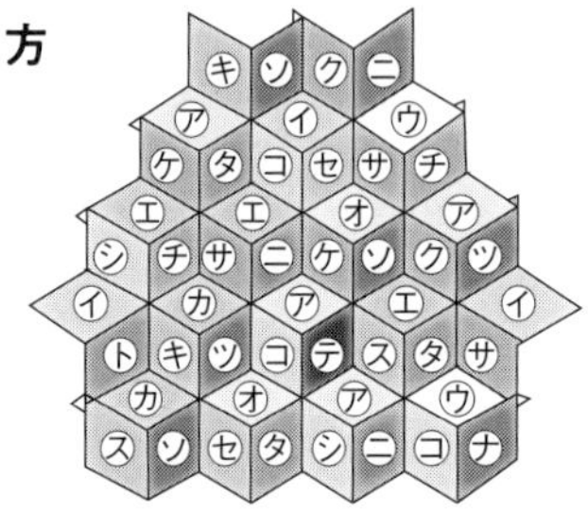

1 表本体は図の配置でピースワークをしてパターンを作る。

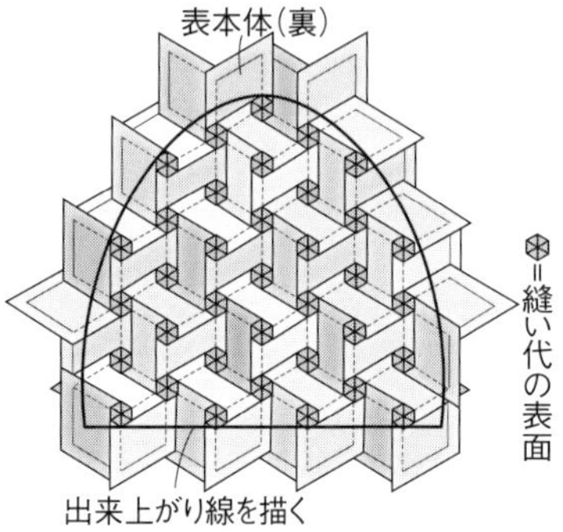

2 裏面に出来上がり線を描く。

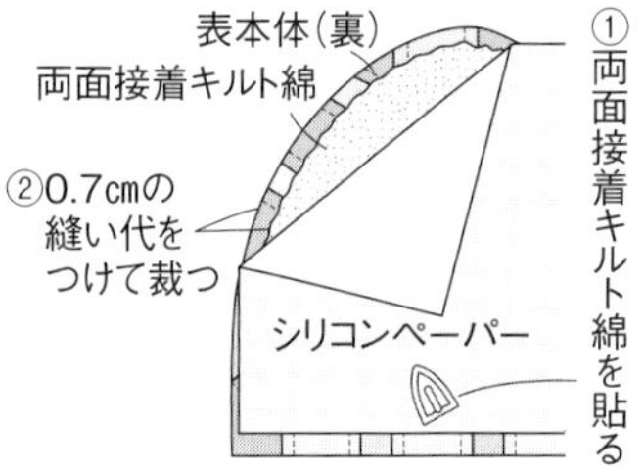

3 シリコンペーパーを当てて両面接着キルト綿をアイロンで貼り（①）、0.7cmの縫い代をつけて裁つ（②）。

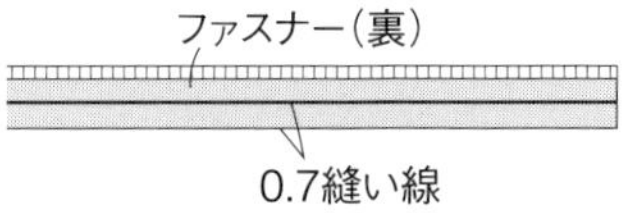

4 ファスナーの裏面に縫い線を描く。

5 表本体の出来上がり線にファスナーの縫い線を中表に合わせてしつけをかけ（①）、ファスナーをはさんで表本体と裏本体を中表に重ねて縫う（②）。表に返してアイロンで貼り合わせ（③）、斜め方向の縫い目に落としミシン（④）をかける。

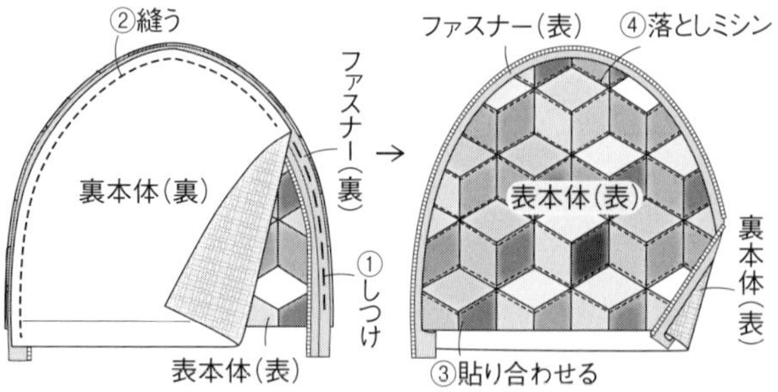

6 表まちと裏まちを中表に合わせ、返し口を残して縫う（①）。表に返してポケット口側（②）と、縦に3本ステッチをかける（③）。

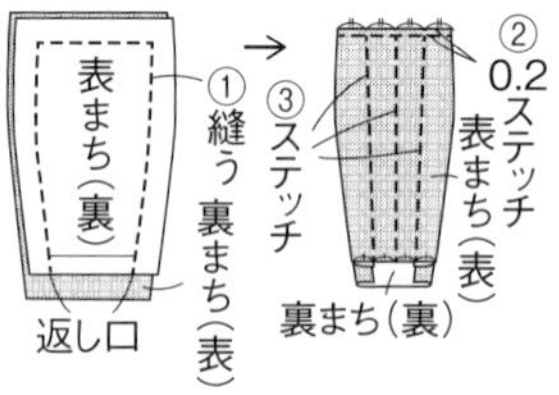

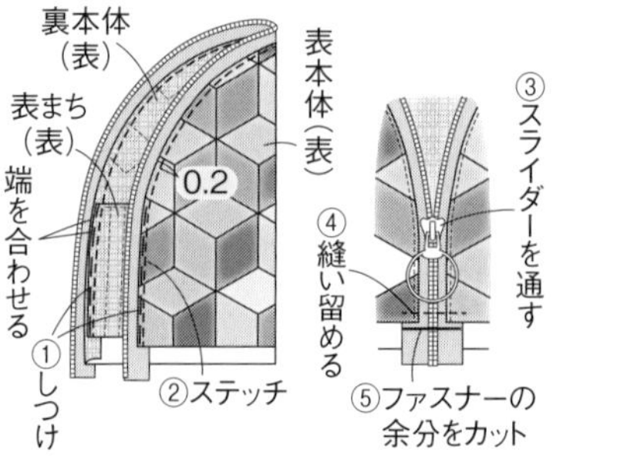

7 まちを裏本体側にしつけで仮留めし（①）、表本体側からステッチをかける（②）。しつけ糸を抜く。ファスナーの両端をそろえてスライダーを通し（③）、ファスナー端を縫い留め（④）、余分をカットする（⑤）。

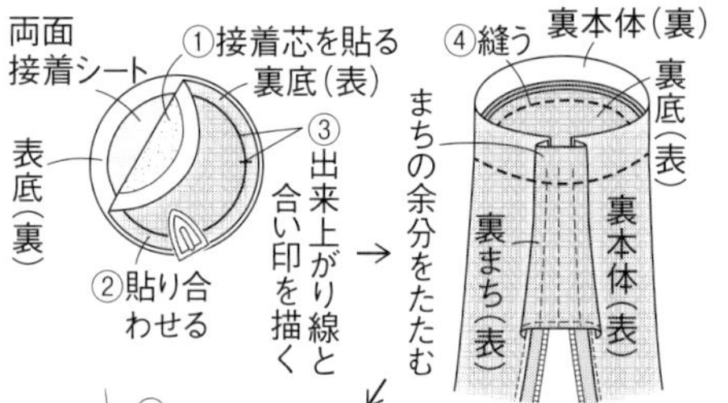

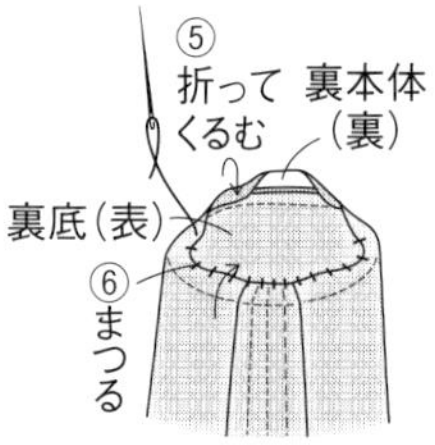

8 裏底の裏面に接着芯を貼り（①）、間に両面接着シートをはさんで裏底と表底をアイロンで貼り合わせ（②）、裏底に出来上がり線と合い印を描き入れる（③）。表本体と表底を中表に重ね、出来上がり線と合い印を合わせて縫う（④）。裏本体の縫い代でほかの縫い代をくるみ（⑤）、裏底にまつる（⑥）。本体を表に返し、出来上がり。

作品39ページ

ローマンストライプの巾着

型紙A面
パターンの作り方　65ページ

●出来上がり寸法(ひもを除く)
幅21.6cm　丈20.1cm　底のまち幅7cm

材料

木綿地
柄布㋐…24×45cm(裏本体)
柄布㋑…24×26cm(口布、ひも飾り)
柄布㋒～㋧…各適宜(ピース)
ワックスコード　紺…0.4cm幅　140cm

寸法図

表本体(ピースワーク)2枚

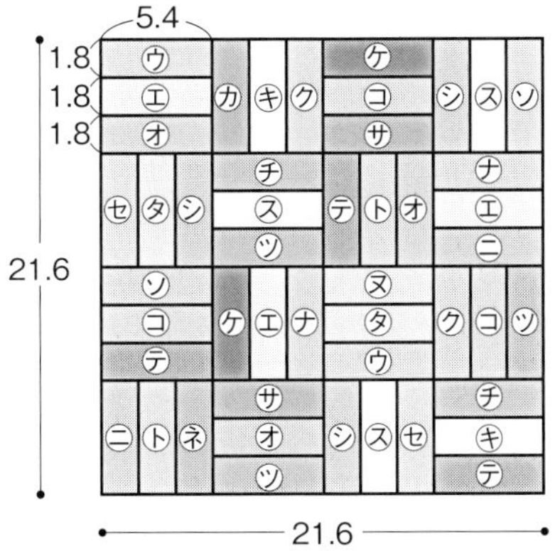

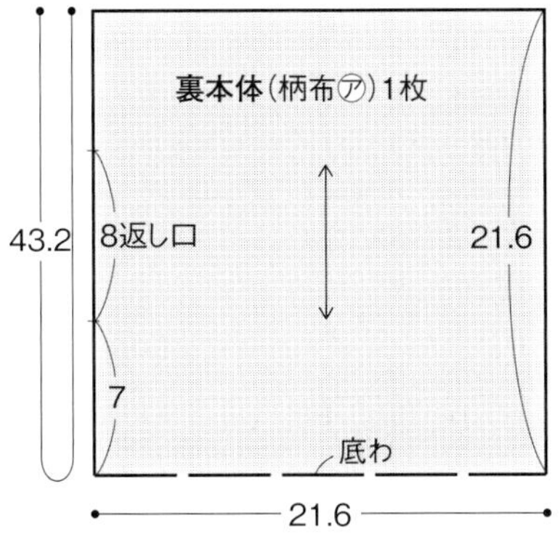

ピース　96枚

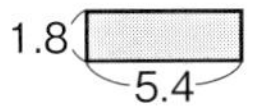

(柄布㋒㋖㋗㋘㋚㋝㋞㋟㋠㋣㋤㋥)各4枚
(柄布㋓㋔㋙㋛㋜㋡㋢)各6枚
(柄布㋕㋦㋧)各2枚

ひも飾り
(柄布㋑)2枚

＊裁ち切り

口布(柄布㋑)4枚

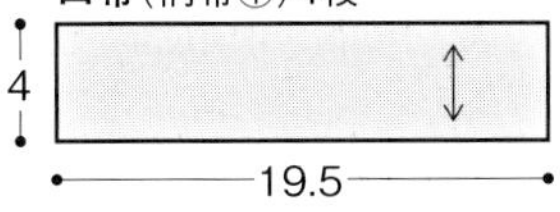

＊ひも飾りは裁ち切り、そのほかは0.7cmの縫い代をつけて裁つ

作り方

1 表本体のピースとひも飾りは寸法図と実物大型紙を参照して型紙を作り、布を裁つ(ピースは合計96枚)。口布、裏本体は寸法図を参照して直接布を裁つ。

2 ピースワークをする。ピース3枚を縫い合わせたブロックを32枚作る。横に4ブロック縫い合わせた列を4列作り、4列を縫い合わせて表本体を作る。同様にもう1枚作る。

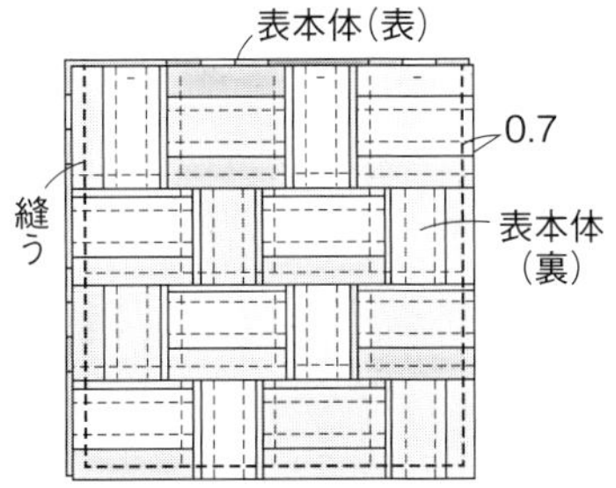

3 表本体2枚を中表に合わせ、わきと底を縫い、縫い代を割る。

4 まちを縫う。わきと底の縫い目を合わせて三角にたたみ、7cm縫う(①)。0.7cmの縫い代を残して余分をカットする(②)。

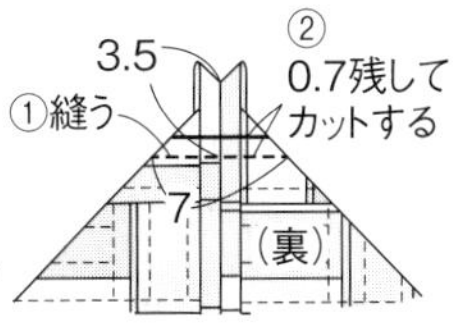

5 口布2枚を中表に合わせ、わきを縫う。表に返してステッチをかける。同様にもう1枚作る。

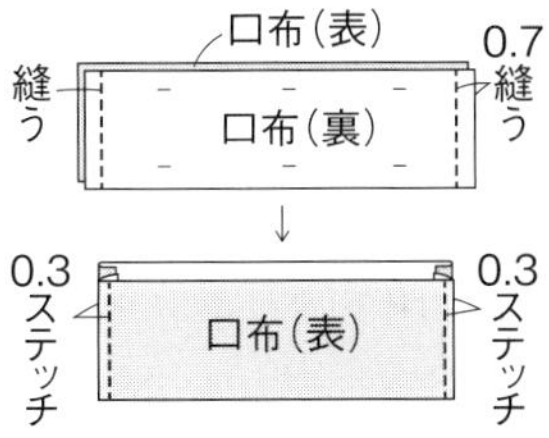

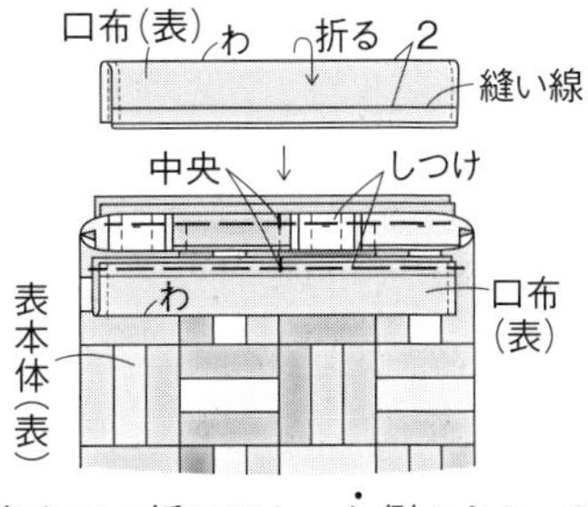

6 口布を二つ折りにし、わ側から2cmの位置に縫い線を描く。表本体の口側の出来上がり線に口布の縫い線を合わせ、中央を合わせて縫い代にしつけをかける。反対側も同様にする。

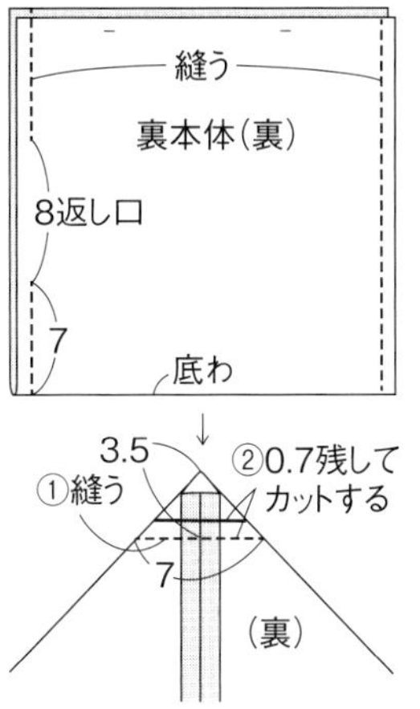

7 裏本体を中表に二つ折りにし、返し口を残してわきを縫う。縫い代を割り、わきと底中央を合わせて三角にたたみ、**4**と同様にまちを縫い、縫い代を残してカットする。

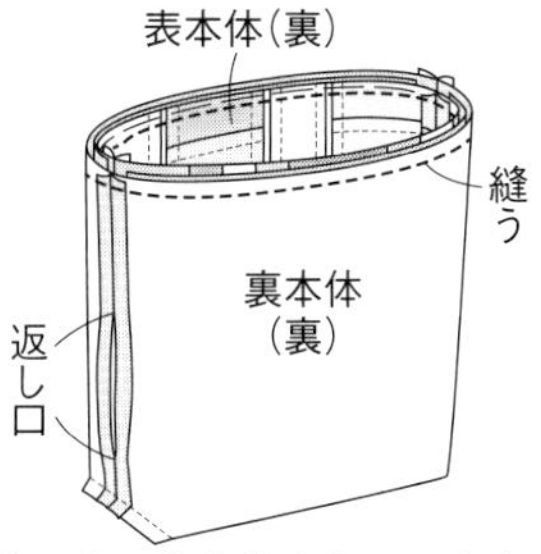

8 裏本体の中に表本体を入れて中表に合わせ、口を縫う。返し口から表に返し、返し口をまつる。

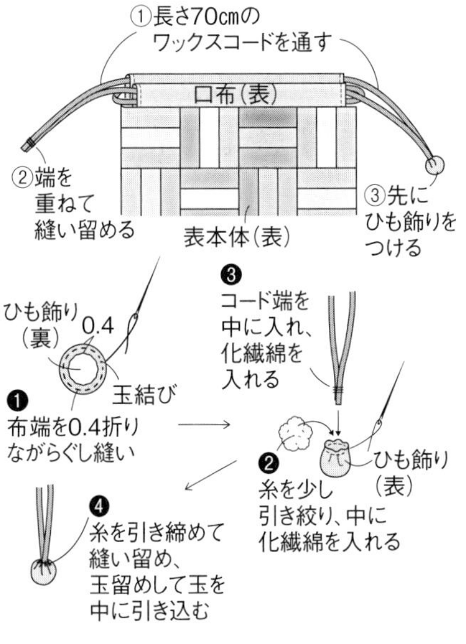

9 口布の左右のあき口から長さ70cmにカットしたワックスコードを1本ずつ引き違いに通し(①)、コード端を重ねて糸で縫い留める(②)。図❶～❹を参照してひも飾りを作り、コード端につける(③)。出来上がり。

作品39ページ

三目並べのバッグ

型紙B面

パターンの作り方　67ページ

●出来上がり寸法（持ち手を除く）
幅36cm　丈36cm

材料

木綿地
柄布㋐～㋭…各適宜（ピースⓐ、ⓑ）
格子柄…62×38cm（表本体後ろ、ポケット）
チェック柄…41×75cm（裏本体）
革テープ　グレー…2cm幅　68cm

作り方

1 ピースワークをしてブロックA・Bを各8組作る。横にA・B・A・Bと縫い合わせた列を2枚、B・A・B・Aと縫い合わせた列を2枚作り、交互に4列を縫い合わせる。

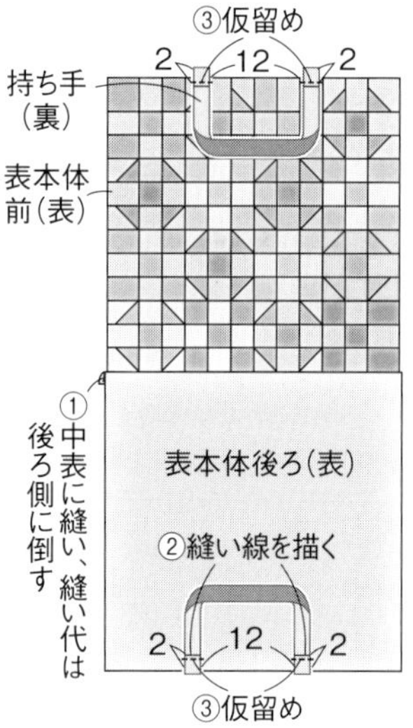

2 表本体前と後ろを中表に合わせて底を縫い、縫い代は後ろ側に倒す（①）。持ち手の裏の端から2cmの位置に縫い線を描き（②）、本体の持ち手つけ位置の出来上がり線に持ち手の縫い線を合わせ、縫い代に仮留めミシンをかける（③）。

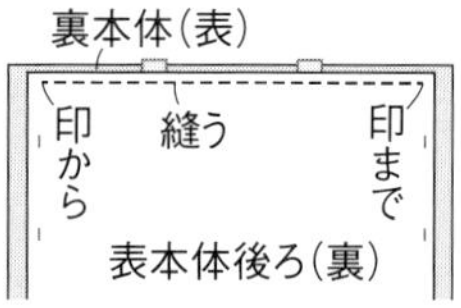

3 表本体と裏本体の口側の出来上がり線を中表に合わせ、印から印まで縫う。反対側も同様に縫う。

寸法図

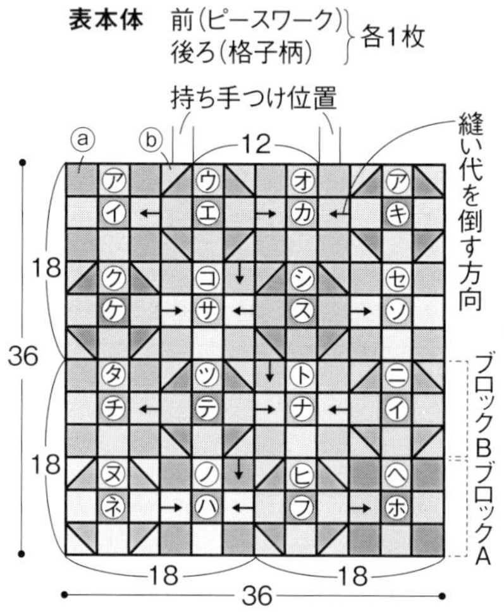

＊持ち手は裁ち切り。ピースは0.7cm、表本体後ろは1cm、裏本体わきは2.5cm、ポケット口は2cm、そのほかはすべて1.5cmの縫い代をつけて裁つ
＊表本体前の寸法は目安。表本体後ろと裏本体は表本体前の出来上がり寸法に縫い代をつけて裁つ

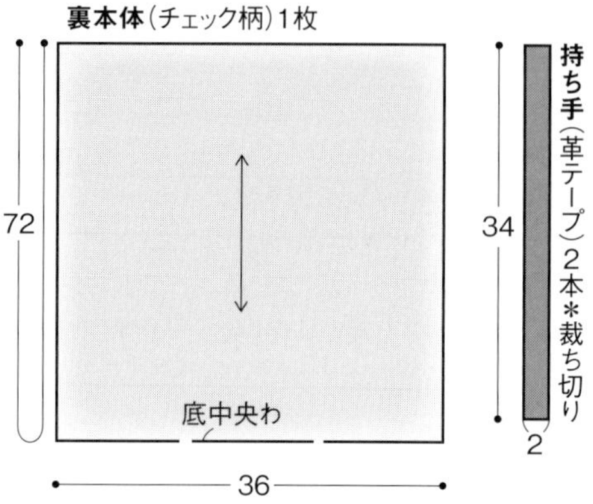

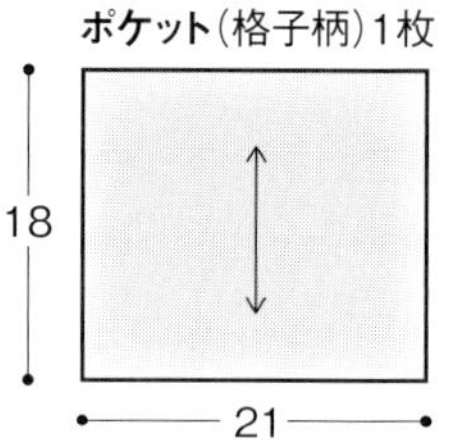

ピースⓐ
（柄布㋐）8枚
（柄布㋑）6枚
（柄布㋕㋚㋞㋠㋤㋩㋭）各5枚
（柄布㋒㋔㋗㋙㋛㋝㋟㋡㋣㋥㋦㋨㋪㋬）各4枚
（柄布㋓㋖㋘㋜㋢㋧㋫）各1枚

ピースⓑ
（柄布㋐㋑㋒㋓㋖㋗㋘㋛㋜㋡㋢㋥㋦㋧㋪㋫）各4枚

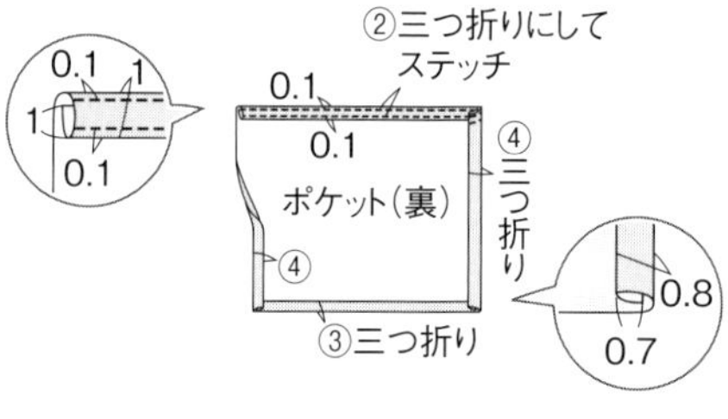

4 本体を表に返して口側を整え、表側から表本体前の縫い目に落としミシンをかける（①）。ポケット口の縫い代を三つ折りにしてステッチを2本かける（②）。残り3辺の縫い代を三つ折りにする（③④）。
表本体後ろに中央を合わせてポケットを重ね、ステッチをかける（⑤）。

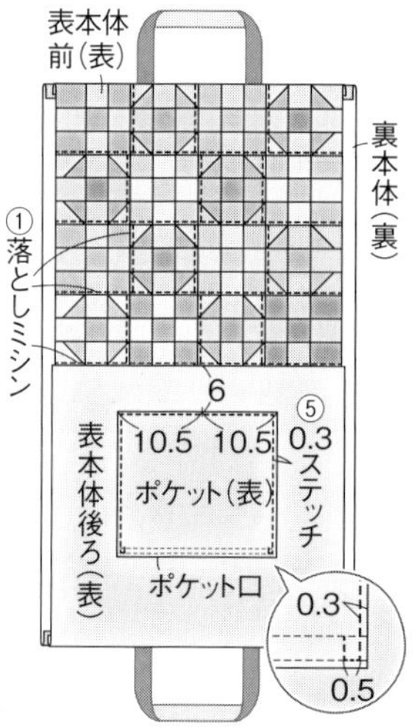

5 図のように本体を底中央で二つ折りにし、両わきを縫う。

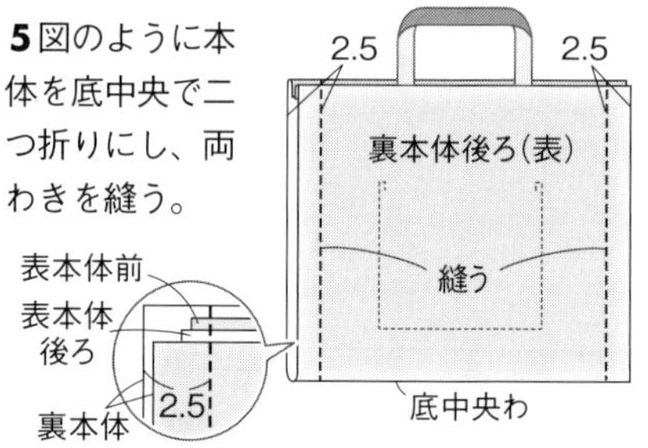

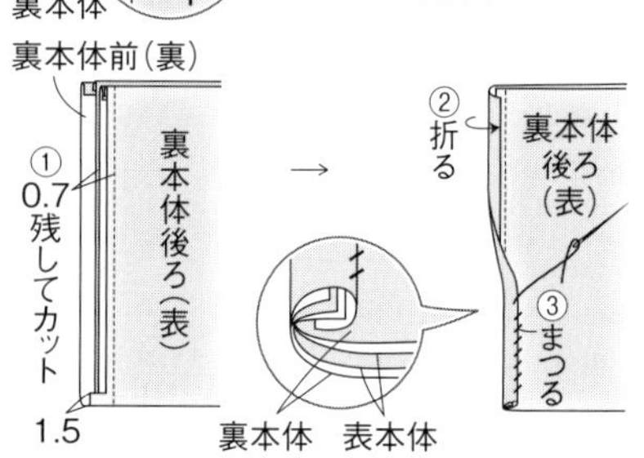

6 裏本体前側の1枚を残してわきの縫い代を0.7cmに切りそろえる（①）。裏本体前側の縫い代を三つ折りにして、ほかの縫い代をくるんでまつる（②③）。

7 本体を表に返し、表本体側から入れ口にステッチをかける。出来上がり。

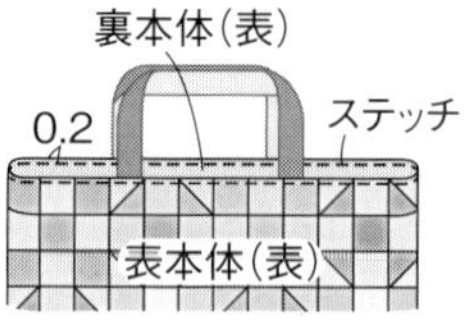

作品40ページ

酔っぱらいの小道のサコッシュ

型紙A面
パターンの作り方　53〜54ページ

●出来上がり寸法(ひもを除く)
幅16cm　丈20cm

材料

木綿地
柄布㋐…適宜(ピースⓐ、ⓑ)
柄布㋑〜㋖…各適宜(ピースⓐ、ⓑ)
柄布㋗…23×48cm(口布表布、後ろ本体表布、ポケット、タブ)
柄布㋘…40×25cm(口布裏布、前本体裏布、後ろ本体裏布)
両面接着キルト綿…16×39cm
(口布、前本体、後ろ本体)
ファスナー　カーキ×からし色
…長さ15cm　1本
ナイロンテープ　グレー…2cm幅　110cm(ひも)

用具

シリコンペーパー(当て布として使用)

寸法図

＊タブ、両面接着キルト綿、ひもは裁ち切り。
ピースⓐⓑは外周となる辺は1cm、そのほかは0.7cm、
後ろ本体裏布は2.5cm、そのほかはすべて1cmの
縫い代をつけて裁つ

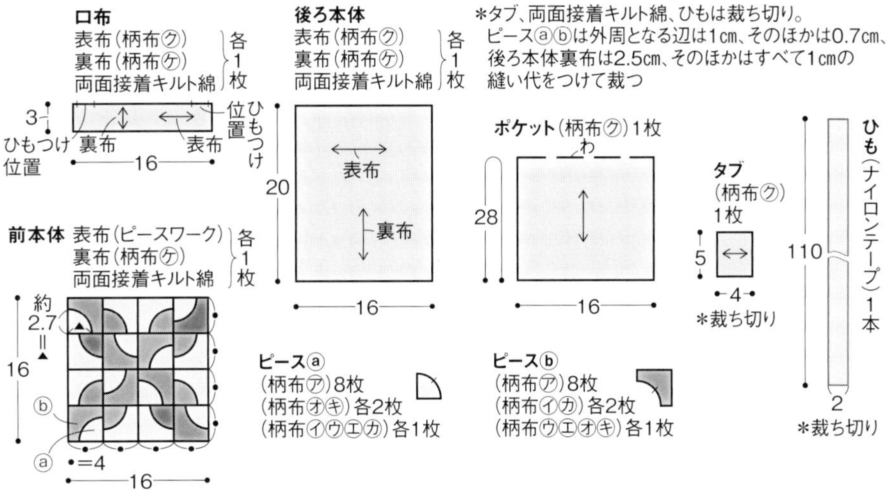

作り方

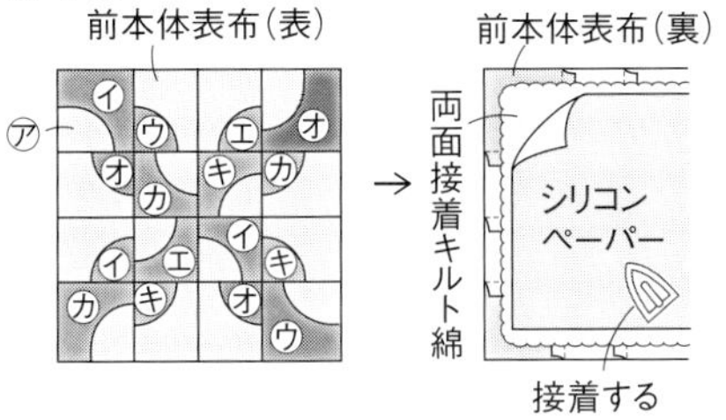

1 前本体表布は上図の配色でピースワークをしてトップを作り、裏面に両面接着キルト綿を重ね、シリコンペーパーを当ててアイロンで貼る。

2 ファスナーの裏面に縫い線、中央の印を描く。

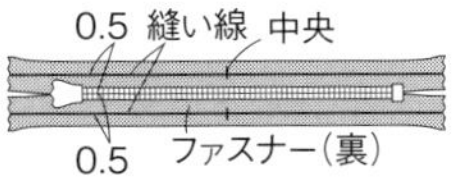

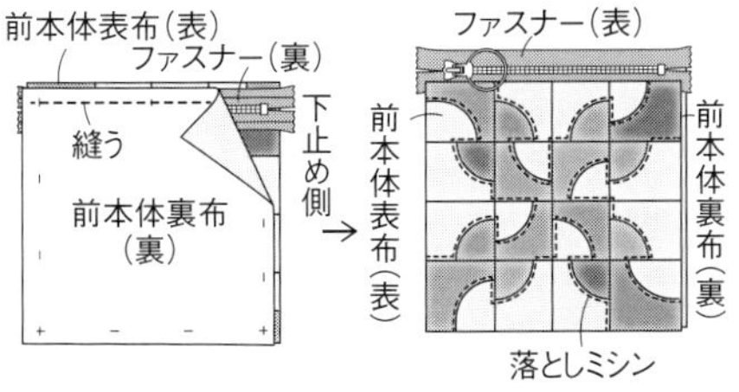

3 前本体表布と裏布を中表に合わせ、間にファスナーをはさんで出来上がり線と縫い線を合わせて縫う。表に返してアイロンで接着し、縫い目に落としミシンをかける。

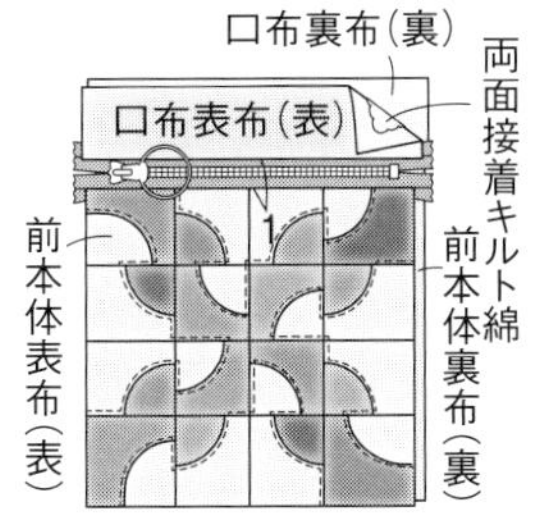

4 口布表布の裏面に両面接着キルト綿を重ね、シリコンペーパーを当ててアイロンで貼る。口布表布と裏布を**3**と同様にファスナーをはさんで縫い、アイロンで接着する。

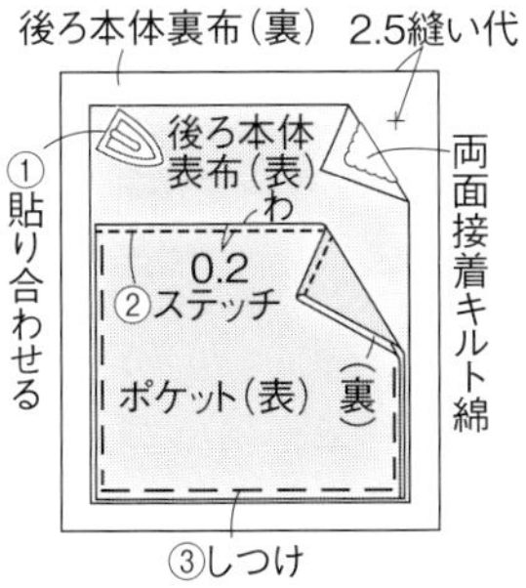

5 後ろ本体表布の裏面に**1**の要領で両面接着キルト綿を貼り、後ろ本体裏布に外表に重ね、出来上がり線を合わせて貼り合わせる(①)。ポケットを外表に二つ折りにして口側にステッチをかけ(②)、図のように重ねて3辺にしつけをかける(③)。

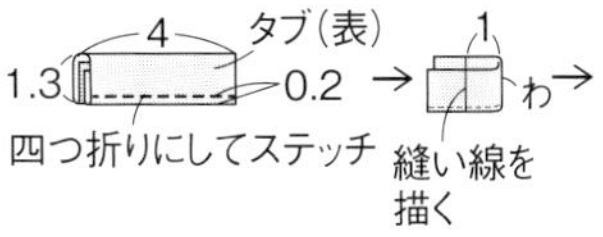

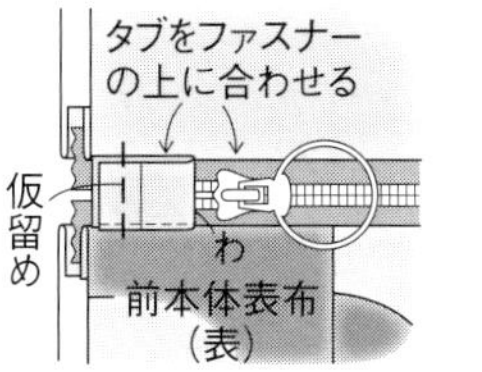

6 タブを四つ折りにしてステッチをかけ、さらに二つ折りにしてファスナーの上に仮留めする。ひもをひもつけ位置に仮留めする。

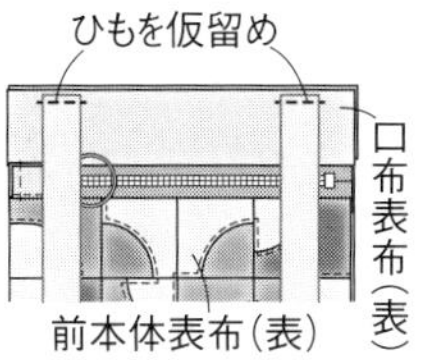

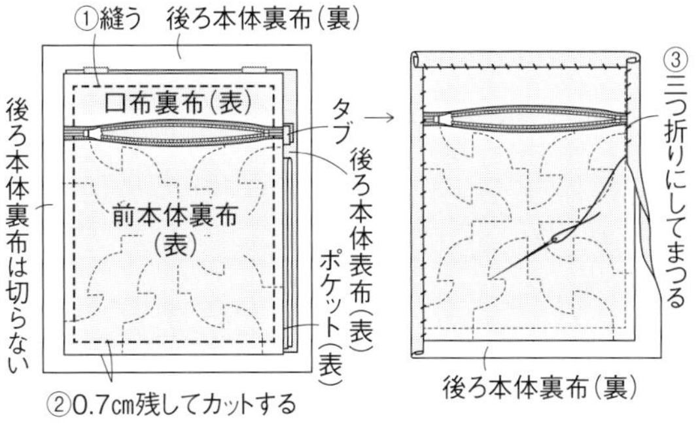

7 ファスナーをあけた**6**と**5**を中表に重ね、出来上がり線を縫う(①)。後ろ本体裏布以外の縫い代を0.7cmに切りそろえ(②)、後ろ本体裏布で縫い代を1辺ずつくるんでまつる(③)。ファスナー口から表に返して形を整え、出来上がり。

作品40ページ

ドレスデンプレートのポーチ

型紙A面
パターンの作り方　51〜53ページ

●出来上がり寸法
口幅21㎝　丈18㎝　底のまち幅4㎝

材料

木綿地
ドット柄…23×42㎝(本体表布)
チェック柄…27×45㎝(本体裏布、底まち縫い代用布)
ストライプ柄…26×20㎝(バイアス布、ファスナー端縫い代用布)
柄布㋐〜㋟…各適宜(ピースⓐ)
柄布㋠…適宜(ピースⓑ)
両面接着キルト綿…23×42㎝(本体)
ファスナー　モスグリーン×からし色
…長さ20㎝　1本

寸法図

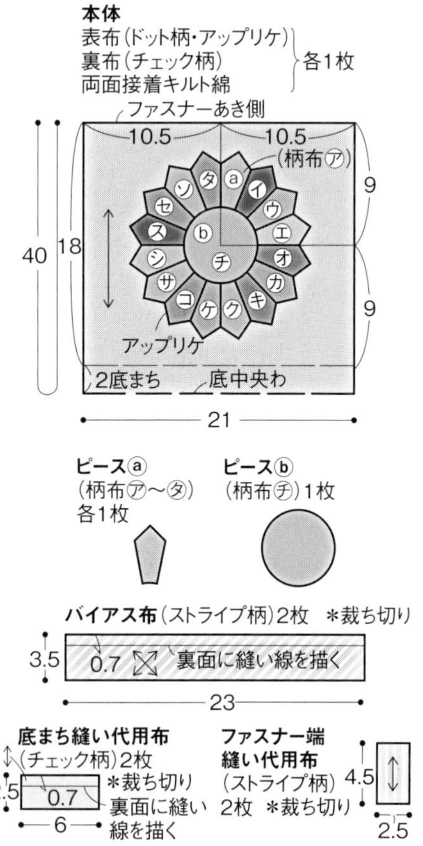

*ピースⓐⓑは0.7㎝、本体表布は1㎝、
裏布はファスナーあき側は1㎝、
わきは3㎝の縫い代をつけて裁つ。
両面接着キルト綿は表布と同寸に裁つ。
バイアス布、縫い代用布は裁ち切り

作り方

1本体表布にピースワークをしたピースⓐとピースⓑをアップリケする。

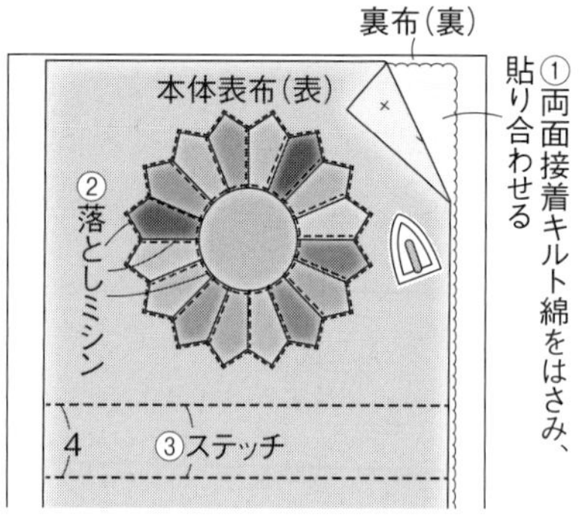

2本体表布と裏布を外表に合わせ、間に両面接着キルト綿をはさんでアイロンで接着する(①)。アップリケの縫い目に落としミシン(②)、底まち位置にステッチをかける(③)。

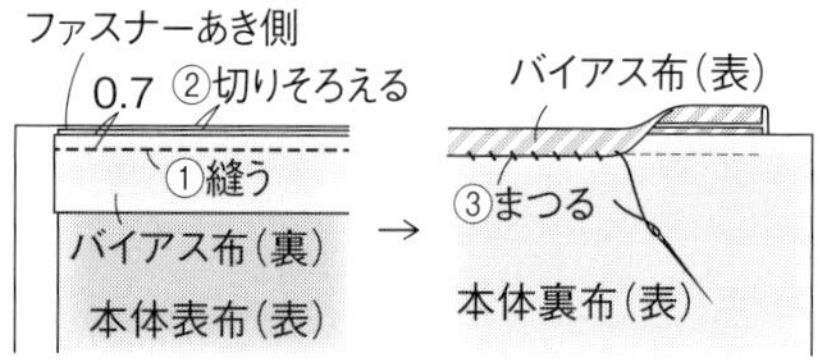

3本体のファスナーあき側の出来上がり位置にバイアス布の縫い線を中表に合わせて縫い(①)、バイアス布端で本体の縫い代を切りそろえる(②)。バイアス布を表に返して、縫い代をくるんでまつる(③)。反対側も同様にバイアス布でくるむ。

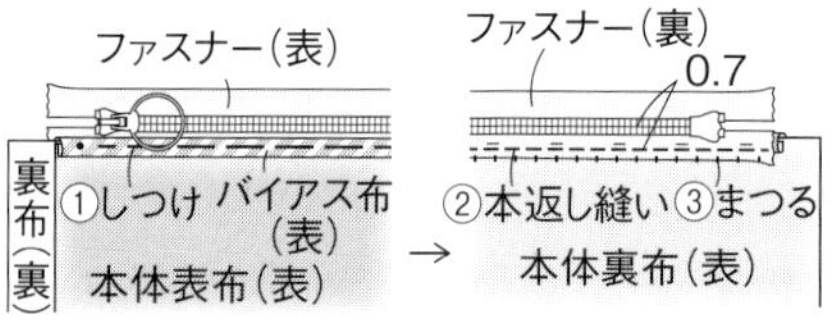

4本体とファスナーの中央を合わせ、ファスナーの務歯《むし》が出るように本体を重ね、しつけをかける(①)。本体を裏に返し、裏側から本返し縫いで縫いつける(②)。ファスナー端をまつる(③)。反対側も同様にファスナーをつけ、本体を筒状にする。しつけ糸は抜く。

5図のように本体を底中央で二つ折りにし、両わきを縫う。

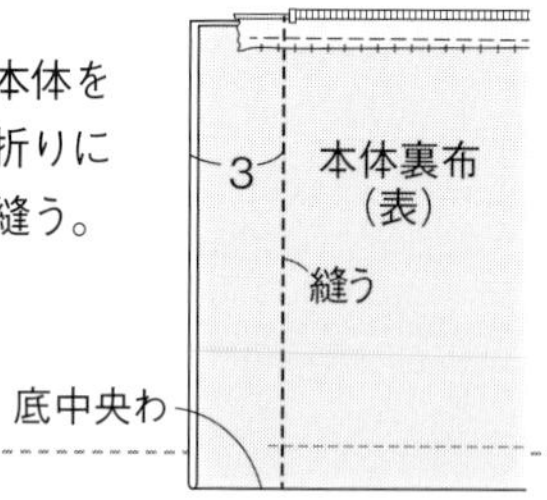

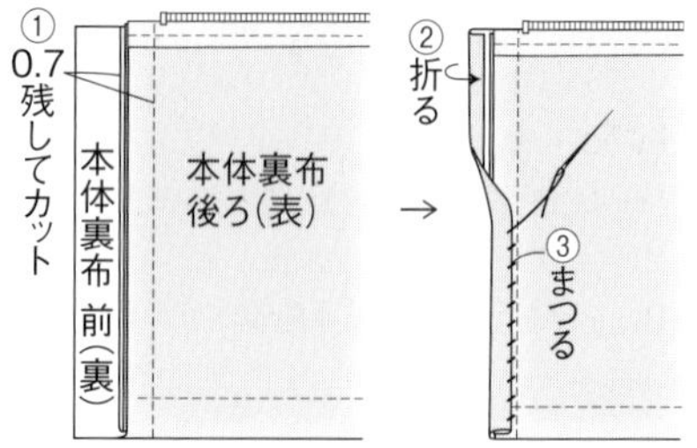

6本体裏布前側の1枚を残してわきの縫い代を0.7㎝に切りそろえる(①)。裏布前側の縫い代を三つ折りにし(②)、縫い代をくるんでまつる(③)。反対側も同様に縫う。

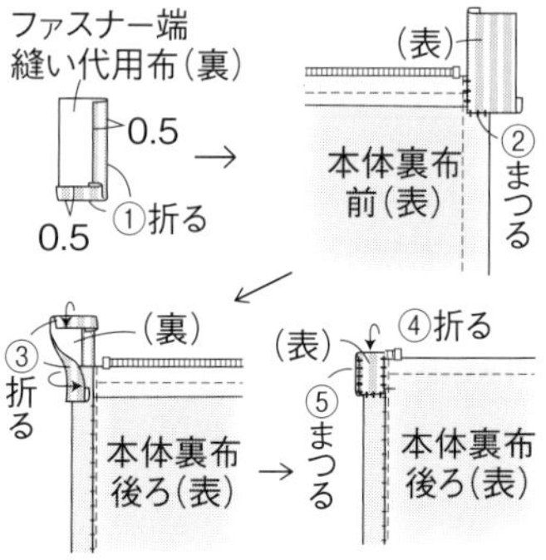

7図のようにファスナー端縫い代用布を折り(①)、縫い代に当ててまつる(②)。縫い代用布を折り(③④)、縫い代端をくるんでまつる(⑤)。反対側も同様に縫う。

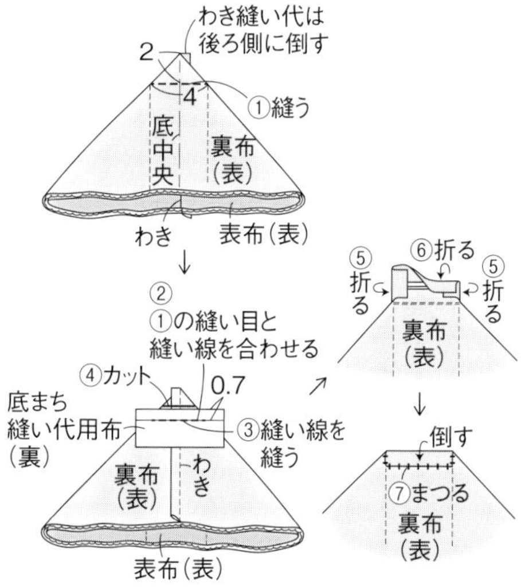

8わきの縫い目と底中央を中表に合わせて三角にたたみ、まちを縫う(①)。縫い目に底まち縫い代用布の縫い線を中表に合わせ(②)、縫い線上を縫う(③)。本体を縫い代用布に合わせてカットする(④)。縫い代用布を表に返し、図のように折って縫い代をくるみ(⑤⑥)、底側に倒してまつる(⑦)。反対側も同様に縫う。出来上がり。

作品40ページ

スクールハウスのバッグ

型紙B面
パターンの作り方　65ページ

●出来上がり寸法（持ち手を除く）
口幅32cm　丈約34cm　底のまち幅6cm

材料

木綿地
柄布㋐…25×16cm
（ピースⓔ、ⓗ、ⓘ、ⓙ）
柄布㋑…10×15cm（ピースⓐ、ⓒ、ⓓ、ⓓ′）
柄布㋒…適宜（ピースⓕ、ⓘ）
柄布㋓…適宜（ピースⓖ）
柄布㋔…適宜（ピースⓑ）
柄布㋕…適宜（ピースⓙ）
柄布㋖…適宜（ピースⓗ）
柄布㋗…70×38cm
（表本体前、口布、裏ポケット）
柄布㋘…41×38cm（表本体後ろ）
柄布㋙…81×38cm（裏本体）
柄布㋚…47×47cm（バイアス布A・B）
両面接着シート…20×20cm（表ポケット）
リネンテープ　ベージュ×紺ライン
…2cm幅　76cm（表持ち手）
ナイロンテープ　グレー
…2cm幅　76cm（裏持ち手）

寸法図

＊バイアス布A・B、持ち手は裁ち切り。本体の周囲と口布の上下は1cm、そのほかは0.7cmの縫い代をつけて裁つ
＊表ポケットの製図、各ピースの使用布と枚数は65ページの寸法図を参照

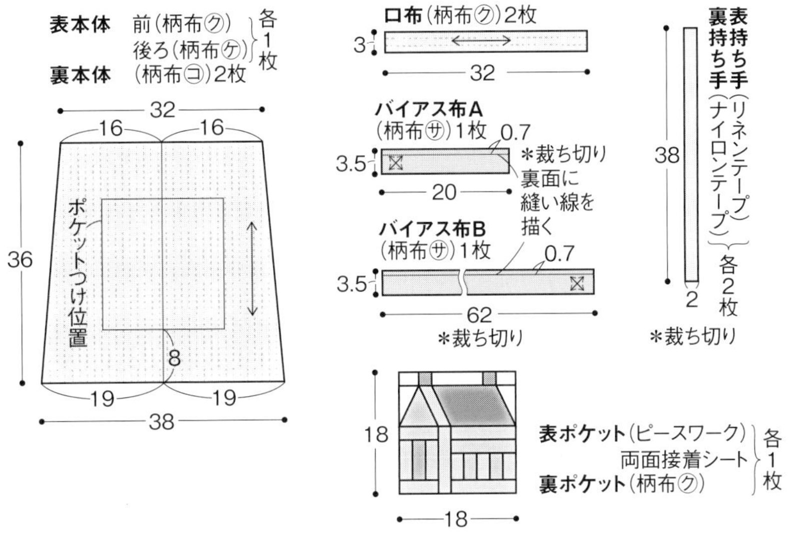

作り方

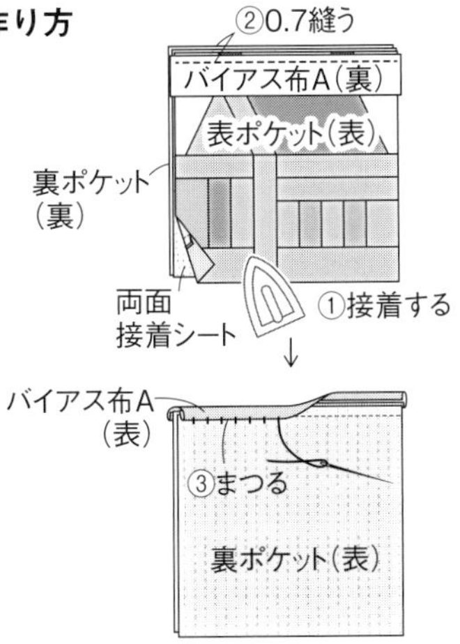

1 ピースワークをして表ポケットを作り、裏ポケットと外表に合わせ、間に両面接着シートをはさんでアイロンで接着する（①）。バイアス布Aを口側に中表に重ね、表ポケットの出来上がり線とバイアス布の縫い線を合わせ、端～端を縫う（②）。縫い代を0.7cmに切りそろえ、バイアス布を表に返し、二つ折りにして縫い代をくるんでまつる（③）。

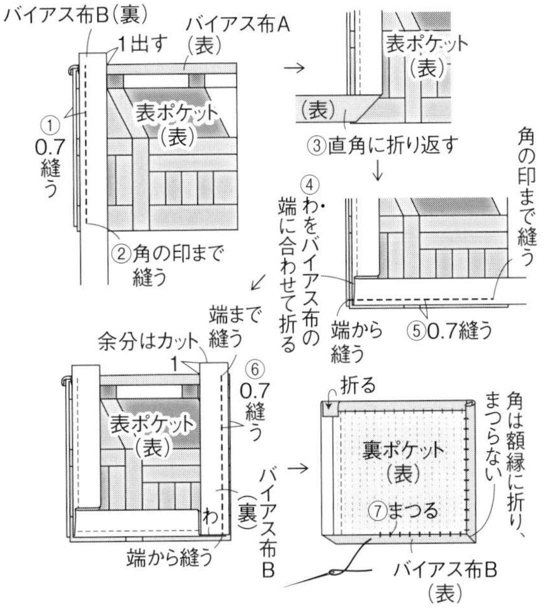

2 表ポケットとバイアス布Bを中表に合わせて端を1cm出し、角の印まで縫う（①②）。図のようにバイアス布Bを折りたたみ（③④）、残りの2辺を縫う（⑤⑥）。縫い代を0.7cmに切りそろえ、バイアス布を表に返し、三つ折りにして縫い代をくるんでまつる（⑦）。角は額縁に折る。

3 表本体前と裏本体を外表に合わせてポケットつけ位置にポケットを重ね、バイアス布の縫い目に落としミシンをかけて縫い留める。

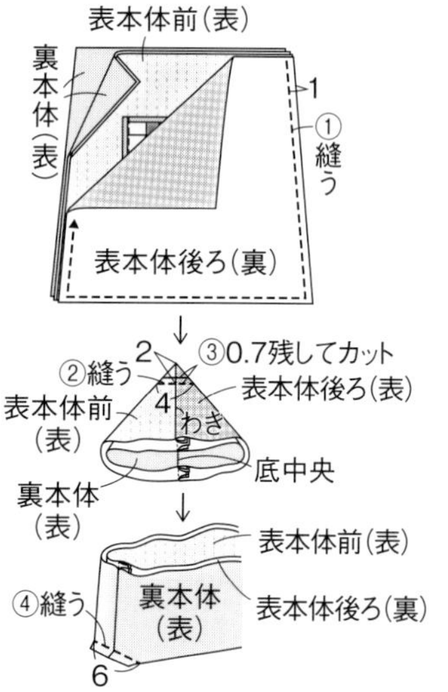

4 3に表本体後ろと裏本体を図のようにそれぞれ中表に合わせ、両わきと底を縫う(①)。表本体を表に返し、まちを縫う。まず、わきと底の縫い目を合わせて三角にたたみ、4㎝を縫う(②)。縫い代を0.7㎝残して余分をカットし(③)、裏本体を表に返して再度まちを縫う(袋縫い・④)。

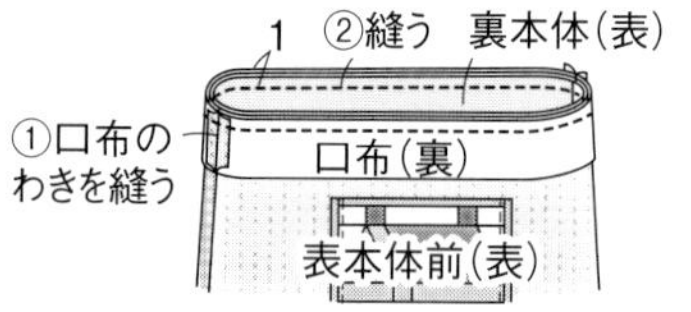

5 口布2枚を中表に合わせ、両わきを縫い、縫い代を割る(①)。表本体と口布を中表に合わせ、口側を縫う(②)。

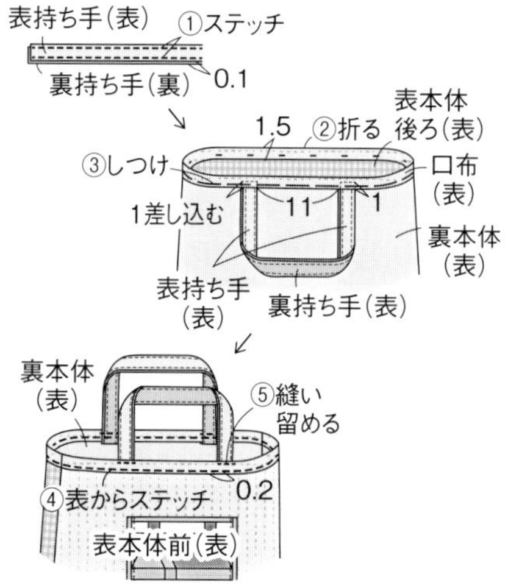

6 表・裏持ち手を外表に合わせてステッチをかける(①)。口布を表に返して三つ折りにし(②)、持ち手をはさんでしつけをかける(③)。本体を表に返し、持ち手を上に起こして表側から口布にぐるりとステッチをかける(④)。持ち手の口端位置を縫い留める(⑤)。しつけ糸を抜いて出来上がり。

作品41ページ

スタンプバスケットのミニウォレット

型紙A面

パターンの作り方

48〜49ページ

●出来上がり寸法

幅12.7㎝　丈約11㎝

材料

木綿地

柄布㋐…25×45㎝(ピースⓐ、ⓒ、ⓔ、ⓕ、表本体後ろ、コイン入れ、バイアス布)

柄布㋑…適宜(ピースⓐ、ⓑ、タブ)

柄布㋒…適宜(ピースⓓ)

柄布㋓…16×50㎝(裏本体、カード入れ、ポケット)

薄手接着芯…24×11㎝(裏本体)

両面接着シート…21×22㎝(裏本体、コイン入れ)

片面接着キルト綿…13×23㎝(表本体)

ファスナー　こげ茶×茶…長さ20㎝　1本

用具

シリコンペーパー(当て布として使用)

寸法図

＊タブ、バイアス布、片面接着キルト綿、薄手接着芯、両面接着シートは裁ち切り。
カード入れとポケットの入れ口は1.5㎝、そのほかは0.7㎝の縫い代をつけて裁つ

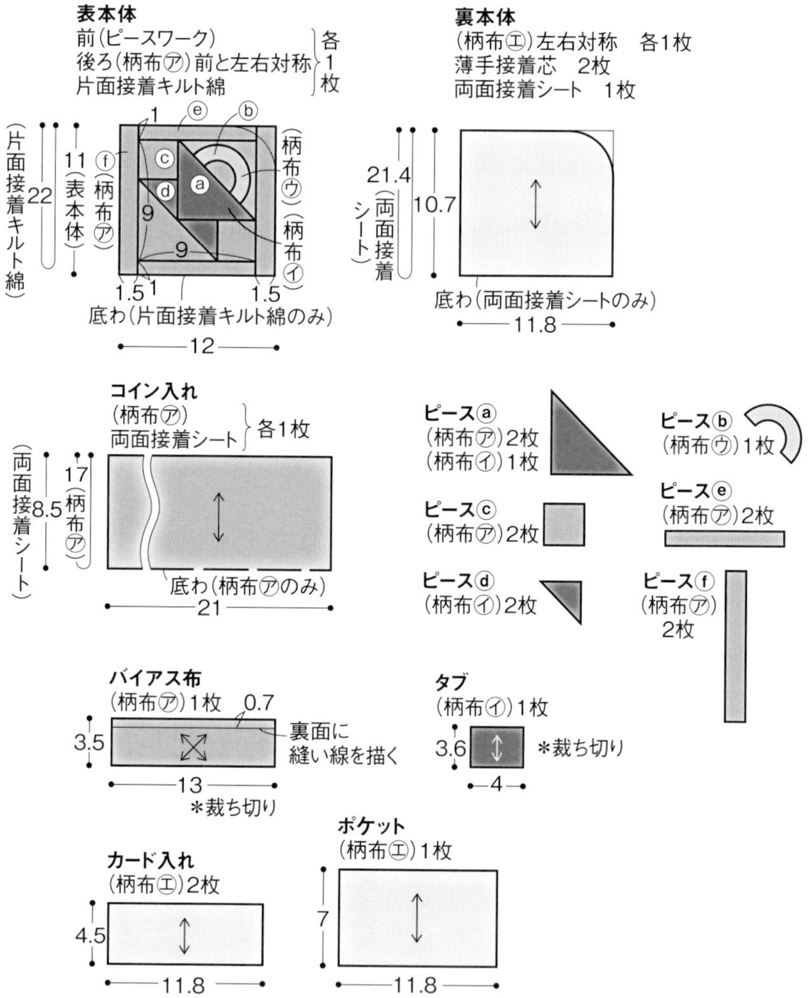

作り方

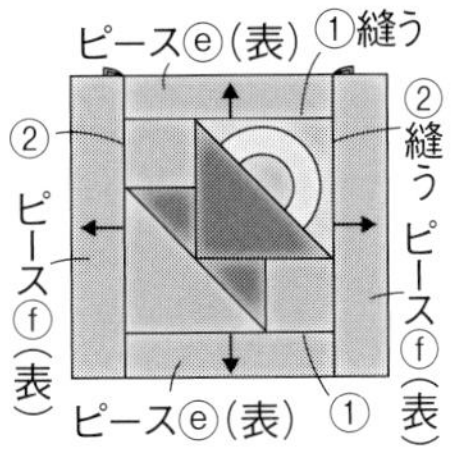

1 ピースワークをしてバスケットの1ブロックを作り、周りにピースⓔ・ⓕをつける(①②)。縫い代は矢印の方向に倒す。表本体前が出来た。

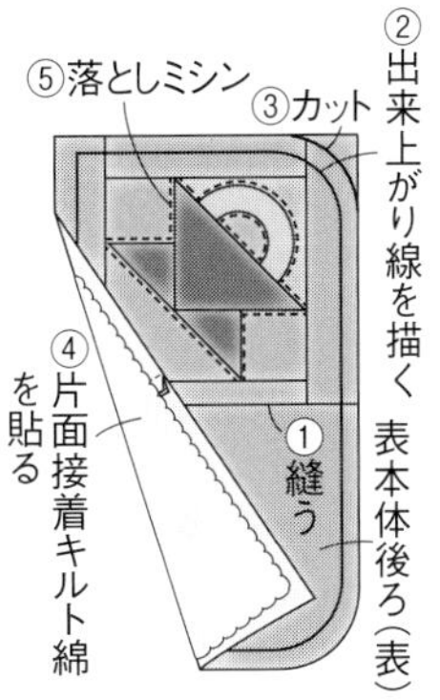

2 表本体前と後ろを中表に合わせて底を縫い(①)、縫い代は後ろ側に倒す。表面に出来上がり線を描く。角はカーブの実物大型紙を使って描き(②)、縫い代をつけて裁つ(③)。裏面に片面接着キルト綿をアイロンで貼り(④)、モチーフの輪郭の縫い目に落としミシン(⑤)をかける。

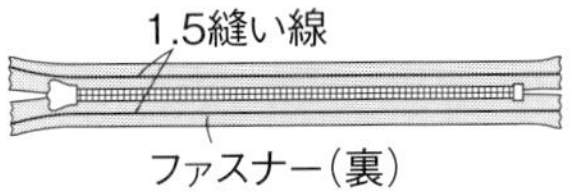

3 ファスナー裏面に縫い線を描く。

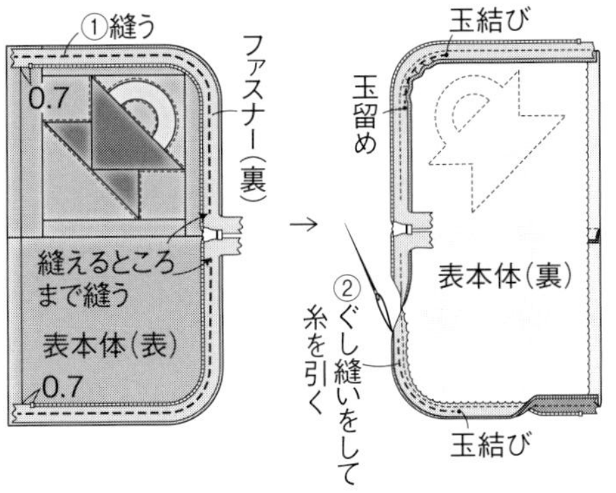

4 ファスナーをあけて表本体と中表に重ね、ファスナーの縫い線と表本体の出来上がり線を合わせて縫う(①)。ファスナーを表に返し、縫い代を裏面に折る。カーブ部分は縫い代をぐし縫いし、糸を引いて形を整え、玉留めする(②)。

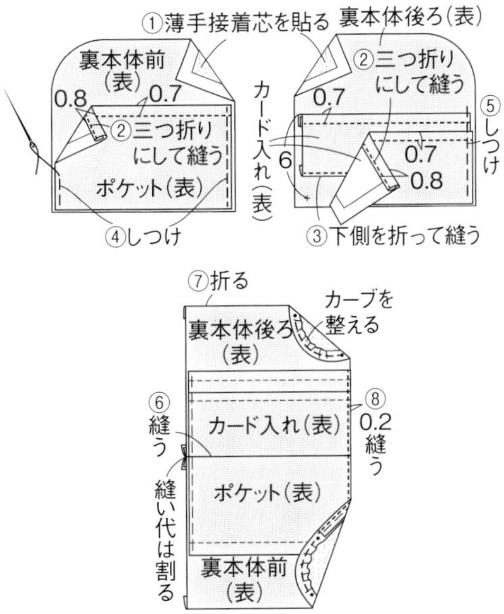

5 裏本体の裏面に薄手接着芯を貼る(①)。カード入れ、ポケットの入れ口をそれぞれ三つ折りにして縫い(②)、カード入れ1枚の下側を折って裏本体後ろに縫いつける(③)。裏本体前にポケット、裏本体後ろにもう1枚のカード入れを図のように重ね、わき縫い代にしつけをかける(④⑤)。裏本体の底を中表に縫い合わせ(⑥)、**4**-②を参照してファスナー側の縫い代を裏面に折る(⑦)。カード入れ、ポケット部分のわきを縫う(⑧)。

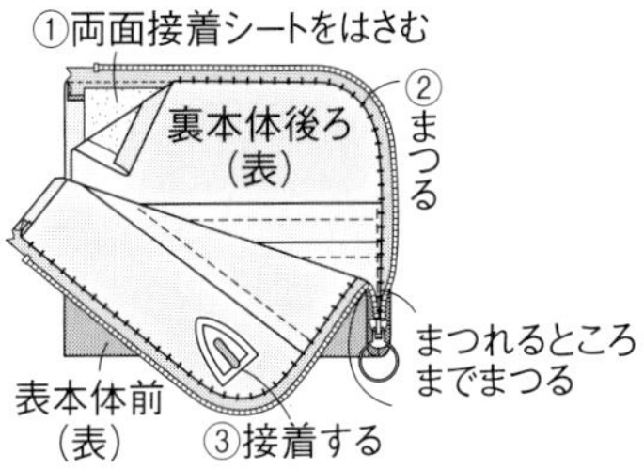

6 表本体の内側に両面接着シート、裏本体を順に入れて重ねる(①)。ファスナーの縫い目の位置で裏本体をまつり(②)、アイロンで接着する(③)。

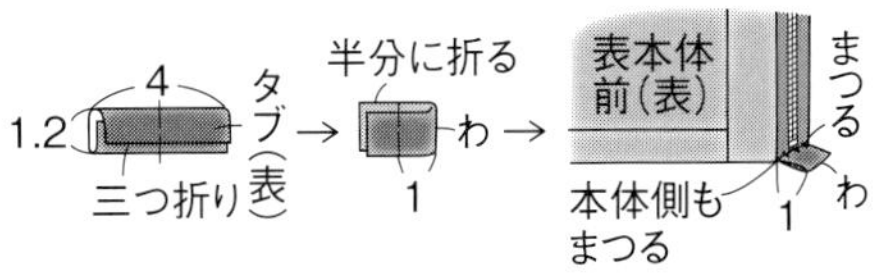

7 タブを外表に三つ折りにして長さを半分に折り、ファスナー下止めと本体の間にはさみ、まつる。

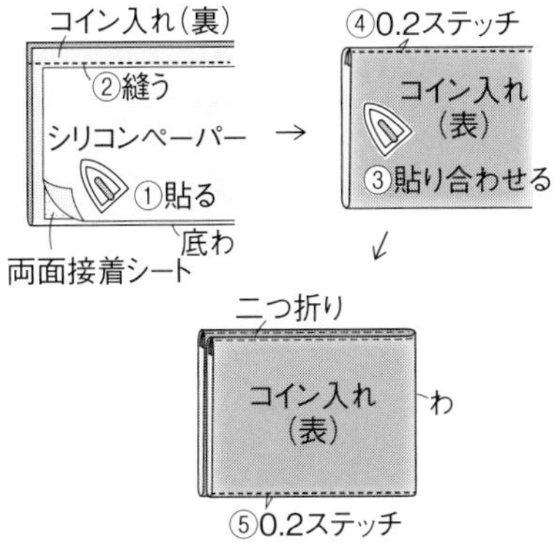

8 コイン入れの裏面に両面接着シートを重ね、シリコンペーパーを当ててアイロンで貼る(①)。中表に二つ折りにして縫い(②)、表に返す。アイロンをかけて両面接着シートで貼り合わせ(③)、口側にステッチをかける(④)。半分に折り、底側にステッチをかける(⑤)。

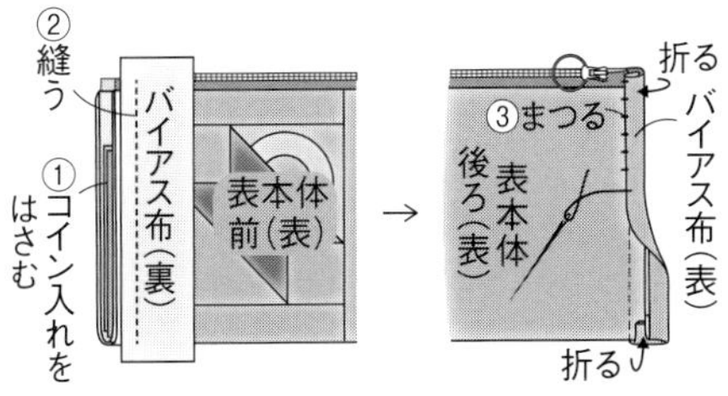

9 裏本体の間にコイン入れをはさむ(①)。本体の出来上がり線とバイアス布の縫い線を合わせて縫う(②)。バイアス布を図のように折り、縫い代をくるんでまつる(③)。出来上がり。

作品41ページ

糸巻きのめがねケース

型紙B面
パターンの作り方　69ページ

●出来上がり寸法
幅9cm　丈18cm（タブを除く）

材料

木綿地
柄布㋐…20×20cm（裏本体）
柄布㋑…適宜（タブ、ピースⓑ）
柄布㋒～㋔…各適宜（ピースⓑ）
柄布㋕～㋜…各適宜（ピースⓐ）
両面接着キルト綿…20×20cm（裏本体）

寸法図

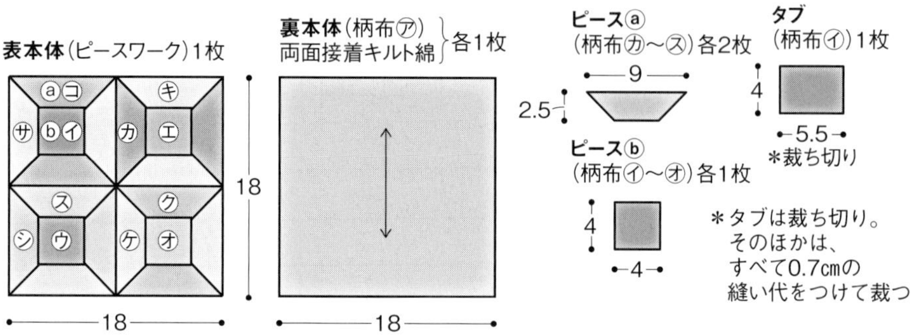

作り方

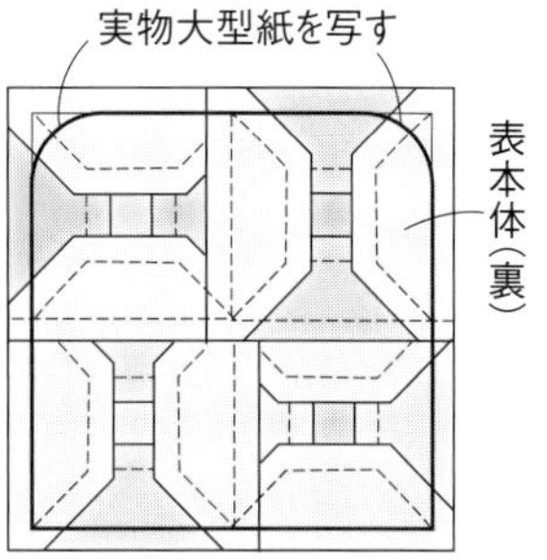

1 ピースワークをして表本体を作る。表本体の裏面に出来上がり線を描き、入れ口のカーブ部分は実物大型紙を写す。

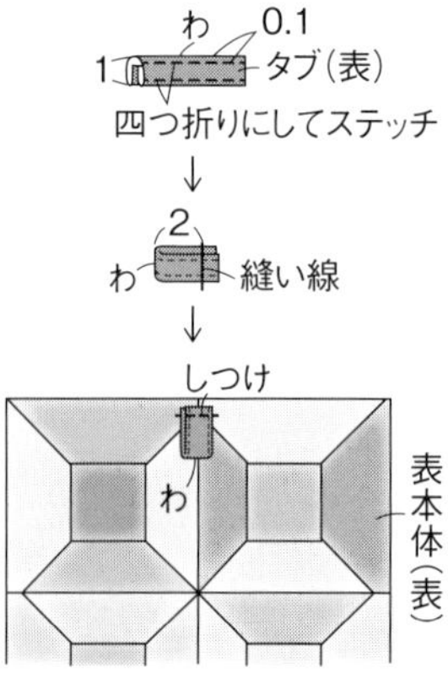

2 タブを外表に四つ折りにし、両端にステッチをかける。二つ折りにし、わ側から2cmの位置に縫い線を描く。表本体の中央出来上がり線にタブの縫い線を合わせ、しつけをかける。

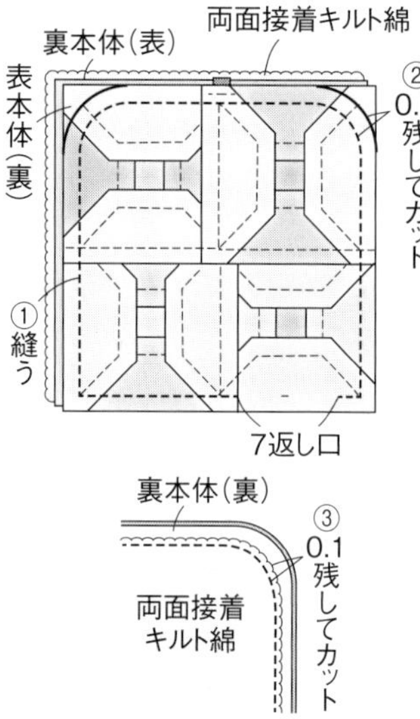

3 表本体と裏本体を中表に合わせ、裏本体側に両面接着キルト綿を重ねる。表本体側から返し口を残して縫う（①）。本体のカーブは縫い目から0.7cmの縫い代をつけて余分をカットする（②）。両面接着キルト綿は縫い目から0.1cmを残して余分をカットする（③）。

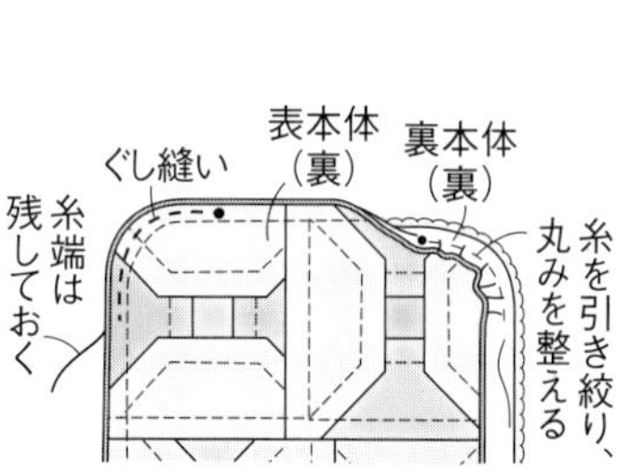

4 カーブ部分の縫い代をぐし縫いして、糸を引き絞り、丸みを整える。

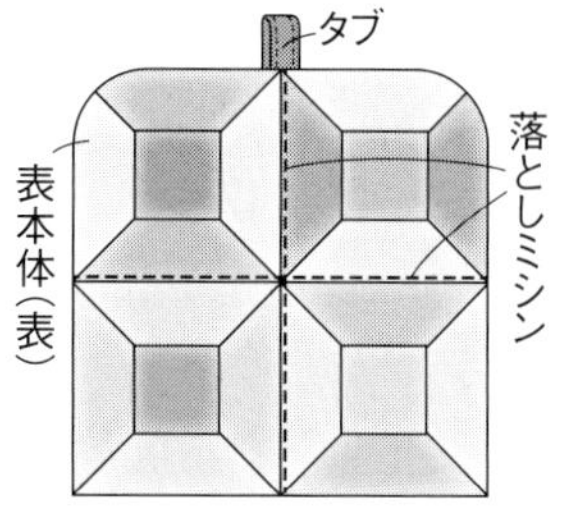

5 返し口から表に返して形を整え、返し口をまつる。アイロンをかけて両面接着キルト綿を接着する。表本体側から縫い目に落としミシンをかける。

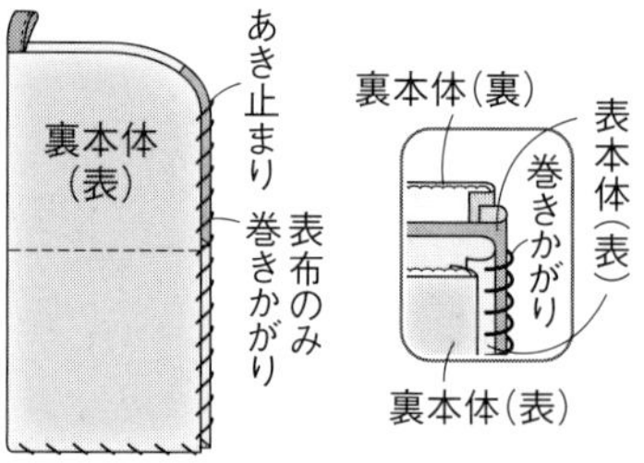

6 表本体を内側にして二つ折りにし、表本体のみをすくってあき止まり～底を巻きかがりで縫う。表に返す。出来上がり。

作品42ページ

熊の足跡のかぎ針ケース

型紙A面
パターンの作り方 73ページ

●出来上がり寸法
幅29.9cm 丈17.5cm

材料

木綿地
柄布㋐…適宜(ピースⓐ、ⓑ、ⓓ)
柄布㋑…適宜(ピースⓐ)
柄布㋒…適宜(ピースⓒ)
柄布㋓…適宜(ピースⓑ)
柄布㋔…適宜(ピースⓐ)
柄布㋕…適宜(ピースⓔ)
柄布㋖…31×46cm(裏本体、ふた、ポケット)
柄布㋗…80×80cm(バイアス布)
薄手接着芯…28.5×16.1cm(裏本体)
両面接着シート…28.5×16.1cm(裏本体)
リネンテープ ベージュ×茶ライン…2.4cm幅 56cm(ひも)

用具

シリコンペーパー(当て布として使用)

寸法図

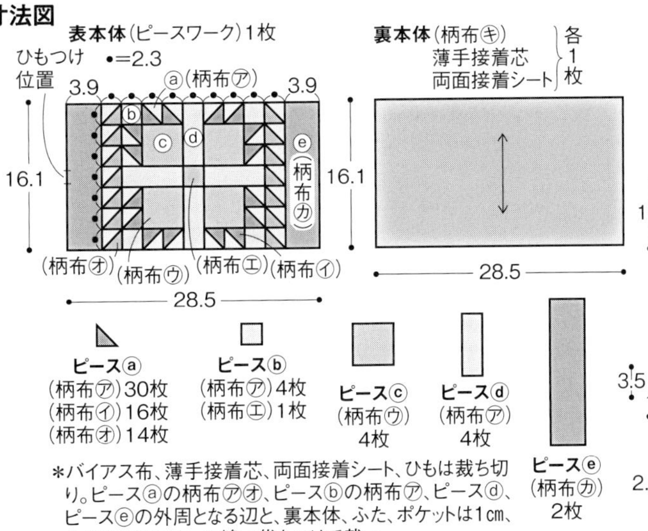

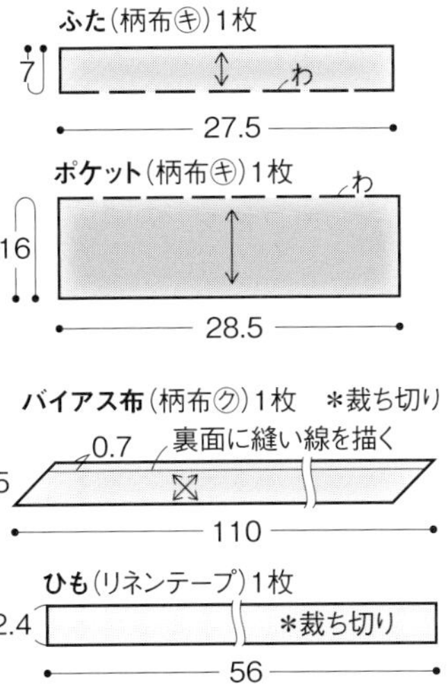

*バイアス布、薄手接着芯、両面接着シート、ひもは裁ち切り。ピースⓐの柄布㋐㋔、ピースⓑの柄布㋐、ピースⓓ、ピースⓔの外周となる辺と、裏本体、ふた、ポケットは1cm、そのほかは0.7cmの縫い代をつけて裁つ

1 本体を作る

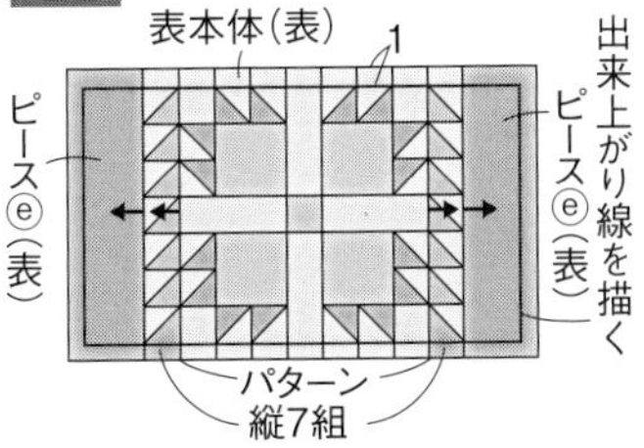

1 表本体はピースワークをしてパターンを作り、両端にピースⓐを縦に7組縫い合わせたブロックとピースⓔを縫い合わせる。縫い代は矢印の方向に倒し、表面に出来上がり線を描く。

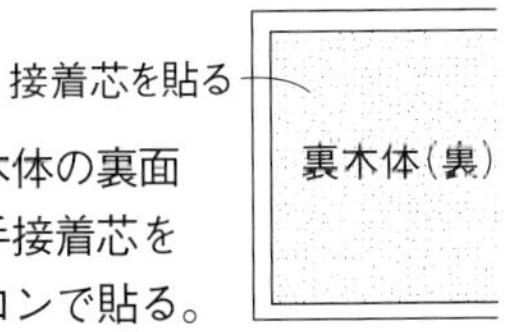

2 裏本体の裏面に薄手接着芯をアイロンで貼る。

2 ふた、ポケットを作る

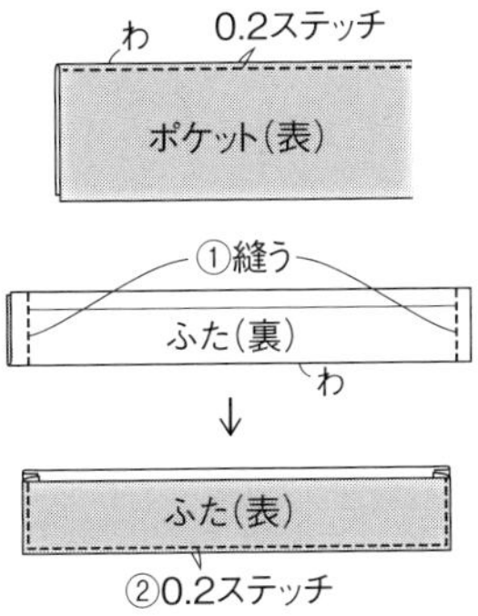

1 ポケットは外表に二つ折りにし、折り山にステッチをかける。ふたは中表に二つ折りにして縫い(①)、表に返して返し口以外の3辺にステッチをかける(②)。

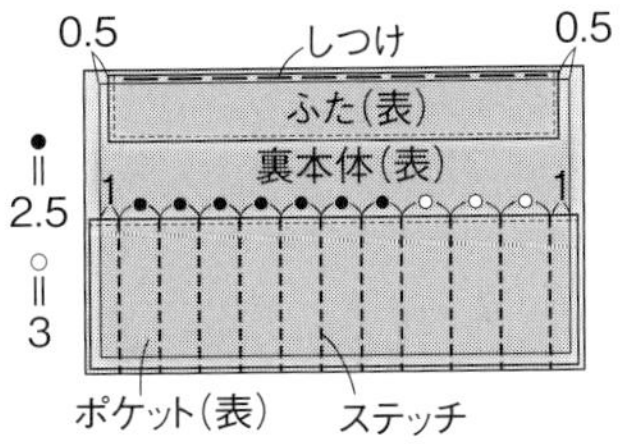

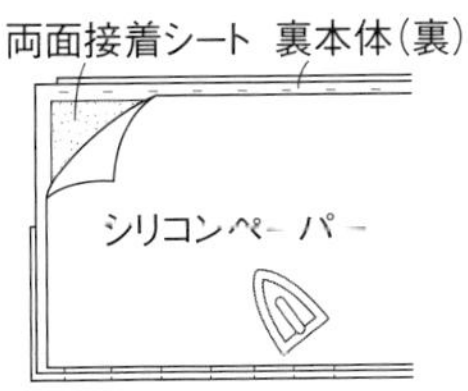

2 裏本体にポケットを重ね、図のように仕切り線にステッチをかけ、ふたをしつけで仮留めする。裏面に両面接着シートを重ね、シリコンペーパーを当ててアイロンで貼る。

3 ひもを作り、仕上げる

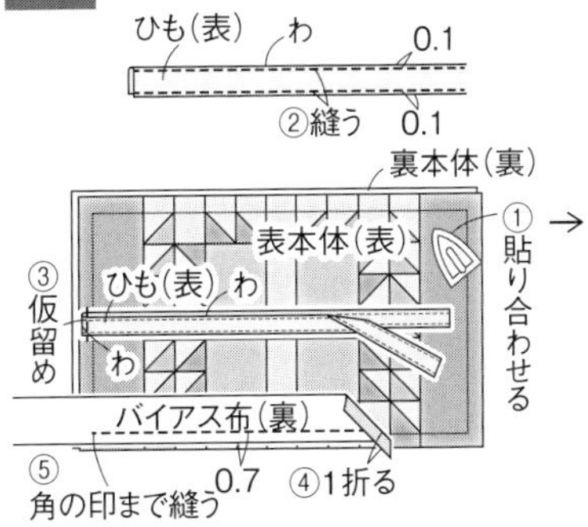

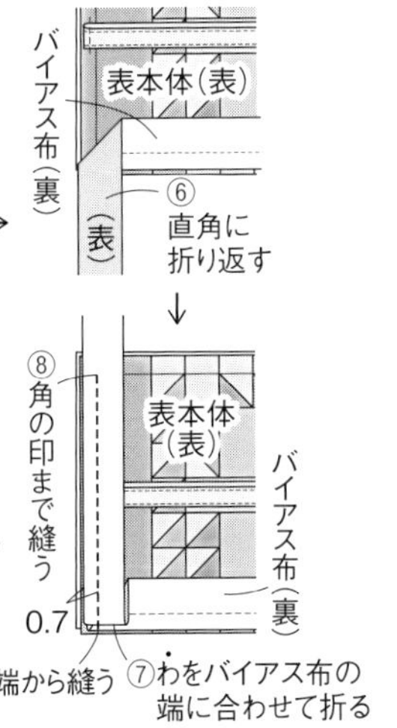

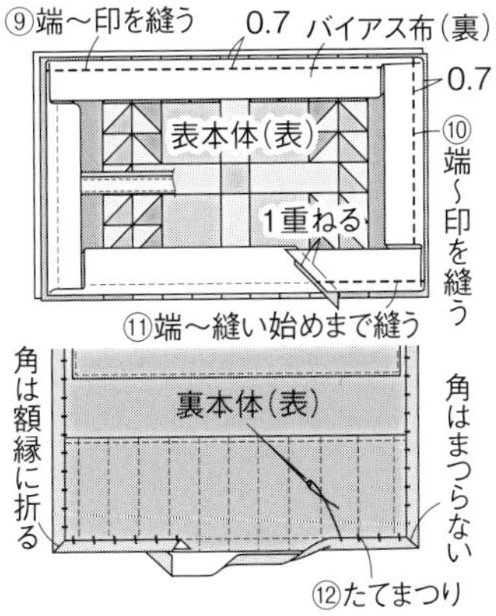

表本体と裏本体を外表に重ね、アイロンで貼り合わせる(①)。ひも幅を二つ折りにして縫い(②)、二つ折りにして本体に仮留めする(③)。表本体とバイアス布を中表に重ね、表本体の出来上がり線とバイアス布の縫い線を合わせ、図のようにバイアス布を折りながら縫う(④～⑪)。縫い代を0.7cmに切りそろえ、バイアス布を表に返して縫い代をくるみ、たてまつりをする(⑫)。角は額縁に折る。出来上がり。

作品42ページ

パイナップルのソーイングセット

型紙B面

パターンの作り方　71ページ

●出来上がり寸法（閉じた状態）
幅13.7cm　丈14.4cm

材料

木綿地
柄布㋐…45×16cm（ピースⓑ、ⓒ、ⓓ、ⓔ、表本体後ろ、包み布）
柄布㋑、㋒…各適宜（ピースⓒ、ⓓ、ⓔ、ⓕ、ⓖ）
柄布㋓…適宜（ピースⓐ）
柄布㋕…60×60cm（タブ、バイアス布）
綿麻地
柄布㋔…44×15cm（裏本体A・B、ポケットB）
柄布㋖…適宜（フラップ）
フェルト　薄茶色…7×10cm（針刺し）
メッシュ地　グレー…22×12.5cm（ポケットA）
薄手接着芯…38×15cm（裏本体A・B、フラップ）
両面接着キルト綿…30×13cm（表本体、タブ）
ファスナー　パープル×赤…長さ12cm　1本
ワックスコード　青…太さ1.5mm　40cm
ウッドボタン…直径1cm　1個
ボタン…直径1.3cm　1個（飾りボタン）
マグネットホック…直径1cm　1組

用具

シリコンペーパー（当て布として使用）

寸法図

＊針刺し、バイアス布、包み布、表本体の両面接着キルト綿、フラップの薄手接着芯は裁ち切り。
裏本体A・Bの薄手接着芯はファスナーつけ位置側のみ裁ち切り。
ポケットAの口側は1.5cm、ポケットAの底側とわき、ピースⓔの柄布㋐とピースⓕⓖの外周となる辺、表本体後ろ、裏本体 A・B は 1cm、そのほかは0.7cmの縫い代をつけて裁つ

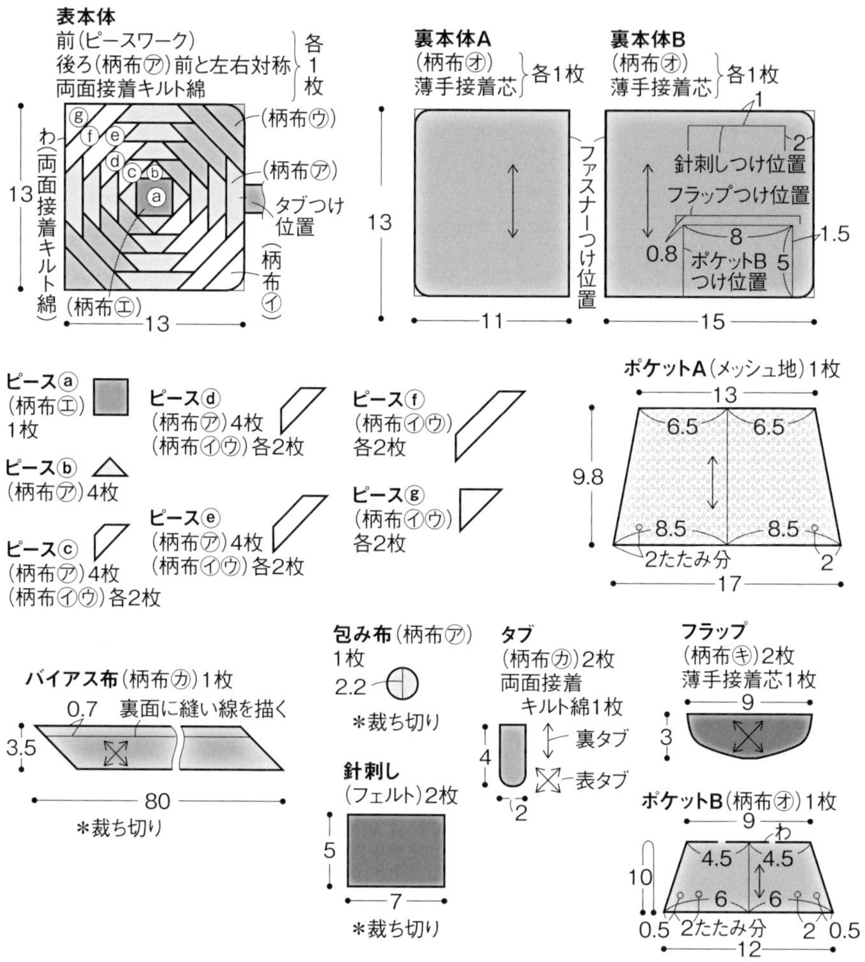

作り方

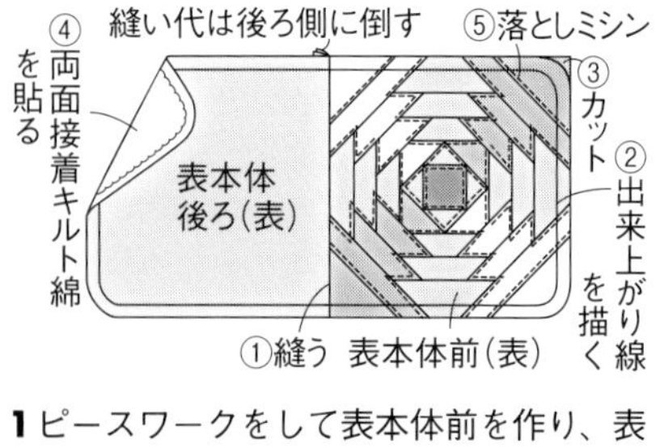

1 ピースワークをして表本体前を作り、表本体後ろと縫い合わせ（①）、表面に出来上がり線を描く（②）。カーブ部分は縫い代をつけて裁つ（③）。裏面に両面接着キルト綿を重ね、シリコンペーパーを当て布にしてアイロンで貼り（④）、縫い目に落としミシン（⑤）をかける。

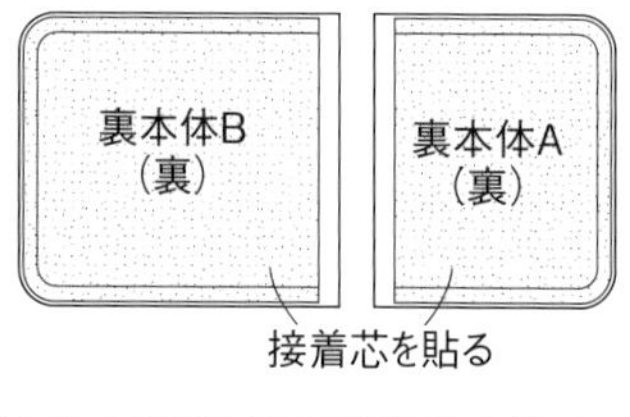

2 裏本体の裏面に薄手接着芯を貼る。

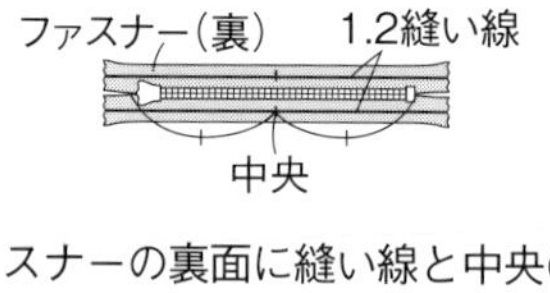

3 ファスナーの裏面に縫い線と中央の印を描く。

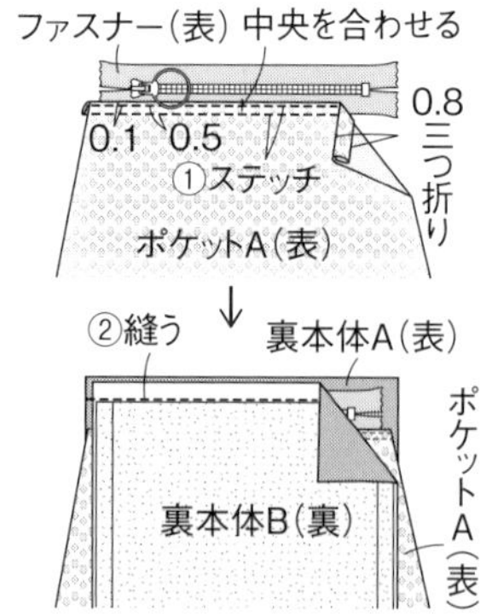

4 ポケットAの入れ口を三つ折りにし、ファスナーの縫い線に合わせてステッチをかける（①）。裏本体AとBを中表に合わせ、ファスナーをはさんで縫う（②）。

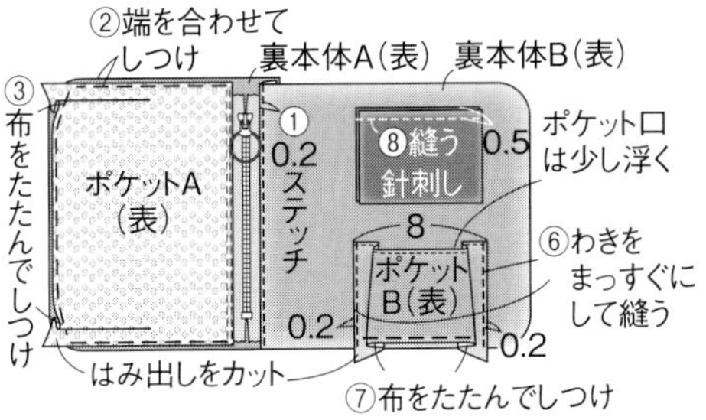

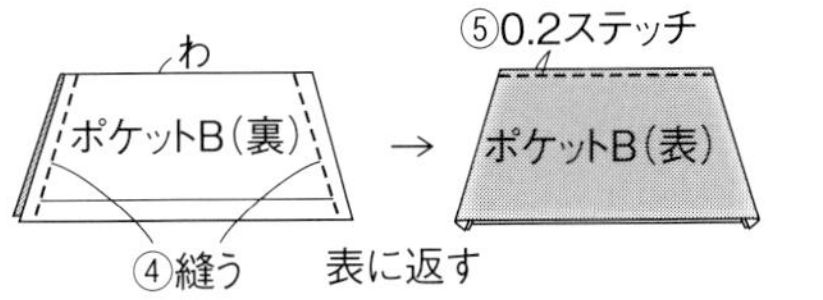

5裏本体Bを表に返し、ファスナーつけ位置にステッチをかける(①)。ポケットAの両わきを裏本体Aの端に合わせてしつけで仮留めし(②)、底は布をたたんで仮留めする(③)。ポケットBを図のように縫う(④⑤)。つけ位置にポケットBのわきを合わせて縫い(⑥)、底は布をたたんで仮留めする(⑦)。針刺し2枚をつけ位置に重ね、縫いつける(⑧)。

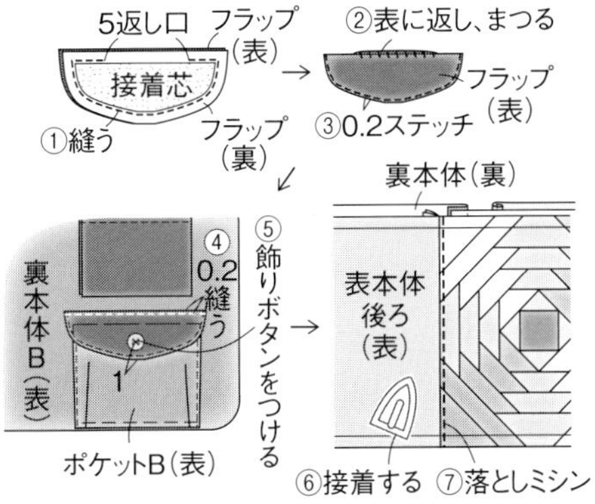

6フラップ1枚の裏面に薄手接着芯を貼り、図のように縫う(①〜③)。フラップつけ位置につけ(④)、飾りボタンをつける(⑤)。表本体と裏本体を外表に合わせてアイロンで接着し(⑥)、縫い目に落としミシン(⑦)をかける。

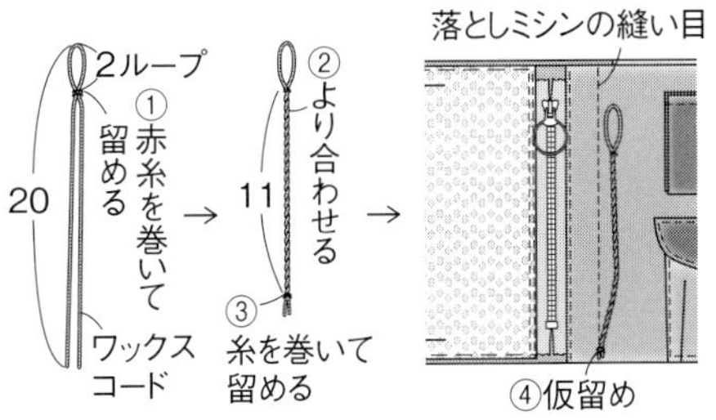

7ワックスコードを二つ折りにしてループを作る(①)。より合わせてコード端を留め(②③)、本体に仮留めする(④)。

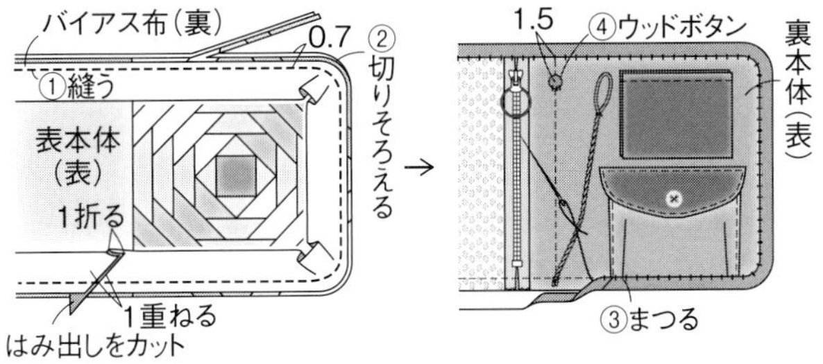

8表本体にバイアス布を中表に重ね、布端を1cm折る。表本体の出来上がり線とバイアス布の縫い線を合わせ、周囲をぐるりと縫う(①)。最後は縫い始めに1cm重ねて余分をカットし、本体の縫い代をバイアス布の布端に合わせて切りそろえる(②)。バイアス布を表に返して縫い代をくるみ、裏本体にまつる(③)。ウッドボタンをつける(④)。

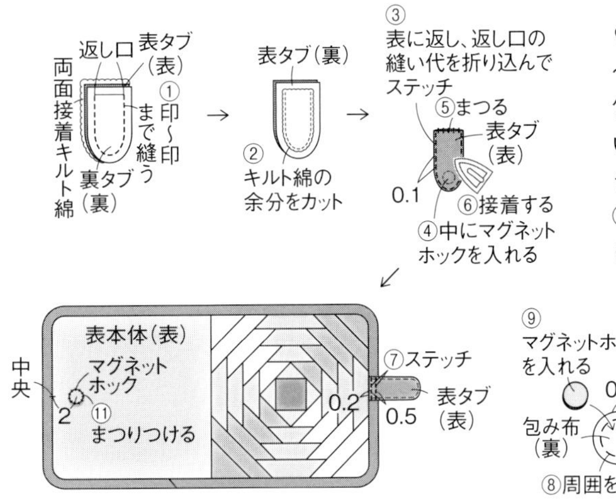

9タブを図のように作り(①〜⑥)、本体につける(⑦)。包み布の周りを0.3cmの縫い代でぐし縫いし(⑧)、マグネットホックを包む(⑨⑩)。表本体にまつりつける(⑪)。出来上がり。

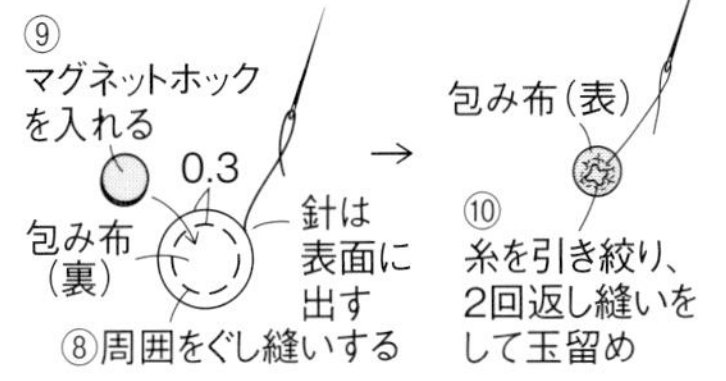

手縫いの縫い方・ステッチの刺し方

半返し縫い

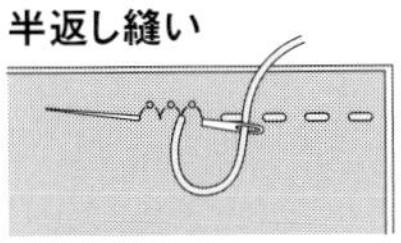

本返し縫い

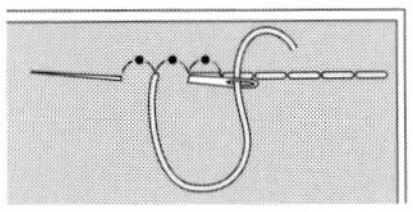

たてまつり

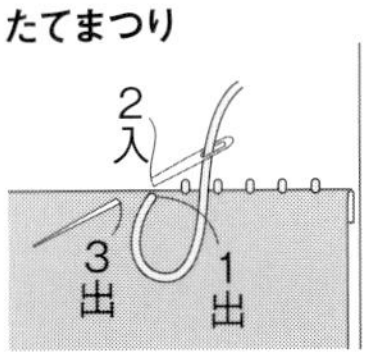

コの字とじ

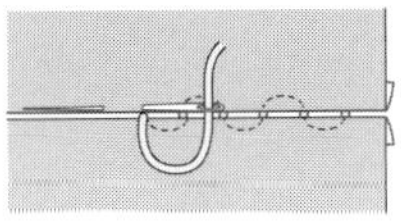

奥たてまつり

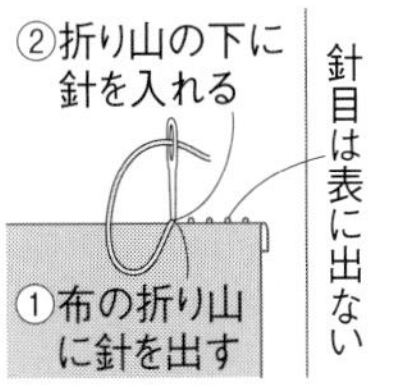

巻きかがり

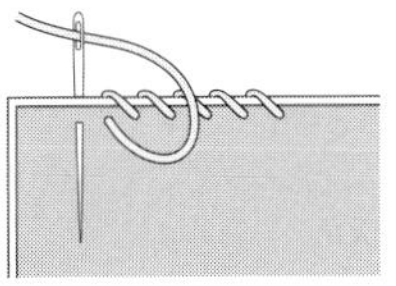

アウトライン・S

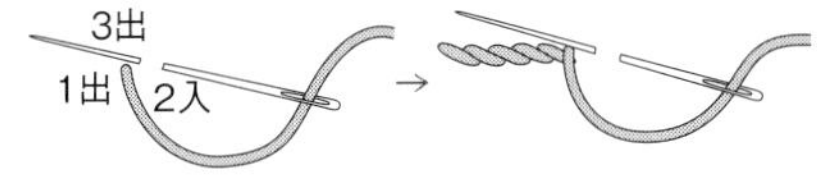

ストレート・S

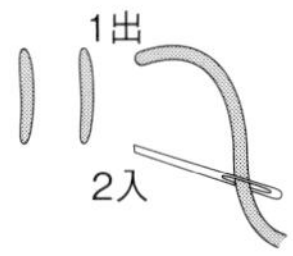

サテン・S

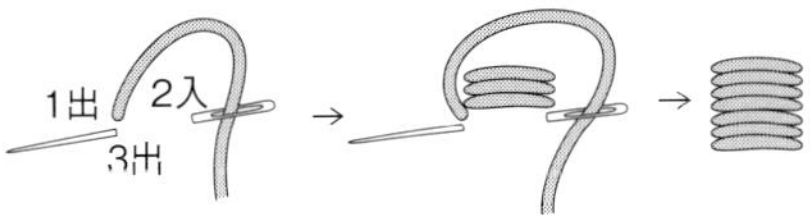

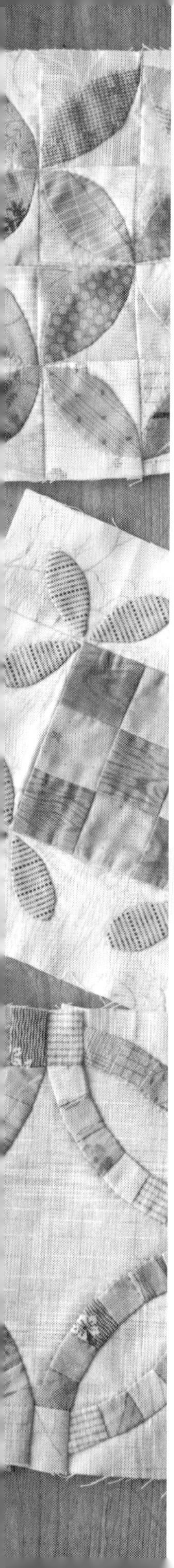

斉藤謠子
さいとう・ようこ

パッチワーク・キルト作家、布作家。洋裁、和裁を学んだあと、アメリカのアンティークキルトに興味を持ち、キルトを始める。
NHK「すてきにハンドメイド」をはじめ、テレビや雑誌などで作品を多数発表するほか、
スクールや通信講座で講師を務め、海外でも作品展や講習会を行うなど人気が高い。
著書に『斉藤謠子の わたしの大切なバッグとポーチ』『斉藤謠子のハウス大好き』『斉藤謠子の 布で描くいきものたち』
『斉藤謠子の まいにちを楽しむ服とバッグ』（すべてNHK出版）ほか多数。

斉藤謠子キルトスクール＆ショップ
キルトパーティ（株）
〒272-0034
千葉県市川市市川1-23-2　アクティブ市川2F
TEL 047-324-3277　FAX 047-325-2788
https://www.quilt.co.jp/

ブックデザイン……竹盛若菜
撮影……ローラン麻奈（カバー、p.1～2、4、6～7、9～11、13、15、17～23、25～38、40、43）
白井由香里（p.5、7～9、12～16、24、38～42）
本間伸彦（p.41、45～64）
下瀬成美（p.44）
スタイリング……池水陽子（カバー、p.1～2、4、6～7、9～11、13、15、17～23、25～38、40、43）
荻津えみこ（p.5、7～9、12～16、38～42）
南雲久美子（p.24）
作り方解説……百目鬼尚子、比護寛子
作り方トレース……tinyeggs studio（大森裕美子）
型紙トレース・レイアウト……ウエイド
校正……廣瀬詠子
編集……近藤美幸、奥村真紀（NHK出版）

製作協力……船本里美、山田数子、折見織江、中嶋恵子、河野久美子、松田照美、白石千恵子、並川 緑、住谷恵子
撮影協力……UTSUWA、AWABEES、&VINTAGE

●この本は NHK テキスト『すてきにハンドメイド』（2022年度）に掲載されたものから抜粋・加筆し、新しく作品を加えて再編集したものです。

はじめてのパッチワーク・キルト
斉藤謠子のトラディショナル・パターン

2024年1月25日　第1刷発行
2024年5月25日　第2刷発行

著者　斉藤謠子

発行者　江口貴之
発行所　NHK出版
〒150-0042　東京都渋谷区宇田川町10-3
電話 0570-009-321（問い合わせ）
0570-000-321（注文）
ホームページ　https://www.nhk-book.co.jp
印刷・製本　TOPPAN

Printed in Japan
ISBN978-4-14-031223-0 C2077